Jean Villégier
Inspecteur Général de l'Instruction Publique
François Molina, Claude Mollo
Inspecteurs Pédagogiques Régionaux

l'Espagne dans votre poche

Ir a España, Vivir en España

2e édition
revue et mise à jour

© HATIER PARIS 1975

Toute représentation, traduction, adaptation ou reproduction, même partielle, par tous procédés, en tous pays, faite sans autorisation préalable est illicite et exposerait le contrevenant à des poursuites judiciaires. Réf. Loi du 11 mars 1957.

ISBN 2 - 218 - 03127 - 2

HATIER

ne partez pas...

... en Angleterre

sans avoir l'Angleterre
dans votre poche
par G. QUÉNELLE et J. TOURNAIRE

... en Allemagne

sans avoir l'Allemagne - RFA
dans votre poche
par J. COGNARD et C. RITTER

pour vos amis...

la France
dans votre poche
par G. QUÉNELLE et J. TOURNAIRE

Vos séjours seront d'autant plus efficaces que vous les aurez mieux préparés.

Ces livres de 192 pages chacun sont à la fois

● **des guides touristiques**
qui fourmillent de renseignements les plus pratiques sur la vie du pays et

● **des instruments pédagogiques**
qui, par leurs dialogues en situation réelle, facilitent l'acquisition ou la révision du vocabulaire et des structures de base.

« Il n'y a plus de Pyrénées ! » Est-ce bien sûr ? Quoi qu'en ait dit notre Louis-le-Quatorzième, malgré l'autoroute à six voies, le train rapide et le « jet » quotidien, l'Espagne, notre proche voisine, paraît encore bien mal connue des Français. Combien d'entre nous savent, par exemple, que c'est le second client de la France, que nous sommes nous-mêmes son troisième fournisseur et pourrions être aisément le premier.

Et pourtant, sur les quelque 35 millions de touristes qui s'y rendent chaque année, plus des deux tiers sont de langue française, Français, Belges, Suisses et Canadiens confondus. Ils peuvent attester que l'Espagne est aujourd'hui le premier pays touristique d'Europe, qu'on y jouit d'un soleil radieux, d'un ciel toujours pur, d'un accueil aimable et d'un dépaysement inégalable.

Oui, l'Espagne, c'est autre chose, *« España es diferente »* selon sa propre devise publicitaire. C'est la terre privilégiée du tourisme. C'est l'Orient en Occident, le pays du soleil, celui des châteaux de nos rêves. Le touriste appréciera son excellente organisation hôtelière, le confort de ses *paradores,* et le réseau routier tout neuf de magnifiques voies modernes qui parcourt des paysages inouïs.

Car l'Espagne a su garder intacts ses trésors, son charme et son saisissant caractère. Elle a su faire de son soleil l'atout majeur de son jeu touristique, la raison essentielle de l'afflux incessant de ceux qui viennent de partout vivre au grand air, se bronzer à loisir sur les plages dorées.

Excellente intention ! Est-elle suffisante ? Et permet-elle de jouir de tous les agréments de cet admirable pays ? Non. Il faut, pour cela, le connaître un peu mieux. C'est pour vous y aider qu'est fait ce petit livre.

Élève, étudiant, simple touriste ou voyageur curieux, si vous désirez profiter pleinement de votre séjour, vous y trouverez tout ce que ne donnent pas les manuels :
- *Les détails pratiques* de la vie quotidienne : hébergement, nourriture, distractions, sports, etc.
- *Les renseignements culturels* nécessaires : arts, monuments...
- *Un appui linguistique,* sous forme de dialogues annotés et de lexiques.
- *Une illustration* intéressante : tableaux, cartes, dessins, plans.

Avec *l'Espagne dans votre poche,* vous ferez à coup sûr un « feliz viaje ».

Voici comment un journaliste espagnol plein d'humour interprète l'invasion touristique sur la côte méditerranéenne :

La invasión turística. Pasen, señores[1], pasen... El gran espectáculo ha comenzado. Sólo ha sido necesario que el sol se abra[2] como una flor sobre la costa española. Comienza a desbordar[3] el barómetro en una pertinaz subida[4] y con ella también aumenta la población de nuestro litoral. Los pueblos son invadidos por habitantes foráneos[5], pluricolores y bronceados.

Pasen, señores, pasen... El turista está por encima[6] del ridículo. Para él no existe el ridículo, existe el sol, la bullanguera[7] calle, los bohemios de fin de semana, el pintor de a veinte duros[8] la pieza y el caballerete[9] de la « typical »[10] foto. En nuestra costa la Humanidad se viste de colores, muestra perezosa[11] la barriga[12] al sol y disfruta[13] existiendo en el ancestral anonimato[14] de las pieles desnudas y los más o menos sucintos taparrabos[15]. En la playa, una infinita languidez lo invade todo mientras por las venas corre, canturreante[16], la veraniega[17] alegría de vivir.

La Vanguardia española

1. « Entrez, mesdames et messieurs ». - 2. que le soleil s'épanouisse. - 3. « déborder ». - 4. montée obstinée. - 5. étrangers. - 6. au-dessus (hors d'atteinte). - 7. tapageuse. - 8. = 100 pesetas (voir p. 16). - 9. trépied de photographie. - 10. mot anglais (par ironie). - 11. paresseusement. - 12. son ventre. - 13. profite. - 14. anonymat. - 15. pagnes. - 16. de canturrear, fredonner. - 17. estivale.

Pour préparer
votre voyage en Espagne

Pour vous y rendre
et pour y voyager

Pour y séjourner
et vous y distraire

attention

*Pour une utilisation plus
aisée et plus efficace de
ce guide*

nous vous proposons

Les enregistrements des
dialogues par des inter-
prètes espagnols.
Vous pourrez choisir
entre 3 présentations :
- bandes magnétiques
- cassettes va-et-vient
- cassettes audioactives
comparatives
selon la nature
du magnétophone
dont vous disposez

Vous trouverez
- Une carte des villes
d'art, p. 164.
- Un index des noms de
lieu cités, p. 182.
- Une liste d'adresses
utiles classées par ordre
alphabétique des villes,
p. 174.

Pour visiter le pays
et les villes

Pour affronter toutes
les difficultés pratiques

Pour comprendre
les Espagnols

Pour savoir ce qu'est
l'Espagne d'aujourd'hui

Pour vous préparer
à participer
aux conversations

Ce qu'il est indispensable de savoir

5

Renseignements généraux

Vous pourrez vous procurer tous renseignements utiles sur les conditions de votre séjour, sur la région que vous allez visiter, etc., dans les divers bureaux de l'Office national espagnol du tourisme installés en France, en Belgique et en Suisse, et auprès des Consulats espagnols (v. p. 174).

Les brochures sont offertes gracieusement et portent sur les sujets les plus divers : plans de villes, programmes d'excursions, pratique des sports d'été ou d'hiver, fêtes, congrès, foires et expositions, de caractère national ou international. Vous aurez intérêt à vous procurer la brochure « *Avance del Calendario de 197- a 198-* », réalisée par la « *Dirección General de Promoción del Turismo* ». Nous vous recommandons aussi de lire la brochure intitulée *L'Espagne vous attend*.

Adresses des principaux bureaux du Tourisme espagnol :

En France

Paris : Office national espagnol du tourisme, 29, avenue George-V, 75008 Paris, Tél. : 225-14-61.
Marseille : O.N.E.T., 21, cours Lieutaud, 6º, Tél. : 47-24-37.

En Espagne

Dans chaque *capital de provincia* (chef-lieu de département), ou localité importante, vous trouverez un bureau de renseignements *(Oficina de Información de Turismo)* dépendant soit du *Ministerio de Información y Turismo* (M.I.T.), soit de la municipalité *(Ayuntamiento)*. Il vous fournira gracieusement une abondante documentation. Vous pourrez lui écrire avant votre départ ou vous renseigner sur place. Voir la liste de ceux qui dépendent du M.I.T. et leur numéro de téléphone : p. 174.

- Outre celle de la D.G.T. Avenida de José Antonio, 658 (9 h - 13 h 30 et 16 h - 19 h 30) il existe à Barcelone sept Oficinas Municipales : Estación de Francia, Estación marítima, Plaza de Cataluña, Pueblo Español, etc.

- Le Bureau de Renseignement de Tourisme de Madrid, Tour de Madrid, a installé un bureau qui fonctionne de 9 h du matin à 9 h du soir. Renseignements en espagnol ou en français : tél. 248-97-02 et 241-23-25. Renseignements exclusivement en français : tél. 247-04-02 (en anglais : tél. 247-71-02 ; en allemand : tél. 248-52-02).

N.B. Tous ces numéros sont à dire en espagnol.
Exemple : 248-97-02 - *Quisiera el dos cuarenta y ocho, noventa y siete, cero dos...* Mais la plupart des *telefonistas* parlent français !

En Belgique

Bruxelles : Office national espagnol du tourisme,
    18, rue de la Montagne, Tél. : 12-57-35
et   42, rue d'Arenberg, Tél. : 12-57-35
(adresse télégraphique : TURISPANOS).
Royal Automobile Club, 4, rue Luxembourg, 1040.
Bureau belge des Assureurs automobiles, 29, square de Meeus, Bruxelles, 4, Tél. : (02) 13-68-45.
Ministère de l'Éducation nationale et de la Culture, Administration des Services culturels communs, Direction des Relations culturelles internationales, 158, avenue de Costenberg, 1040, Bruxelles.

En Suisse

Office national espagnol du tourisme, 1, rue de Berne, Genève, Tél. : 31-69-40 et 49, Adresse télégraphique : TURISPANOS.

Syndicat suisse d'Assureurs automobiles, Compagnie gérante « Zurich » Mythenquai, 2, Zurich, Tél. : (051) 27-36-10.

Au Canada

Office du tourisme espagnol : Toronto I. Ontario, 13 Queen Street East, Tél. : EMpire 4-21-25.

Pour les jeunes : échanges et travail sur place

Echanges familiaux et de groupes scolaires

Centro cultural Hispánico-Francés : Doctor Castelo, 32-Madrid.

Dirección General de la Juventud, Ministerio de Cultura y Bienestar, paseo del Generalísimo, 39 Madrid, Tél. : 455-50-00

- Caja General de ahorros y monte de piedad de Castellón de la Plana (en particulier échanges de groupes de jeunes filles entre 16 et 20 ans).

Placement « au pair » pour les jeunes filles *(chicas « au pair »)*

Orientación de la Joven (joindre un coupon réponse international), Serrano, 60-Madrid.

En échange de l'hébergement, de la nourriture et de l'argent de poche, il faut s'occuper des enfants, aider aux tâches quotidiennes, faire des courses. Un temps suffisant doit être accordé pour suivre des cours et pour les loisirs. *Les conditions seront fixées nettement avant l'arrivée !*

Traitée comme un membre de la famille, la *chica como au pair* ne peut être assimilée à une domestique (pour laquelle le permis de travail est du reste obligatoire).

Ces postes sont encore peu nombreux en Espagne. On les obtient à l'adresse indiquée ou par relations, par l'intermédiaire des professeurs, des Consulats. Ils permettent de bien connaître le milieu aisé espagnol.

Attention ! Se méfier des petites annonces et, une fois sur place, du *señorito* trop entreprenant.

Hôtes payants

Centro cultural Hispánico-Francés : Doctor Castelo, 32-Madrid.

Auberges de la jeunesse-camping

Sindicato Español Universitario, Glorieta de Quevedo, 7-Madrid.

Possibilités d'emploi-secrétariat

Chambre française de Commerce : Serrano, 3-Madrid.

Section technique du Lycée français : Avenida de los Madroños, Madrid.

Échanges de correspondance

Estafeta Juvenil Internacional, Frente de Juventudes, Departamento Nacional del Servicio Exterior : Marqués del Riscal, 16-Madrid.

ou « Buzón Mundial Universitario » : Oficina del Viajes SEU, Glorieta de Quevedo, 8-2º Madrid (10).

Indiquer clairement : nom, adresse, âge, goûts personnels, niveau scolaire...

Service de la Correspondance Scolaire internationale, I.N.D.P., 29, rue d'Ulm, 75230 Paris Cedex 05.

Hébergement

Il existe en Espagne de très nombreuses possibilités de logement pour les touristes de tous âges et de toutes conditions. Si on ne doit pas séjourner dans une famille espagnole, il est fortement conseillé de se renseigner avant le départ. Il est aussi prudent de louer, si on doit aller en Espagne pendant la *temporada* (la saison : du 15 juin au 15 septembre). Pendant les vacances de Pâques, la Semaine sainte attire beaucoup de monde. Il est difficile de trouver une chambre à Séville ou à Grenade pendant le week-end pascal.

Hôtels

Les dimensions et l'objet de cet ouvrage ne nous permettent pas de fournir la longue liste des « bons établissements ». On consultera utilement à ce sujet : *La guía de Hoteles de España,* publication du Ministerio de Información y Turismo, en vente dans toutes les librairies.

Il existe des hôtels de luxe et de diverses catégories, classés par étoiles (de 1 à 5) selon les services, depuis 1971 (auparavant : 1A et B, 2 et 3). L'hôtel à deux étoiles offre déjà un confort appréciable.

On peut obtenir tous les renseignements voulus sur les possibilités d'hébergement, en écrivant au bureau de tourisme *(Oficina de Turismo)* ou à la mairie *(Ayuntamiento)* de la localité où l'on désire se rendre.

N.B. La plupart des hôtels pratiquent la restauration. Certains n'acceptent de clients pendant la saison qu'avec la pension ou la demi-pension, au minimum. On y mange moins bien que dans les restaurants. La cuisine dite *a la francesa* y est couramment pratiquée… à l'usage des anglo-saxons et des nordiques.

Autres possibilités

* **La casa de huéspedes** (pension de famille) offre des installations simples et peu onéreuses pour un long séjour. On y mange parfois à la table d'hôte *(mesa redonda)* en compagnie des autres pensionnaires : employés, étudiants, célibataires, installés souvent à l'année, ce qui permet de s'intégrer dans un milieu authentiquement espagnol.

* **La pensión.** Certaines jouissent de tout le confort moderne *(agua caliente, calefacción central* en hiver, *baño).* Les meilleures figurent dans la *Guía de Hoteles de España.* D'autres pensions possèdent des installations plus sommaires avec une cuisine plus familiale, et… des prix accessibles à toutes les bourses.

* **Les meublés.** Pour de longs séjours dans les grandes villes, il est intéressant de louer un appartement meublé *(un piso amueblado),* ce qui libère de la servitude des horaires des repas pris à l'hôtel ou en pension. Les loyers, par rapport à ceux que l'on pratique couramment en France, sont relativement peu élevés (sauf dans les stations réputées). Il convient de s'adresser à des agences spécialisées *(Inmobiliarias).* qui affichent des listes d'appartements à louer : *Se alquilan* (à louer) *pisos* (appartements), *habitaciones* (chambres), etc.

Dans toutes les stations estivales, la location des appartements pour la saison commence dès le mois de février. Certaines agences espagnoles ont des correspondants dans les grandes villes de France. On peut louer au mois ou à la semaine (du dimanche midi au dimanche midi).

* **Les posadas et les ventas.** On ne trouve plus guère de *ventas* (auberges de campagne) si ce n'est restaurées et luxueuses. Les *posadas* sont une solution économique, mais il vaut mieux savoir parler espagnol.

Alojamientos del Ministerio de Información y Turismo (M.I.T.)

Il existe en Espagne un réseau hôtelier de haute qualité qui appartient à l'État, et qui se recommande par son impeccable tenue et ses prix modérés. Il s'agit d'établissements créés par le Secrétariat d'État au Tourisme espagnol dans le but de doter d'un service d'hôtellerie certaines régions qui en étaient dépourvues.

* **Les paradores nacionales** sont des hôtels de premier ordre, installés le plus souvent dans des monuments historiques (ancien château, abbaye...) situés dans des endroits choisis pour leur beauté. Leur ameublement et leur décoration s'inspirent de l'art régional et des styles anciens. On peut y faire des séjours prolongés.

* **Les albergues de carretera**, stratégiquement placés sur les grands itinéraires touristiques, à l'écart des grands centres, sont d'excellents gîtes d'étape. On ne peut y séjourner plus de 48 heures.

* **Les refugios** sont des chalets de montagne, ouverts tout l'été ; **les hosterías**, des restaurants typiques où l'on peut savourer dans un cadre *castizo* (authentiquement espagnol) les meilleurs plats de la cuisine espagnole.

- Después de cien batallas contra el invasor, voy a hacer reformas para que, cuando el invasor retorne, encuentre el castillo convertido en parador de turismo.

Hébergement

★ Il existe aussi quelques *paradores colaboradores* (même style et même tarif que les établissements officiels) à Balaguer (Lérida), Covarrubias (Burgos) et Antequera (Málaga)...

★ Les prix pratiqués pour la restauration ou l'hébergement sont relativement peu élevés, compte tenu du confort et du cadre, souvent extraordinaire. Ces établissements modèles, sans équivalent ailleurs qu'en Espagne, méritent d'être connus. Il est prudent de retenir à l'avance sa chambre ou son repas.

Nous donnons ci-après la liste, la localisation et la carte de ces hôtels. Sur la route, ils sont généralement très bien signalés, longtemps à l'avance.

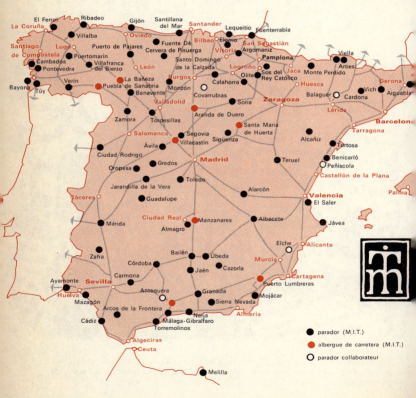

● parador (M.I.T.)
● albergue de carretera (M.I.T.)
○ parador collaborateur

Campings

* La catégorie du camping est indiquée, sur le dessin d'une tente, par L (= luxe), 1, 2 ou 3, à l'entrée de l'établissement, près de la *Recepción*. On y trouve aussi l'annonce des prix pratiqués, le plan du camping et le règlement intérieur (en espagnol, français, anglais et allemand). Les prix sont nets et comprennent les taxes. Le campeur peut exiger une facture détaillée.

* La *Dirección General de empresas y actividades turísticas* (dépendance du M.I.T.) fixe les catégories et les tarifs de campings.

* A son arrivée, le campeur doit présenter une pièce d'identité (carte ou passeport). Les jeunes gens de moins de 16 ans ne sont admis qu'accompagnés de leurs parents ou d'une personne majeure.

* En dehors des campings aménagés, il est interdit d'installer ensemble plus de trois tentes ou caravanes ou de former un groupe de plus de dix campeurs libres, et de séjourner pendant plus de trois jours au même endroit.

N.B. Les campings sont très nombreux - plus de 350 - surtout sur la Costa Brava (voir liste sur les Guides spécialisés).

Établissements de la D.G.T. classés par provinces

(P = Parador, A = Albergue) + Tél.
Álava : P. de Argomaniz.
Albacete : P. de Albacete : 21-42-90.
Alicante : P. de Jávea : 79-02-00.
Almería : P. de Mojácar : 26.
Ávila : P. de Ávila : 21-13-40. - P. de Navarredonda : 550.
Badajoz : P. de Mérida : 30-15-40. - P. de Zafra : 55-02-00.
Barcelona : P. de Vich : 241. - P. de Cardona : 869-12-75.
Burgos : A. de Aranda de Duero : 50-00-50.
Cáceres : P. de Guadalupe : 75 - P. de Jarandilla de la Vera : 98.
Cádiz : P. de Arcos de la Frontera : 362.
Castellòn : P. de Benicarló : 47-01-00.
Ciudal Real : A. de Manzanares : 61-04-00 - P. de Almagro
Còrdoba : P. de Córdoba : 27-59-00.
Cuenca : P. de Alarcón : 33-13-50.
Gerona : P. de Aiguablava : 62-21-66.
Granada : P. de Granada : 22-14-93. - P. de Sierra Nevada : 48-02-00.
Guadalajara : P. de Sigüenza : 39-01-00.
Guipúzcoa : P. de Fuenterrabia : 64-21-40.
Huelva : P. de Ayamonte : 32-07-00. - P. de Mazagòn : 303.
Huesca : P. del Valle de Pineta : 23.
Jaén : P. de Bailén : 372. - P. de Cazorla : 295. - P. de Úbeda : 75-03-45.
La Coruña : P. El Ferrol : 35-34-00.
León : P. de Villafranca : 54-01-75. - A. de La Bañeza : 64-18-50.
Lérida : P. de Viella : 64-01-00. - P. de Arties
Logroño : P. de Calahorra : 13-03-58. - P. de Sto. Domingo de la Calzada : 34-03-00
Lugo : P. de Puertomarin : 54-50-25. P. de Ribadeo : 11-08-25. - P. de Villalba : 51-00-90
Málaga : P. de Gibralfaro : 22-19-02. - P. de Nerja : 52-00-50. - P. de Torremolinos :

38-11-20. - A. de Antequera : 84-17-40. - R. de Ojén : 88-10-00.
Melilla : P. de Melilla : 68-49-49.
Murcia : A. de Puerto Lumbreras : 40-20-25.
Navarra : P. de Olite : 74-00-00.
Orense : P. de Verin : 41-00-75.
Oviedo : P. de Gijón : 35-49-45. - P. de Pajares : 47-36-25.
Palencia : P. de Cervera : 87-00-75. - P. de Monzòn : 51.
Pontevedra : P. de Pontevedra : 85-58-00. - P. de Bayona : 10. - P. de Tuy : 296.
Salamanca : P. de Ciudad Rodrigo : 46-01-50.
Santander : P. Rio Deva : 7 (Camaleño). - P. de Santillana : 1.
Segovia : P. de Segovia. - A. de Villacastín : 10-70-00.
Sevilla : P. de Carmona : 25-32-60.
Soria : P. de Soria : 21-34-45. - A. de Sta María de Huerta : 25-20.
Tarragona : P. de Tortosa : 44-44-50.
Teruel : P. de Alcañiz : 13-04-00. - P. de Teruel : 60-25-53.
Toledo : P. de Toledo : 22-18-50. - P. de Oropesa : 21.
Valencia : P. de El Saler : 323-68-50.
Valladolid : P. de Tordesillas : 449.
Vizcaya : P. de Elorrio - P. de Lequeitio.
Zamora : P. de Benavente : 63-03-12. - P. de Zamora : 51-44-97 - A. de Puebla de Sanabria : 62-00-01.
Zaragoza : P. de Sos del Rey : 95.

ISLAS CANARIAS
Las Palmas : P. de Fuerteventura : 85-11-50. - P. de Cruz de Tejeda : 65-80-50 - P. de Hierro.
Santa Cruz de Tenerife : P. de la Orotava. - P. de La Palma : 41-23-40. - P. de Gomera : 87-11-00.

11

Location (meublés)

La location *(alquiler)* d'un appartement meublé *(piso* ou *apartamento amueblado)* ou celle d'une villa *(villa, chalet, bungalow)* comporte non seulement l'usage des locaux en bon état, mais aussi celui de tous services et installations annexes : eau, gaz *(gas)*, courant électrique *(luz)*, enlèvement des ordures ménagères *(recogida de la basura)*, rétribution du personnel chargé de l'entretien des ensembles, etc. Seuls, parfois, les draps ne sont pas fournis.

Elle doit faire l'objet d'un contrat écrit qui mentionnera le prix net (taxes comprises).

✻ **Arrhes** : habituellement, on verse 40 %, 25 % ou 15 % d'arrhes *(señal, anticipo, caparras)* suivant que la location couvre une période inférieure, égale ou supérieure à un mois.

✻ **Annulation** : en cas d'annulation non signifiée au moins sept jours avant la date prévue pour le début de l'occupation, le propriétaire peut conserver l'intégralité des arrhes.

Si l'annulation est signifiée plus de trente jours à l'avance, on ne vous retient qu'une commission de 5 % ; entre trente et sept jours, on garde 50 % du montant *(importe)* des arrhes.

ATTENTION ! Un appartement non occupé dans les 48 heures qui suivent la date prévue pour votre arrivée est considéré comme libre. Veillez à avertir le logeur de tout retard *(retraso)* important !

✻ **Règlement** : le locataire doit régler le montant total de l'*alquiler* dès son entrée dans les lieux. Signaler ce qui n'est pas en bon état (siège, réfrigérateur...).

✻ **Caution** *(fianza)* : elle peut s'élever à 25 % de l'*alquiler* et doit vous être restituée à la fin du bail, sauf constatation de dégradations de votre fait.

1. Le numéro de la maison se place après le nom de la rue. On le fait suivre couramment de l'indication de l'étage (**Pal** = **principal**, notre « premier ») et de la situation de la porte sur le palier. **Dha** (= **derecha**) : droite ; **Izqda** (= **izquierda**) : gauche ; **Fte** (= **frente**) : face. Pour Madrid, Barcelone, Valence et Bilbao, il convient d'ajouter le numéro de l'arrondissement : **Póngase el número del distrito postal.**

2. Si la ville où on écrit n'est pas le chef-lieu de la **provincia** (= département) on fait suivre le nom de la localité de celui de la provincia, qui est souvent celui du chef-lieu. Exemple : **Rosas (prov. de Gerona).**

3. La formule d'introduction est suivie de deux points et non d'une virgule.

4. Remarquer l'emploi du futur et la suppression courante de **que** après **agradecer**.

5. **Usted** s'abrège souvent en **Vd.** Se rappeler que l'emploi de cette formule de politesse entraîne celui de la 3e personne du singulier (ou du pluriel, avec **Ustedes, Vds.**).

6. **La cantidad** = la somme, on sous-entend « de dinero ».

7. Certains emploient encore quelques formules d'allure obséquieuse du genre de : **Se suscribe de Vd. su más atento y s.s.** (= **seguro servidor**). Elles tendent à disparaître dans la correspondance commerciale.

Jacques Dupont
5, rue de l'Orient
75006 Paris

París, 13 de mayo de 1979

Hotel « Bellavista »
Calle Goya, 14[1], Pal, dha
Valencia[2], España

Señor Director[3] :

Desearíamos hospedarnos en su hotel durante la temporada, del 15 de julio al 7 de agosto. Se compone mi familia de mi mujer, mis dos hijos y yo. Necesitaríamos dos habitaciones, una con baño, y otra con lavabo, aunque no sea en el mismo piso.

Le agradeceré[4] me conteste Usted[5] lo antes posible, indicándome los precios de pensión completa, y la cantidad[6] que tengo que abonarle en señal.

Atentos saludos[7] de
J. Dupont

Hotel « Bellavista »
Calle Goya, 14, Pal, dha
Valencia, España

Valencia, 20 de mayo
de 1979

Sr. d.[8] Jacques Dupont
5, rue de l'Orient
75006 Paris

Muy Señor mío[9] :

Me es grato acusar recibo de su atenta del 13 cte[10], y comunicarle que le tenemos reservadas dos habitaciones para la temporada que usted desea, una con cama de matrimonio y baño, en el segundo piso, y otra con dos camas en el tercer piso. Las dos habitaciones dan a[11] la avenida y están muy bien ventiladas.

Le adjuntamos[12] la tarifa de los precios de pensión completa con el modo de pagar el anticipo si desea reservar las habitaciones en firme.

En espera de sus noticias, le saluda atentamente[13].

El gerente, **Carlos Valls[14]**

8. Sr. d. = Señor don (Monsieur X) ; l'abréviation de Madame : Señora doña serait Sra. da. ; celle de Mademoiselle : Señorita, serait Sta. Ces formules ne s'emploient que dans la formulation de l'adresse.

N.B. Le **don** ne s'emploie que devant le prénom. Il est naturellement plus poli de ne pas utiliser son abréviation.

9. Pour une femme mariée « **Muy señora mía** ». Pour une jeune fille « **Señorita** ».

10. Abréviation de **corriente** (courant). On dit aussi : **del actual**. Du mois dernier se dit : **del pasado**, abrégé en **pdo**.

11. Donnent sur...

12. Néologisme courant. Vient de **adjunto** = ci-joint.

13. Peut être abrégé en **attamente**.

14. Si la signature manuscrite, la **firma**, est illisible, le nom est réécrit en capitales. On le reprendra dans la réponse : Sr. d. **Carlos Valls.**
Abréviations usuelles dans l'adresse :
Avda = avenida ; **Pza** = plaza ; **C** = calle ; **Ca** = carrera...
Le mot **calle** est très souvent omis : Zurbarán, 7 veut dire : 7, rue de Zurbarán.

Principaux traits du caractère espagnol

* **L'honneur, l'orgueil.** Vous ne trouverez pas en Espagne l'orgueilleux *hidalgo* du Siècle d'Or drapé dans sa dignité comme dans sa cape rapiécée et prêt à dégainer. On ne vend plus, dans les magasins de souvenirs, que de pacifiques rapières damasquinées à l'usage des touristes !

Cependant l'Espagnol garde un vif sentiment de sa dignité personnelle, fût-il vagabond ou mendiant ! Il reste assez chatouilleux et s'il ne se prive pas de critiquer le régime ou les mœurs de son pays, il n'admet pas que les autres le fassent devant lui.

* **Un double complexe.** L'Espagnol a un faible pour tout ce qui est étranger. Mais en réalité il estime qu'aucun peuple ne surpasse le sien. Ce double complexe explique ces mouvements d'exaltation et de dépression que l'on surprend chez lui et que d'aucuns veulent attribuer au climat.

* **L'exubérance méridionale.** Elle est surtout sensible dans les parties est et sud du pays : fortes poignées de mains *(apretones de mano)*, grandes tapes sur le dos, interminables accolades *(abrazos)*, vous donnent l'impression d'être adopté en quelques heures.

Vous trouverez cependant dans le centre et dans le nord des gens au caractère réservé, aux gestes moins spectaculaires et dont l'amitié sera peut-être plus appréciée.

* **Le goût de la plaisanterie.** Sérieux pour tout ce qui touche à l'essentiel, l'Espagnol est d'humeur gaie en général et il a un goût marqué pour les bons mots *(chistes)*. Sa façon de plaisanter *(bromear)* même sur les sujets les plus graves, la mort, par exemple, ne doit pas vous faire croire qu'il ne prend pas le monde au sérieux *(en serio)*.

* **L'esprit désintéressé** ou « *por amor al arte* ». S'il est vrai que l'on trouve actuellement peu de personnes travaillant gratuitement *(de balde)* et que l'Espagne n'échappe pas à cette fièvre mercantile, on sera surpris des petits services que les Espagnols aiment à rendre. Il est encore courant qu'un inconnu se détourne de son chemin pour vous mettre sur la bonne direction. Vous saurez récompenser avec tact de si bons mouvements : un cigare ou des cigarettes françaises, des bonbons pour les enfants...

* **La religiosité.** L'État espagnol est un « État catholique » (art. 6 du *Fuero de los españoles*) bien que le culte privé des autres religions soit autorisé. L'Espagnol garde un profond sens spirituel qui s'est manifesté tout au long de son histoire et qui, de plus, est entretenu par l'éducation.

* **¡Un momento, por favor!** « Un instant, s'il vous plaît ! » Vous serez peut-être agacés par ce leit-motiv qui fleurit sur les lèvres de gens qui n'ont pas la même notion du temps que vous. Ne croyez pas, toutefois, que les hommes d'affaires *(hombres de negocios)* ignorent sa valeur.

* **La tenue.** Vous serez surpris de voir, surtout par contraste avec le laisser-aller vestimentaire *(desaliño indumentario)* des touristes, la tenue impeccable des Espagnols, même des milieux modestes : pli du pantalon, chaussures éclatantes... On comprend ainsi la persistance de certains petits métiers comme celui du cireur *(limpiabotas)*.

Les femmes espagnoles sont coquettes et préoccupées par la mode parisienne. Leur coiffure et leurs chaussures leur causent autant de souci que leur ligne, exposée aux tentations des pâtisseries *(pastelerías)* ou des marchands de glaces *(helados)*.

Dans les stations estivales, le port du *short* en ville et du *bikini* sur la plage est actuellement autorisé, alors qu'on était passible d'une amende *(multa)* il y a seulement dix ans. De même, les autorités ecclésiastiques se montrent moins pointilleuses pour la visite des églises et n'exigent plus, comme autrefois, la mantille sur la tête, un vêtement à manches longues et… le port de bas *(medias)*.

✳ Gros mots et compliments *(Palabrotas y piropos)*. L'homme espagnol utilise un langage assez coloré et truculent, émaillé de sonores jurons *(tacos)* qu'il faudra se garder - même si vous les assimilez très vite - d'employer devant un auditoire féminin.

Il est conseillé aux jeunes filles de ne pas prendre pour argent comptant les compliments *(piropos)* lancés sur leur passage. Ces madrigaux spontanés sont, du reste, difficiles à saisir parfois, étant donné la rapidité du débit. Par exemple : *¡ Ole la niña que no tiene « concolé » !* salue la beauté d'une jeune fille qui n'a pas « de quoi sentir » (= *con qué oler*) c'est-à-dire qui a un adorable petit nez.

✳ L'amour. L'Espagnol passe pour être facilement inflammable. Ses déclarations passionnées à l'adresse des étrangères ne seront pas prises au sérieux.

La jeune fille espagnole est difficile à conquérir : elle a la réputation de faire souffrir son prétendant. Même si elle est très éprise, elle ne cède que devant des intentions matrimoniales avouées… à ses parents et au curé.

L'épouse espagnole est très vertueuse et très fidèle. Le moindre flirt *(coqueteo, flirteo)* est très mal considéré, même si son mari se permet quelques aventures *(echa canitas al aire)*.

✳ L'invitation *(¿ Usted gusta ?)*. L'Espagnol ne fume pas sans proposer une cigarette à son voisin. Si vous êtes fumeur, tenez compte de cette coutume pour ne pas courir le risque d'être taxé d'avarice *(tacañería)*.

Si vous arrivez exceptionnellement chez quelqu'un à l'heure du repas, prenez garde à ce qui ne sera sans doute qu'un *cumplido,* une formule de politesse : « *¿ Usted gusta ?* » (litt. : Cela vous fait-il plaisir ?). Ne cédez que devant les invitations moins conventionnelles. La réponse classique est : *Que aproveche, gracias* (litt. : Profitez, merci = Bon appétit). Dans les milieux « élégants », la formule étant jugée un peu vulgaire *(zafia)*, on se contente de dire *No, muchas gracias…* et on s'éclipse poliment.

Pour les invitations normales - il est de bon ton de se faire prier un peu *(hacerse de rogar)* - vous ferez livrer ou apporterez, suivant la qualité de vos hôtes, une gerbe de fleurs *(ramo de flores)*.

15

Les monnaies espagnoles

L'unité monétaire est la *peseta* (prononcez « pésséta » en accentuant l'avant-dernière syllabe). La *peseta*, appelée familièrement *rubia* (blonde) à cause de sa couleur, n'existe que sous forme de pièce. Le modèle ancien est frappé à l'effigie de Franco, l'actuel, à celle du roi d. Juan Carlos.

La *peseta* se subdivise en centimes, comme le franc, mais sa valeur est bien inférieure à celle de la monnaie française. Informez-vous du cours du change (v. ci-après).

Pièces

Il existe des pièces en nickel bronzé : 1 peseta, 2,5 pesetas;
des pièces en nickel argenté : 5 ptas, 25 ptas, 50 ptas;
et une pièce de 100 ptas en argent, peu répandue à cause de sa taille... ou de son métal.

On ne trouve plus guère les pièces en aluminium de 10 et de 50 céntimos, ni même la pièce de 50 céntimos en nickel, trouée au milieu. Les pièces anciennes de 5 et 10 centimes, qui représentaient un lion, étaient appelées *perras* (chiennes) par dérision. On dit encore *una perra chica* ou *una perrita* = un petit sou ; et *una perra gorda* = un gros sou, au lieu de *cinco céntimos* et *diez céntimos*.

Parfois, on continue à compter par *reales*, bien que la pièce d'un *real* (= 0,25) n'existe plus. On dit volontiers *cuatro reales* (= 1 pta), *diez reales* (= 2,50). On compte aussi par *duros*, nom familier de la pièce de 5 pesetas (*cinco duros* = 25 ptas ; *diez duros* = 50 ptas, etc.).

Billets

On ne trouve plus de billets de 1 ou de 5 pesetas. Les billets courants émis par *El Banco de España,* avec la mention *pagará al portador,* sont les suivants :

- 100 ptas (marron). Les billets récents sont ornés du portrait du musicien Manuel de Falla (1876-1946), avec, au dos, une vue du Generalife, à Grenade.
- 500 ptas (bleu) qui représente le portrait du poète Jacinto Verdaguer (1845-1902).
- 1 000 ptas (vert), appelé familièrement *un verde* ou encore *una sábana,* à cause de sa couleur et de sa taille. Les plus anciens représentent les Rois catholiques ou Saint-Isidore de Séville *(San Isidoro),* les plus récents portent le portrait de José Echegaray, savant, auteur dramatique et politicien (1832-1916).

Tous les billets portent trois signatures : celle du *gobernador* de la Banque d'Espagne, de *el interventor* (contrôleur) et de *el cajero* (caissier).

EL BANCO DE ESPAÑA
100   100
2H2760504   PAGARA AL PORTADOR
CIEN
PESETAS
MADRID. 17 de Noviembre de 1970
EL GOBERNADOR   EL INTERVENTOR
EL CAJERO
100   100
2H2760504

EL BANCO DE ESPAÑA
500   500
H9474826   PAGARA AL PORTADOR
QUINIENTAS
PESETAS
MADRID, 23 DE JULIO DE 1971
EL GOBERNADOR   EL INTERVENTOR
EL CAJERO
500   500
H9474826

1000   EL BANCO DE ESPAÑA   1000
PAGARA AL PORTADOR
2040503
MIL
PESETAS
MADRID. 17 DE SEPTIEMBRE DE 1971
EL GOBERNADOR   EL INTERVENTOR
EL CAJERO
1000   2040503

25 PTAS   50 PTAS   100 PTAS

17

Les monnaies espagnoles

Le change

Le cours de la *peseta* varie avec les fluctuations monétaires internationales, mais aussi avec la *demanda,* très forte à partir de juin (il sera prudent de tenir compte de ce phénomène, l'écart pouvant être important).

En Espagne, les banques et les nombreux bureaux de change affichent le cours hebdomadaire des principales devises (fixé le lundi par l'Institut espagnol des monnaies étrangères).

Le contrôle des changes

Ses dispositions varient selon la conjoncture. Il convient donc, avant de partir, de bien se renseigner sur le montant de l'allocation de devises attribuée.

On peut emporter cette allocation en billets français ou sous forme de devises *(pesetas)* ou de *cheques de viajero* (chèques de voyage), souvent plus intéressants que les travellers cheques.

En outre, les « cartes bleues » eurochèques permettent des retraits à vue dans la plupart des banques espagnoles.

Indépendamment de l'allocation-devises, vous pouvez régler d'avance vos frais d'hôtel ou le montant de votre location par voie de transfert avant de quitter la France. Pas de limitation.

Voyages d'affaires : une allocation supplémentaire en devises pourra vous être délivrée. Renseignez-vous.

Résidences secondaires : l'acquisition d'un immeuble ou d'un appartement peut, sur présentation de pièces justificatives, donner lieu à un transfert libre (se renseigner sur son montant).

Les frais de gérance peuvent être réglés sans limitation de montant moyennant production d'un justificatif.

Paiements courants : des secours peuvent être adressés à des personnes établies à l'étranger, sans autre condition que l'existence d'un lien de parenté. Leur montant est fixé par les dispositions en vigueur.

Un conseil

Achetez vos pesetas en France dans les banques ou auprès des changeurs agréés. Le montant de la commission bancaire est de 5 F alors qu'en Espagne elle représente 1 % de la somme changée.

N.B. Pendant la période estivale, les banques espagnoles ne sont ouvertes que le matin, de 8 h (ou 9 h) à 13 h 30. Vous pouvez, cependant, changer à d'autres heures dans les bureaux de change agréés (agences de voyage, gares, aéroports).

On sait que la reprise des devises étrangères s'effectue toujours à un cours inférieur à celui de l'achat (de 7 à 10 centimes pour la peseta).

* *

Algunos refranes

- Poderoso caballero es don Dinero[1].
- Dinero llama dinero.
- Dineros son calidad[2].

- Por dineros baila el perro[3].

1. Messire l'Argent.
2. L'argent tient lieu de noblesse.

3. On n'a rien pour rien (point d'argent, point de suisse).

Frases relativas al dinero

- ¿ Cuánto vale (*ou* cuesta)? - ¿ Cuánto es? - ¿ Cuánto le debo?
- Son[5] quinientas pesetas.
- ¿ Me hace el favor de traerme la cuenta[6]?
- Aquí la tiene Vd., señor(a). Servidor[7].
- ¿ Puede Vd. darme el cambio[8] de cien pesetas?
- Lo siento[9], pero no tengo suelto[10].
- Quédese Vd. con la vuelta[11].
- El importe de la factura asciende[12] a...
- ¿ Quiere Vd. que se lo pague en efectivo[13]? Si no ve ningún inconveniente, se lo giraré[14]. Me ha cargado Vd. en cuenta[15] el... Me dijo Vd. que en el precio iban incluidos[16]...
- ¡ Sí que cuesta caro! Vale un ojo de la cara[17].
- ¡ Pero si sale[18] a duro la pieza! Resulta muy barato[19].
- Está por las nubes[20]. Cuesta una millonada. Te vas a gastar un dineral[21].

Expresiones familiares

- Tiene el riñón bien cubierto[22]. Apalea los doblones[23].
- Ando escaso de dinero[24]. Estoy algo apurado[24].
- Estoy pelado, limpio, sin blanca, sin un cuarto[25].

Lea y convierta en su propia moneda

100 ptas (cien pesetas) =
107 ptas (ciento siete pesetas) =
3,5 ptas (tres **con**[26] cincuenta) =
2 702,50 ptas (dos mil setecientas dos pesetas **coma**[26] cincuenta).
$7 \times 7 = 49$ (siete **por** siete **son** cuarenta y nueve pesetas).

5. Cela fait...	17. les yeux de la tête.
6. la note, l'addition.	18. Puisque je vous dis que cela revient...
7. A votre service.	19. C'est très bon marché.
8. changer (un billet en monnaie).	20. C'est hors de prix.
9. je regrette.	21. un argent fou.
10. monnaie.	22. Il a du foin dans ses bottes.
11. (monnaie « rendue ») gardez la monnaie.	23. Il manie l'argent à la pelle.
12. Le montant... s'élève.	24. Je manque d'argent. Je suis un peu gêné.
13. en espèces.	25. Je suis fauché, nettoyé, sans le sou.
14. Je vous ferai un virement.	26. **con** est employé dans la conversation, **coma** (virgule) en comptabilité.
15. Vous m'avez compté...	
16. étaient compris.	

Remarques

- On n'emploie **y** qu'entre la dizaine **exprimée** et l'unité.
- De 16 à 29, **y** est incorporé : dieciséis... veintiocho.
- Veintiuno (21) s'apocope devant un substantif masc. : veintiún duros.

¡Atención! Señora, vigile su monedero (porte-monnaie).
Cuidado con los rateros (pickpockets).
Un carterista : un voleur à la tire ; un atracador, un agresseur ou spécialiste del atraco (hold-up).

La banque

La Banca oficial *(banca : activité bancaire - banco : établissement)*

Elle est la base du système bancaire espagnol et comprend cinq organismes :

* **El Banco de España** se charge de l'émission de la monnaie, billets et pièces *(billetes y monedas)*.

* **El Banco Exterior de España** s'occupe du commerce extérieur.

* **El Banco de Crédito local** apporte son aide aux institutions locales pour leur équipement.

* **El Banco de Crédito Industrial** accorde des crédits à long terme *(a largo plazo)* pour le développement de l'industrie.

* **El Banco Hipotecario de España** s'occupe des droits qui pèsent sur un immeuble pour garantir le paiement d'une dette *(pago de una deuda)*.

La Banca privada

Elle compte plus de cent établissements. Les plus imposants sont *el B. Hispano-americano, el B. Español de Crédito, el B. Central, el B. de Vizcaya, de Bilbao, de Valencia*, etc. Les capitaux des banques privées représentent quatre fois environ les fonds bancaires nationaux.

Qu'il s'agisse des banques de l'État ou des établissements privés, il sera possible pour l'étranger d'y pratiquer toutes les opérations bancaires habituelles, dépôt d'argent ou de valeurs, virement, change.

Les opérations d'achats immobiliers doivent avoir - pour le Français - l'accord de la Banque de France. C'est elle ou votre banque habituelle - après accord préalable de la Banque de France - qui s'occupera du transfert des fonds nécessaires *(transferencia de fondos)*.

* **Conseil** : Si vous achetez un appartement en Espagne, ne manquez pas de l'assurer contre le vol et l'incendie. Il existe une police présentant la double assurance : *combinado incendio-robo*. On peut acquitter la prime par mandat-poste international (le bureau postal convertit la somme indiquée suivant le taux de change, *tipo de cambio*, du moment). Certaines compagnies françaises ont une délégation en Espagne (par exemple, l'Union des Assurances de Paris I.A.R.D.).

Les biens immobiliers sont soumis à un impôt, *la contribución urbana*, qui peut être acquitté par virement postal *(giro postal)*. L'imprimé spécial doit être acheté dans un *estanco*.

LOS GRANDES NEGOCIOS. ¡Ajedrez! ¡Se juega al ajedrez!

François - Buenas tardes.
Portero - Muy buenas. ¿ Qué se le ofrece ?
F.   Vengo a cobrar[1] un cheque.
P.   Vaya usted a «Cuentas corrientes». La ventanilla ésa[2], nº 4.
F.   Buenas tardes. ¿ Me hace el favor ?...
Empleado 1 - Sí, señor. ¿ En qué puedo servirle[3] ?
F.   Vengo a que me paguen este cheque.
E.1   Que sí, señor. Aquí tiene su número de orden : el 47. Ya le llamarán para
      pagarle. Mientras[4], sírvase tomar asiento[5]. *(François se acomoda[6] en un
      sillón.) (Al poco rato[7], llama el cajero[8] : «-Número 47...»)*
F.   Aquí estoy *(entrega la ficha).*
Cajero - Tenga la bondad de firmar indicando la fecha de hoy.
F.   ¿ A cuántos estamos ?
C.   A tres de agosto... Así es. ¿ En qué forma quiere cobrar ?
F.   Que me den la mitad en billetes de mil[9] y la otra mitad en billetes de
      quinientas.
C.   Ahí van. Sírvase usted contar de nuevo.
F.   *(Después de contar.)* Muy bien[10]. ¿ A quién me dirijo[11] para cambiar unos
      francos ?
C.   Este es el cometido[12] de la taquilla nº 8. Donde ponen[13] : «Cambio.»
F.   Allá voy[14]. *(Se llega a la taquilla y se dirige al taquillero.)* ¿ A cómo se
      cotiza el franco[15], hoy ?
Empleado 2 - Lo mismo que ayer.
F.   ¿ Me da usted el cambio de doscientos francos ?
E.2   Tenga Vd. Una firma por favor... Servidor[16].

1. toucher. - 2. ce guichet-là.
3. ...vous être utile. - 4. En attendant.
5. Veuillez prendre un siège.
6. s'installe.
7. Quelques instants plus tard. - 8. caissier.
9. mille pésètes.
10. Merci.
11. A qui dois-je m'adresser ?
12. C'est le rôle de...
13. Où on lit (litt. : Où il est écrit).
14. J'y vais. - 15. Quel est le cours du franc ?
16. A votre service.

* *

Frases castizas

● **L'intention :** Vengo a cobrar un cheque : Je viens (pour) toucher...

● **La date :** elle s'exprime avec **estar** + **a** = «être le...».

¿A cuántos estamos ?	(Estamos) a tres de agosto.
Le combien sommes-nous ?	(Nous sommes) le trois août.

● **Cortesía :** la politesse.

Vaya usted a «cuentas corrientes».	Tenga usted.
Allez aux «comptes courants».	Tenez (voici).

L'injonction courtoise («s'il vous plaît») se rend par :
      Haga usted el favor de + infinitif, ou l'impératif + por favor...
      Haga usted el favor de darme = Déme usted, por favor...
«Voulez-vous...» se rend par des variantes à la forme interrogative :
      ¿Me hace el favor de darme...?   ou   ¿Me da usted...?
La réponse : Que sí, señor = Bien sûr, Monsieur (souligne l'empressement).

- **Sírvase usted sentarse** : Veuillez vous asseoir.
- **Tenga la bondad de firmar** : Ayez l'obligeance de signer (un peu
  cérémonieux).
- **Dígnese hacerlo** : Veuillez le faire, je vous prie, est ou un peu obséquieux, ou
  nettement impatient. Et, naturellement, plus rare.

Les mesures espagnoles

Le système métrique est d'un usage général en Espagne. En principe, *no hay problema.*

Longueurs *(longitudes)*

On dit *metro, kilómetro, centímetro, milímetro…*

Distances

Si sur la « *general* » (nationale) le kilomètre est de rigueur, sur les petites routes la distance se mesure encore, parfois, en lieues (*legua* = 5,572 km en principe).

Locutions : *no hay pueblo a dos leguas a la redonda* (à la ronde) : comptez 15 bons kilomètres… malgré la mathématique, car *media legua* (une demi-lieue) mesure volontiers quatre kilomètres *por esos andurriales* (dans ce coin perdu) où l'on aura peut-être la chance de rencontrer une des dernières troupes de *cómicos de la legua* (comédiens ambulants).

Un conseil : avoir de quoi boire et manger *(Refrán : Pan y vino anda camino que no mozo garrido)* (gaillard), un peu d'essence en réserve et une couverture *para trasnochar al raso,* passer la nuit (fraîche sur la meseta) à la belle étoile.

Poids *(pesos)*

L'objet servant à peser est appelé *pesa*. Comme en France, on utilise la *tonelada* (tonne), *el quintal, el kilo* (kilogramo), *los gramos…* Mais gare à la *libra* qui vaut seulement 400 ou 460 g au maximum ! Pour avoir 500 g, il faut dire *medio kilo ;* 250 g : *un cuarto de kilo.* Attention aussi au quintal, donc 46 kilos !

Un *aficionado a toros* (amateur de courses de taureaux) évalue encore le poids des bêtes aux *arrobas* (1/4 de quintal ou 25 libras, soit 11,5 kg). La *onza* (= 28,7 g) ne sert plus que pour le chocolat : *una onza* (barre) *de chocolate,* et dans les expressions figurées : *no tiene dos onzas de entendimiento* (il n'a pas une miette de bon sens). De même pour *adarme* (= 1,7 g) : *no tiene un adarme de juicio* (un brin de jugeote).

Capacités *(cabidas)*

(de *caber,* contenir, être contenu)
On emploie *litro, medio litro, decilitro.* Cependant dans les tavernes les paysans demandent *un cuartillo* (chopine) *de vino,* chez l'épicier on achète *un cuartillo de aceite* (un demi-litre d'huile). Une bonne gourde, *bota,* doit *caber una azumbre* (deux bons litres).

Les paysans mesurent le grain par *fanega* (= 55,5 litres) qui se subdivise en *12 celemines* (= 4,625 l). *La fanega de tierra* équivaut à 60-64 ca… en principe. Les terrains à bâtir *(solares)* se mesurent heureusement en *metros cuadrados* (m²) et les propriétés de plaisance en *áreas* et *hectáreas* (a et ha).

Températures

Elles se mesurent en degrés mais surtout elles s'estiment sur le mode exclamatif : *¡ Qué sol de justicia ! ¡ Qué calor, Dios mío ! ¡ Vaya bochorno !* (chaleur suffocante). *¡ Qué frío más horroroso !*

Remarquons : *un día caluroso, un café caliente, un clima cálido.*

Distancias desde Madrid

- ¿A cuántos kilómetros de París está Madrid?
- Está a unos[1] 1 260 km de París, por Irún y Burgos.
- ¿Dista[2] mucho Toledo de Madrid?
- Unos setenta kilómetros escasos[3] por la N. 401.
- ¿Y dónde cae Alcalá de Henares?
- Todavía más cerca[4] : apenas unos 30 km por la autopista.
- ¿Y para ir a Segovia?
- Ya resulta más lejos[5] : hay que pasar el Puerto de Navacerrada que tiene aproximadamente 1 900 metros.

Ríos y Picos

- ¿Cuál es el río más largo[6] de España?
- El más largo es el Tajo que mide 1 008 km. Una parte de sus aguas van a aprovecharse, mediante un transvase gigantesco, para aumentar el caudal del Segura y regar la huerta murciana.
- Y el pico más alto de la península ¿cuál es?
- Es el pico de Mulhacén, en la Sierra Nevada, que tiene poco más o menos[7] 3 480 metros. Pero no tan alto como el Teide (Tenerife, Canarias) cuya[8] elevación es de 3 715 metros.
- Entonces el Pico de Aneto, que está próximo a la República de Andorra, es mucho menos elevado, puesto que sólo alcanza[9] 3 404 metros.

Algunas formas

- La Isla de Tenerife tiene una forma triangular.
- Gran Canaria es de forma casi redonda.
- El río Nervión forma una ría ancha donde se asienta[10] Bilbao.
- Un pico puntiagudo[11] - La espalda encorvada[12] - La nariz roma[13].

Pesos

- ¿Cuánto pesas, Elena?
- ¡Huy, no te lo digo! He engordado una barbaridad[14]. Este invierno, tendré que ponerme a régimen para adelgazar[15] algunos kilos.

1. environ. - 2. être éloigné de.
3. (peu abondants) à peine.
4. près. - 5. loin.
6. long (et non large = **ancho**).
7. à peu près. - 8. dont la...
9. atteint. - 10. est située.
11. pointu. - 12. courbé.
13. camus, camard.
14. j'ai drôlement grossi.
15. maigrir.

* *

Notes grammaticales

- Comparatifs de supériorité : más largo (long) que...
  infériorité : menos elevado que...
  égalité : tan alto como...
- Unos setenta km, quelque (environ) 70 km.

Un peu de géographie comparée

E Située entre le 36ᵉ et le 44ᵉ parallèle et de 1 degré à l'est jusqu'à 11,5 degrés à l'ouest du méridien de Paris, l'Espagne est séparée de la France par la longue barrière des Pyrénées (430 km) et de l'Afrique par le détroit de Gibraltar. Les stations du Nord sont à la latitude de Nice. Valence est au sud du parallèle de Naples, Málaga sur celui d'Alger.

F La France, située à mi-distance entre le pôle Nord et l'équateur, est le seul pays frontalier de la péninsule ibérique.

E L'Espagne, qui a la forme d'un pentagone, est le deuxième pays montagneux d'Europe, après la Suisse (altitude moyenne : 660 m). Elle a une surface totale de 507 000 km², y compris les îles Baléares et l'archipel des Canaries. Elle est bordée de 3 144 km de côtes dont les 2/3 sur la façade méditerranéenne et atlantique sud.

F L'hexagone français a une surface de 551 695 km². Il est bordé de 3 200 km de côtes et de 2 000 km de frontières terrestres. Portugal : 91 721 km².

E Le trait marquant du relief espagnol est l'existence de la **meseta,** plateau central incliné vers l'ouest, coupé de hautes Sierras (Gredos, Guadarrama) et bordé de chaînes élevées (Cordillère Cantabrique au nord, Ibérique à l'est, Sierra Morena au sud). Le sommet le plus élevé de la péninsule est le **pico de Mulhacén** (3 480 m) dans la Sierra Nevada. Ce relief explique trois types de paysages : au nord, la corniche atlantique, humide et tempérée, creusée de profondes **rías** qui en font le paradis de la pêche et de la navigation de plaisance, et appuyée sur un arrière-pays montagneux, domaine privilégié de l'alpinisme; au centre les majestueuses étendues de la Meseta, au climat continental, à l'air pur et vivifiant; à l'est et au sud, la frange méditerranéenne, au climat sec et chaud. On se baigne en mer tout l'hiver.

F La France a un relief varié, disposé en amphithéâtre : hauts sommets à l'est et au sud, vieilles montagnes au centre, plaines et plateaux au nord et à l'ouest. Le versant pyrénéen le plus abrupt est du côté français, bien que le pic le plus élevé se trouve en Espagne, dans la Maladeta (**Pico de Aneto**, 3 404 m).

E La population de l'Espagne est d'environ 36 millions d'habitants. La densité moyenne, 71,2 au km², est inégalement répartie : très élevée dans les riches **huertas** de la côte méditerranéenne et dans le Nord, elle s'abaisse dans les solitudes de la Meseta. Deux grandes métropoles ont plus de 3 millions d'habitants (Madrid et Barcelone). Une trentaine de villes dépassent 100 000 âmes.

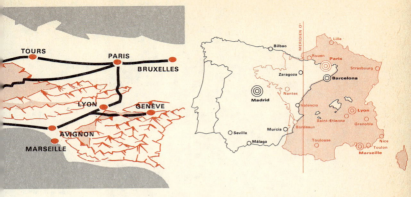

F La France a 56 millions d'habitants (densité : 92) et 31 villes de plus de 100 000 habitants. Le Portugal a près de 10 millions d'habitants.

E 21 % de la population active de l'Espagne travaille dans le secteur agricole, 27 % dans le secteur industriel, 10 % dans la construction et 42 % dans le secteur tertiaire. Le pays est encore très rural, mais s'industrialise rapidement. Le tourisme, particulièrement florissant (36 000 000 environ dont 1/3 de Français) a largement contribué à l'essor économique (1er pays touristique d'Europe, le 2e du Monde après les U.S.A.).

F 17 % des Français actifs travaillent pour l'agriculture, 39 % dans l'industrie et 44 % dans le secteur tertiaire. La France reçoit quelque 12 millions d'étrangers.

E Malgré une augmentation sensible du revenu national (72 690 ptas en 1972 contre 22 787 ptas en 1962), le revenu annuel par habitant est plus bas que la moyenne européenne. Cela explique la coutume fréquente pour l'homme de pratiquer deux métiers. L'inflation sévit. En 1977, dévaluation de 24 % de la peseta.

F En 1970, sur 10 millions de ménages français, 2 % avaient plus de 35 000 F, 25 % entre 15 000 F et 35 000 F, et 50 % entre 5 000 F et 15 000 F.

E Le parc automobile connaît un développement prodigieux que la construction de nouvelles usines va accélérer encore. De 1963 à 1967, la production des automobiles de tourisme a plus que triplé. Récemment, il y avait en circulation 3 millions de voitures de tourisme et 1 million de camions. La SEAT (Fiat avec 2/3 de participation espagnole) est la voiture la plus répandue. Mais Renault et Citroën occupent une place importante de la production nationale.

F Au cours de janvier-mars 1973, l'Espagne avait importé de France pour 225 millions de dollars et exporté pour 166 millions. La France est le 2e pays du Marché Commun (après l'Allemagne) et le 3e du Monde (après les U.S.A.) à commercer avec l'Espagne.

E L'espagnol, langue officielle de vingt pays hispano-américains, est parlé par près de 250 millions de personnes (dont 1 million à New York !). Langue de travail à l'O.N.U. et dans les grands organismes internationaux, c'est la langue la plus étudiée aux U.S.A. L'espagnol est la 2e langue commerciale du Monde.

F Le français est parlé par 120 millions d'hommes, dont 55 millions d'Africains.

25

Attention ! L'Espagne est divisée en cinquante *provincias,* correspondant en gros aux départements français. Chacune porte le nom du chef-lieu, *la capital de provincia,* sauf Álava (capital Vitoria), Guipúzcoa (San Sebastián), Vizcaya (Bilbao), Baleares (Palma de Mallorca), Canarias (Las Palmas de Gran Canaria).

Gentilicios

- *Un castellano, un catalán, un gallego, un andaluz, un valenciano, un extremeño* (Extremadura), *un mallorquín* (Mallorca), etc.
- *Un « guanche »,* indigène des îles Canaries.

Locución : *Es más cabezudo* (ou *testarudo, têtu*) *que un aragonés...*

26

España en cuatro palabras

España abarca[1] la mayor parte de la llamada Península Ibérica. Está situada bastante al Oeste de Francia : Barcelona está en el meridiano de París. El sol se pone[2] en Vigo (Galicia) una hora más tarde que en París y dos horas más tarde que en Niza.

La península tiene la forma de una piel de toro. Su suelo accidentado origina[3] muchas cuencas[4] por donde circulan ríos numerosos y largos pero poco caudalosos[5]. Por la vertiente atlántica corren cinco de los grandes ríos españoles : Miño[6], Duero, Tajo, Guadiana[6] y Guadalquivir. Solamente un gran río, el Ebro[7], desagua[8] en el Mediterráneo. El Guadalquivir es navegable hasta Sevilla, a 80 kilómetros de su desembocadura.

El núcleo central de España lo forma la alta meseta castellana (800 a 1 000 metros de altura), de clima duro y continental poco apto para la producción de árboles, aunque sí para la[9] de cereales.

En cambio[10], es suave y húmedo el[11] de la estrecha fachada[12] del Norte, sometida a la influencia marítima del Mar Cantábrico (nuestro « golfe de Gascogne »).

El litoral mediterráneo con sus inviernos benignos[13] y sus veranos calurosos[14], es la tierra de los naranjos y olivos. Gracias al riego, crece toda clase de hortalizas en las fecundas « huertas ». En la llanura andaluza cuya latitud es poco más o menos la de Argelia, hay lluvias escasas[15] y veranos de extremado calor. Las vegas (Granada) son unos oasis en la estepa desolada.

Con tal variedad de climas y relieves, bien merece España ser llamada « el país de los contrastes ».

La población de España alcanza los 35 millones de almas. El 65 % vive en las ciudades a pesar de ocuparse la mayor parte de los trabajadores españoles en faenas agrícolas (trigo, uva y vino, olivo, arroz, naranjas y limones...). Desde hace unos pocos años se ha desarrollado mucho la industria, siendo de momento el turismo una de las mayores fuentes de ingresos[16].

La lengua oficial de España es el castellano. Se usan localmente varios idiomas, siendo los principales el gallego, el vascuence[17] y el catalán. Pero todos comprenden el castellano y contestan en la lengua nacional al extranjero que les dirija la palabra.

1. embrasser, au fig. **Refrán** (proverbe) quien mucho abarca poco aprieta. Ailleurs, **abrazar.** El abrazo espagnol s'accompagne de tapes amicales sur le dos.
2. se couche (litt. : se pose).
3. donne naissance à. On dit **el** origen.
4. bassins. Vallée : **valle** et **vega** en Andalousie.
5. de **caudal**, capital et débit pour un fleuve.
6. sert en partie de frontière avec le Portugal.
7. C'est lui qui donne son nom à la péninsule « ibérique ».
8. se jette. - 9. celle de.
10. par contre, en revanche.
11. celui de. - 12. façade.
13. doux (prononcer be-nig-nos).
14. pour le café par exemple, on dit **caliente.**
15. rares, peu abondants (**la escasez,** la pénurie).
16. sources de revenus.
17. idioma del país vasco.

* *

Grammaire

- **Estar** indique la situation, l'état, **Ser,** la caractéristique :
  Barcelona está en el meridiano de París - El clima es suave.
- Subjonctif à valeur de futur possible :
  Al extranjero que les dirija la palabra.
  A l'étranger qui leur adressera la parole.
- Préposition **de** : una meseta de clima duro - un plateau au climat rude.

Le voyage par air

Les grandes villes d'Espagne disposent d'un aéroport *(aeropuerto)* et sont reliées entre elles (Cie Aviaco, lignes intérieures) aussi bien qu'aux grandes villes d'Europe et du monde (Cie Iberia pour le trafic international).

Les relations sont assurées par Caravelle, Boeing 727, Douglas DC8 et DC10. Les billets peuvent être pris indifféremment dans une agence Iberia ou Air France, de France ou d'Espagne.

* **Ligne Paris-Madrid** : départ d'Orly S. (ou de Roissy) à 7 h 55, arrivée Barajas à 9 h 40 après un copieux *desayuno* (un car assure le trajet Barajas-Plaza del Neptuno). Il y a 4 à 6 vols par jour.

* **Ligne Paris-Barcelone** : le vol de 12 h 30 (Orly S.) vous permet d'arriver à l'aéroport Prat de Llobregat à 13 h 55 et, grâce au service de cars Costa Brava, d'être dans l'après-midi sur le lieu de votre villégiature. Un autre service de cars vous conduit sur la Costa Dorada.

* **Paris (Orly S.)-Málaga** : en 2 h 30 (1 à 2 vols par jour).

* **Paris-Les Baléares** : en moins de 2 h (3 vols quotidiens pour Palma et 2 fois par semaine, Ibiza). Le trafic le plus important est assuré par Barcelone (p. 66).

* **Canaries** : plusieurs vols par semaine (d'avril à octobre), départ d'Orly S. pour Las Palmas et Tenerife (3 h de vol). Un vol hebdomadaire au départ de Bordeaux et de Marseille. Nombreux vols quotidiens de Madrid.

Voyages à tarif réduit

Le voyage en groupe, pour motif culturel, sportif... peut vous assurer une importante réduction *(rebaja, descuento)* si vous retirez votre billet 7 jours avant le départ. La *rebaja* la plus forte (50 %) est surtout accordée *fuera de temporada* (hors saison).

Les jeunes de 12 à 25 ans bénéficient d'un *descuento* de 25 % (carte d'identité, certificat de scolarité).

Au départ de Paris, organisation de vols « charter » pour les Baléares et les Canaries.

Location de voiture *(coches de alquiler)*

Les agences les plus importantes sont Avis et Hertz. Voir adresses à Madrid et dans les villes principales, p. 174. Hertz, Edificio España, local 18, Tél. : 248-58-03.

Attention ! N'oubliez pas le *permiso de conducir*.
N.B. Papiers nécessaires : cf. p. 35.

El papel de la azafata de vuelo[1] es, ante todo, acoger a bordo a los pasajeros y atenderles[2], especialmente en caso de que se mareen[3].

Poco antes del despegue[4] va de uno a otro asiento para cerciorarse[5] de que todos han abrochado los cinturones[6] como Dios manda[7] y hacer que nadie fume.

Luego suele[8] dirigirles cuatro palabras por el altavoz[9] : - Buenos días, señoras y señores. El comandante Juan Pérez y tripulación[10] les dan la bienvenida a bordo de esta aeronave[11]. Vamos a despegar a las diez en punto[12] con destino al[13] aeropuerto de Palma de Mallorca donde aterrizaremos a las once y diez...

✳ ✳ ✳ ✳

Si su vecino es español, ésta es la clase de conversación que podrá usted entablar[14] con él :

Usted - Buenos días, caballero.

Español - Muy buenos. ¿ Es Usted francés, no ?

Vd. Sí señor, para servirle.

E. Habla Vd. muy bien nuestro idioma.

Vd. Favor que Vd. me hace[15]. Lo estudio en la Universidad.

E. Y ¿ está Vd. de vacaciones ?

Vd. Sí, voy a Mallorca, de veraneo[16], y a visitar Baleares.

E. Ya verá Vd. lo bonito que es aquello y lo caliente que está el agua.

Vd. Ya me lo dijeron unos amigos y estoy impaciente por llegar. ¿ Es Vd. de allí ?

E. Ca[17], no señor. Yo soy del mismo Madrid. Pero solemos[8] ir a Mallorca cada verano. Ya está allí mi familia.

Vd. ¿ Fuma Usted ? ¿ Le apetece[18] un cigarrillo francés ?

E. Con mucho gusto[19]. Son los famosos « gauloises », ¿ verdad ? Pruebe usted[20] mi tabaco, a ver cómo lo encuentra.

La azafata - ¿ Qué van a tomar ustedes ?

E. ¿ Qué hay de bebidas ?

A. Pues, hay naranjada, café... Jerez, champán...

E. ¡ Hala, joven ! Pida Vd. algo primero.

Vd. La verdad, no sé muy bien...

E. Pues siga[21] mi consejo, bebamos una copita de Jerez y verá Vd. lo rico[22] que es ese vino andaluz.

1. le rôle de l'hôtesse de l'air.
2. s'occuper d'eux.
3. s'ils ont le mal de l'air.
4. décollage (**despegar**, décoller).
5. (= **asegurarse**) s'assurer.
6. ont attaché **leurs** ceintures.
7. Comme il faut, comme il se doit.
8. elle a coutume (**soler**).
9. haut-parleur.
10. et son équipage.
11. avion. - 12. dix heures juste.
13. à destination de.
14. engager.
15. Vous êtes trop aimable.
16. en vacances (été) (**veranear**).
17. Pensez-vous ! Pas du tout !
18. Désirez-vous (litt. : vous fait envie).
19. avec plaisir.
20. de **probar**, goûter.
21. de **seguir**, suivre.
22. Attention ! pour mets et boissons = délicieux, exquis, savoureux...

29

Dans l'avion

 * Si vous devez voyager en période d'affluence touristique, il est conseillé de réserver votre aller et retour, *ida y vuelta,* longtemps à l'avance. L'agence de voyages vous permet de procéder à cette *reserva y contrarreserva,* aux mêmes tarifs que les *Compañías Aéreas.*

 * Vérifiez sur le billet l'heure de départ et l'heure à laquelle vous devez vous présenter à l'aéroport, *aeropuerto.*

 * **Bagages :** est inclus dans le prix du passage, *billete,* le transport de 20 kg de bagages, *equipaje.* Tout supplément de poids doit être payé par le voyageur, *pasajero,* avant le vol.

 Attention ! Ne laissez pas votre portefeuille, *cartera,* ni vos papiers, *documentación,* dans votre valise qui voyage dans la soute à bagages, *pañol,* et que vous ne récupérez qu'en arrivant, à la douane.

 * **Repas :** il n'est servi qu'en fonction de l'horaire du trajet. On vous proposera toujours des boissons, *bebidas,* et des bonbons, *caramelos,* au moment du décollage, *despegue,* et de l'atterrissage, *aterrizaje :* ils évitent ou atténuent les maux d'oreille. Vous pourrez demander à l'hôtesse, *azafata,* ou au steward, *auxiliar,* de l'aspirine, *aspirina,* et du coton, *algodón,* pour vos oreilles.

 * **Vente de cigarettes, alcools :** elle se fait hors taxes *(exentos de derechos o tasas)* comme sur le bateau. Mais attention à la douane, au retour ! (p. 32).

liaisons aériennes

réseau intérieur espagnol
(Iberia, Aviaco)

et quelques lignes internationales
(Iberia, Air France, Sabena, Swissair)

au moins 5 allers et retours quotidiens

au moins 1 aller et retour quotidien

liaisons non quotidiennes

Annuler : cancelar (cancelación), anular
Arrhes : abonar una señal (anticipo)
Assurances : seguro
Avion « jet », à réaction : avión de chorro (= a reacción)

Bagages (à main) : equipaje (bultos de mano)
Billet bateau-avion : billete aire-mar; **de groupe** : colectivo; **« open »** : fecha abierta; **de week-end** : fin de semana
Bon de transport : cupón de transporte
Bulletin (bagages) : talón (de equipaje)

Cabine de pilotage : cabina de pilotaje
Carte d'embarquement, de débarquement : tarjeta de embarque, de desembarque
Changer d'avion : transbordar
Chariot à bagages : carretilla
Charter : charter, vuelo a la demanda
Consigne automatique : armario guardaequipaje
Contremarque : contraseña
Correspondance : conexión, enlace
Courrier (long, moyen) : avión transcontinental, continental
Croisière : crucero

Décalage horaire : diferencia horaria
Déclassement : reajuste de tarifas
Défection : desistimiento
Demi-place (tarif) : medio billete (media tarifa)
Desserte aérienne : servicio de comunicación
Direction de (en) : con rumbo a

Employé du guichet : taquillero
Enregistrer (bagages) : facturar (el equipaje)
Équipage : tripulación
Escale (faire) : hacer escala
Étiquette (collée - attachée) : etiqueta - rótulo
Excédent de bagages : exceso de peso
Expiration (arriver à) : caducar (caducidad)

Fauteuil inclinable : butaca reclinable
Formalités (de douane) : trámites aduaneros
Fouille (visite) des bagages : registro (reconocimiento)

Hôtesse d'accueil, de l'air : azafata de tierra, de vuelo
Hublot : ventanilla

Liste d'attente : lista de espera
Location de billet : reserva de asiento

Majorer : recargar (el recargo, la sobretasa)
Malle, mallette : baúl, maletín
Manquer (son avion) : perder el avión
Montant : importe

Non taxé : exento de tasas

Option : reserva sin compromiso

Paiement : pago, abono
Parcours : recorrido
Passerelle (d'accès) : escalerilla
Périmé : caducado
Pièce justificative : justificante
Poids taxable : peso que tasar
Prendre un billet : sacar un billete
Prendre son vol : remontarse, alzar el vuelo
Pressurisé : presurizado
Proroger : prorrogar (la prórroga)

Quart de place : cuarto de billete

Rabais, réduction : descuento, rebaja
Relier : enlazar
Réseau (aérien) : red aérea

Salle d'attente, de transit : sala de espera, de tránsito
Séjour : estancia
Siège-couchette : asiento litera
Survoler : sobrevolar

Tarif douanier : tarifa arancelaria
Taxe d'aéroport : impuesto de aeropuerto
Taxi aérien : taxi aéreo
Tête de ligne : cabecera de línea
Transférer : trasladar (el traslado)

Valable : válido, valedero (validez)
Valise : maleta
Verser (de l'argent) : abonar (el abono)
Vigueur (en) : vigente
Vol direct, quotidien, hebdomadaire, de nuit : vuelo directo, cotidiano (diario), semanal, de noche
Vol de liaison, régulier, spécial : vuelo de enlace, regular, especial

La douane

* **La Aduana española.** Les douaniers espagnols peuvent vous demander, à votre entrée par la route dans le pays, de voir votre carte verte d'assurance (cf. p. 35) et de fouiller vos bagages (cas très rare). Les affaires personnelles (appareils de photos, caméra, machine à écrire, tabac, provisions...) ne posent aucun problème. Le transport de drogue, d'armes, de tracts politiques... est, bien entendu, sévèrement réprimé !

A votre sortie, la douane espagnole n'opère (en principe) aucun contrôle.

* **Les douanes françaises** éditent chaque année un prospectus rappelant les « facilités dont vous pouvez bénéficier à votre retour ». Il vous suffit de le demander en franchissant la frontière.

- *Au titre de la franchise individuelle,* les marchandises contenues dans les bagages personnels des voyageurs bénéficient de la franchise des droits et taxes exigibles à l'importation, dans une limite variable pour les adultes et les enfants de moins de 15 ans : se renseigner.

On peut sur « simple déclaration verbale » dédouaner les marchandises d'un montant supérieur (même destinées à usage professionnel) « dès lors que leur valeur ne dépasse pas 2 500 F ».

- *Au titre des tolérances,* dans les limites suivantes et seulement pour les voyageurs âgés de plus de 15 ans :

Tabac : 200 cigarettes *ou* 100 « cigarillos » (sic) (= petits cigares) *ou* 50 cigares *ou* 250 g de tabac à fumer.

Boissons alcoolisées : 1 l titrant plus de 22° *ou* 2 l titrant 22° ou moins et 2 l de vin de table.

Parfums : 50 g et 1/4 de litre d'eau de toilette.

Café : 500 g *ou* 200 g d'extraits et essences de café.

Thé : 100 g *ou* 40 g d'extraits.

Attention ! Une réglementation particulière est applicable aux frontaliers.

* **Remarques :** Il ne s'agit en aucun cas de droits, mais de tolérances. Certains produits ou matières (or, munitions, etc.) sont formellement interdits.

* **Conseils :** Déclarez donc, en toute quiétude, les alcools et tabacs acquis dans les limites indiquées, ainsi que les souvenirs (articles d'artisanat...) et provisions. Ne cherchez pas à finir les bouteilles commencées dans la crainte d'une taxe, peu probable dans ce cas : la conduite en état d'ivresse *(embriaguez)* est détectée par l'alcootest en France !

¿ Entonces era cuento todo eso del Mercado Común ?

En la aduana

Carabinero[1] - ¿De quién son esos bultos[2]?
Viajero - Son míos y del señor[3] *(señalando al caballero[3] que viene tras él).*
 Todo lo mío está aquí. Lo del señor, un poco más allá.
C. La maleta[4] pequeña ¿es de usted?
V. Sí, señor, es mía. También es mío el saco de noche[5].
C. ¿Tendría usted la bondad de abrirlos[6]?
V. Con mucho gusto.
C. ¿Tiene usted algo que declarar[7]?
V. Nada más que[8] ropa[9] personal, y un regalito[10] para los amigos de allí.
C. ¿De dónde? ¿Se puede saber?
V. De su país, pues. Me voy a casa de una familia malagueña.
 El carabinero mira por rutina[11] la maleta abierta y traza en cada bulto una
 señal misteriosa[12].
C. Está bien, adelante[13].
V. ¿Quiere ver el pasaporte?
C. Eso no es lo mío. Enséñeselo a la policía.

Las reglas aduaneras :

Los carabineros españoles, enguantados de blanco muchas veces, suelen ser
muy corteses y no acostumbran a molestar[14] a nadie. Poco les importa[15] a
ellos que usted importe[15] lo que quiera, a no ser que traiga joyas, explosivos
o... propaganda política. Pero eso no es lo suyo, de todos modos[16], sino que
corresponde a la policía.

1. On dit rarement « aduanero ».
2. bagages (litt. : « paquets »).
3. N.B. La différence entre « Monsieur » (ici présent) et « un Monsieur ».
4. valise. - 5. sac de voyage.
6. Auriez-vous l'obligeance de les ouvrir ?
7. Avez-vous quelque chose à déclarer ?
8. Rien que. - 9. des vêtements.
10. un petit cadeau (diminutif de **regalo**).
11. Pour le principe.
12. C'est tout simplement un « v » espagnol (= **vale** = bon).
13. passez. - 14. ennuyer.
15. N.B. Le double sens (**no me importa** : peu m'importe).
16. de toute façon.

* *

La notion de possession

Lo mío (invariable) = ce qui est à moi.
Esto es lo mío : ce sont mes affaires (au fig. c'est mon affaire, cela me regarde).
 ¿De quién es? : A qui est-ce ?   **¿Es tuyo?** : Est-ce à toi ?
 Es mío : C'est à moi.   **No, es de Juan** : Non, c'est à Jean.

Attention !

Es suyo : c'est à lui, à elle, à eux, à elles et aussi : c'est à vous.
Pour éviter l'équivoque, on dit aussi couramment **es de Usted**.
De même, le vôtre : **el de Usted**, les vôtres : **los de Usted**, etc.
Es del señor : C'est à Monsieur.

Chez

Voy a casa de una familia : Je vais chez une famille.
Estoy en casa de unos amigos : Je suis chez des amis.

La route espagnole

* Cherchant à sortir de son isolement et soucieuse de favoriser le tourisme, l'Espagne s'est lancée récemment dans la construction d'auto-routes *(autopistas)* : celle qui unit la frontière française à Barcelone, Valence et Alicante (autopista del Mare Nostrum) doit se prolonger jusqu'à Málaga (Andalousie) et constituer la « *Carretera azul* ». De longs tronçons existent entre Madrid et Irún. Séville est reliée par autoroute au port de Cádiz, Barcelone à Saragosse, Bayonne à Bilbao. Mais il reste beaucoup à faire !

En dehors des grands axes, les routes sont encore l'héritage des anciens chemins muletiers : l'asphalte y a recouvert la terre battue mais le profil n'est pas toujours étudié et, surtout, elles demandent des travaux de conservation incessants, faute de fondations suffisantes : attention donc aux nids de poule, aux ornières *(baches)* et aux affaissements de terrains *(derrumbamientos, corrimientos)*, si vous empruntez ce réseau secondaire.

L'aspect montagneux du pays offrant une difficulté supplémentaire, certaines hautes vallées vivent encore dans un grand isolement (Extrema-dura - Andalousie).

* Or, ce réseau routier peu étendu (150 000 km ; France : 600 000 km) est très chargé :

1. Les difficultés de pénétration du chemin de fer ont favorisé les transports par camions.

2. L'augmentation du niveau de vie a fait croître le parc automobile en un temps record : la radio espagnole ne cesse de proclamer que le pays n'est pas adapté au nombre de véhicules mis en circulation, ni dans l'infrastructure routière, ni dans la mentalité de ses conducteurs.

3. Des millions de touristes envahissent l'Espagne pendant l'été... et beaucoup en voiture particulière. Aussi le nombre des accidents a-t-il augmenté considérablement durant ces dernières années.

* **La moyenne** : Soyez très prudent, acceptez de suivre très longtemps un camion diésel sur un parcours sinueux, côtier ou montagneux, et n'espérez surtout pas une moyenne d'étape élevée. Il vaut mieux renoncer, en Espagne, à cette préoccupation et réduire sensiblement la longueur des étapes qu'on a coutume de parcourir en France.

* **État des routes** : Au départ de Madrid ou de Barcelone, si vous avez quelques craintes, appelez ou faites appeler par votre hôtel le service « État des routes ».

Les papiers *(la documentación)*

- Pour les ressortissants français, le seul document exigé est la carte d'identité, en cours de validité. Un passeport périmé depuis moins de 5 ans suffit également.

- La carte verte (carte internationale d'assurance automobile) est obliga-toire et, en principe, contrôlée par les autorités espagnoles lors du franchissement de la frontière. Elle est émise par le Bureau central français des sociétés d'assurance contre les accidents d'automobile (118, rue de Tocqueville, 75850 Paris Cédex 17). Organisme correspondant en Espa-gne : « Oficina española de aseguradores de automóviles » - Sagasta 18 - Madrid 4 - Tél. : 223-9516. Votre compagnie d'assurance peut vous la fournir sur simple demande.

Si vous arrivez à la frontière sans carte verte, vous avez toujours la possibilité de souscrire une assurance espagnole (au mois, à la journée)... mais qui vous reviendra bien plus cher.

- Le permis de conduire « *permiso de conducir* » ou « *carné* » (pour les Français, permis à trois volets, délivré depuis le 1er janvier 1955) ou, à défaut, le permis international. Ayez aussi, bien entendu, votre carte grise « *carta gris* ».

N.B. Si la voiture n'est pas accompagnée de son propriétaire, il faudra vous munir d'une autorisation légalisée par le commissaire de police ou par le cachet d'une association automobile ou d'une banque.

Les grandes associations automobiles

Si vous devez conduire beaucoup en Espagne, si vous désirez y camper, il est préférable d'appartenir à une association :

- L'Automobile Club de l'Ile-de-France, 8, place de la Concorde, 75001 Paris, Tél. : 266-43-00.
- L'Automobile Club de France, 3, boulevard de l'Amiral-Bruix, 75016 Paris, Tél. : 500-04-12.
- Bureaux de voyages ACTO (France), 8, place de la Concorde, Paris, Tél. : 265-65-99 - 65, avenue d'Iéna, Paris, Tél. : 553-03-36.
- Automobile Club Européen, 14, rue Montyon, Paris, Tél. : 523-10-67.
- Touring Club de France, 65, avenue de la Grande-Armée, Paris, Tél. : 502-14-00... ou toute association régionale.

Toutes ces associations prévoient des garanties spéciales pour les voyages à l'étranger et fournissent tous renseignements utiles avant le départ (franchissement d'un col, état d'une route, itinéraire, hébergement, etc.).

En outre, si vous voulez être libéré de tout souci en cas de panne, accident, inscrivez-vous à Europ-Assistance, 23, rue Chaptal, 75009 Paris, Tél. : 285-85-85, qui vous offre une variété de services vous garantissant des vacances sans problèmes (possibilité d'inscription également dans toutes les agences de voyages). Les enseignants peuvent souscrire le contrat spécial de M.A.I.F. assistance.

Conduite à tenir en cas d'accident

Avant votre départ, demandez à votre compagnie d'assurance si elle a un correspondant espagnol. Il peut vous être utile, dans le cas où votre voiture ne pourrait être réparée sur place et pour tout renseignement.

Contrairement à nos coutumes, qu'il y ait accident de personne ou simples dégâts matériels, il est bon de faire appel à la police qui établit un constat.

Si ces dégâts sont légers, et si votre véhicule peut rouler, vous avez tout avantage à le faire réparer en France... même si la réparation espagnole revient moins cher !

Avant le départ

Les grandes marques françaises de voitures sont de plus en plus représentées en Espagne : les pièces de rechange sont donc faciles à trouver dans les villes importantes.

Néanmoins, vous avez toujours avantage à avoir une petite trousse à outils pour effectuer une réparation de fortune, ainsi qu'un bidon d'huile en réserve et une bouteille d'eau distillée. Une seconde courroie de ventilateur n'est pas superflue.

Enfin, si vous roulez en plein été sur les routes brûlantes de l'Andalousie, faites légèrement dégonfler vos pneus et ayez, dans votre coffre, un bidon d'eau pour alimenter éventuellement votre radiateur assoiffé. (Prendre garde au jet de vapeur.)

ALICANTE

DISTANCES DE VILLE A VILLE (en km)

calculées en fonction des itinéraires les plus directs

de SAN SEBASTIÁN		de BARCELONA	
à PARIS	784		1028
BRUXELLES	1093		1327
LUXEMBOURG	1128		1136
GENÈVE	1031		804
LYON	874		647
MARSEILLE	754		527
TOULOUSE	331		348
BORDEAUX	227		598

CARTOGRAPHIE

- carte Michelin Espagne et Portugal, au 1/1 000 000;
- carte Hallwag Espagne et Portugal, au 1/1 000 000.
- cartes Firestone : Mapas de carreteras de España, 9 cartes au 1/500 000 ; mapas turísticos au 1/200 000.
- Mapa oficial de carreteras au 1/400 000. Cette carte peut être demandée à « Horario Guía », apartado 4069 - Madrid.

HENDAYE-SAN SEBASTIÁN	20
SOMPORT-ZARAGOZA	175
PERTHUS-BARCELONA	162
CERBÈRE-BARCELONA	204

Distances (en km) — table triangulaire :

Ville	ALICANTE	ALMERÍA	BARCELONA	BILBAO	BURGOS	CÁDIZ	CÓRDOBA	LA CORUÑA	GERONA	GRANADA	LOGROÑO	MADRID	MÁLAGA	MURCIA	OVIEDO	PAMPLONA	SALAMANCA	SAN SEBASTIÁN	SANTANDER	SEVILLA	TARRAGONA	TOLEDO	VALENCIA	VALLADOLID
ALMERÍA	299																							
BARCELONA	522	821																						
BILBAO	804	1006	594																					
BURGOS	650	852	584	154																				
CÁDIZ	779	480	1138	1014	860																			
CÓRDOBA	520	332	883	795	641	255																		
LA CORUÑA	1016	1218	1120	633	544	1096	1007																	
GERONA	622	921	100	694	684	1238	983	1220																
GRANADA	361	185	880	827	673	354	168	1039	980															
LOGROÑO	643	938	470	148	114	988	733	658	574	765														
MADRID	410	612	620	394	240	606	401	606	724	433	332													
MÁLAGA	518	219	998	935	781	182	261	1162	1098	129	873	541												
MURCIA	78	231	600	785	631	701	447	997	700	283	717	391	440											
OVIEDO	856	1058	902	308	323	941	847	325	1002	879	396	487	837	833										
PAMPLONA	669	964	435	159	204	812	535	879	844	411	210	952	743	467	88									
SALAMANCA	620	822	779	388	234	535	325	325	806	643	465	214	534	801	504	374								
SAN SEBASTIÁN	757	1077	523	118	226	866	796	470	718	898	566	465	802	245	426	88	460							
SANTANDER	805	1007	706	112	165	987	535	325	952	802	255	497	863	567	568	361	230	230						
SEVILLA	612	430	1023	866	712	204	140	948	1123	235	962	214	534	805	962	938	839	927	591					
TARRAGONA	426	725	96	533	523	1067	787	196	624	766	251	455	629	637	455	259	605	547	368	325				
TOLEDO	400	553	690	464	310	748	315	669	790	423	402	70	528	315	570	535	589	668	373	256	392			
VALENCIA	167	466	355	623	513	570	528	455	624	191	356	582	255	568	113	347	248	605	237	400	863	264		
VALLADOLID	601	803	666	275	121	783	592	402	605	475	235	191	547	256	605	248	347	591	481	176	568	176	863	
ZARAGOZA	493	788	302	320	286	978	723	402	237	755	172	322	863	176	568	176	481	264	400	863	237	392	325	368

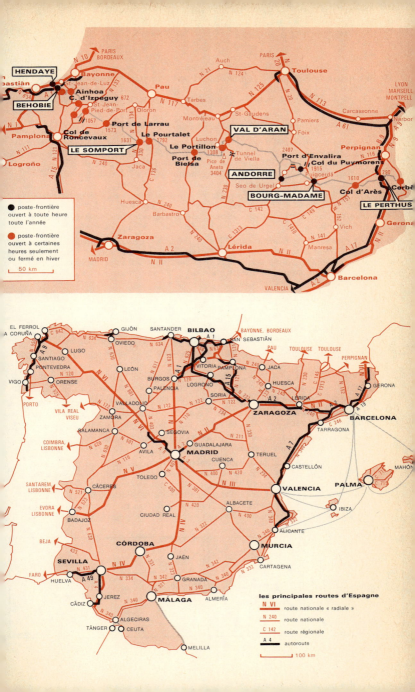

La route espagnole

Les deux voies d'accès principales passent, à l'O., par Béhobie-Irún et, à l'E., par Le Perthus-La Junquera. Il est vivement conseillé de ne pas emprunter ces autoroutes les jours de grande circulation. A l'E., la D115 (Prats-de-Mollo) et la C151 (Ripoll) vous éviteront de longs embouteillages.

Pour franchir le cœur des Pyrénées

La route du Val d'Aran (N. 618 C) qui relie la vallée supérieure de la Garonne et les ríos *Noguera Ribagorzana* et *Isabena* et se prolonge en Espagne par la N. 230. Elle relie la région de Toulouse à Lérida, Saragosse et Barcelone. Elle est praticable en toute saison (altitude du tunnel de Viella, en territoire espagnol : entre 1 400 et 1 600 m).

N.B. La reconstruction du pont du Roi à la frontière a été entreprise en 1974. Des travaux de modernisation de la route sont réalisés de part et d'autre : en Espagne, au voisinage de Bonansa, une chaussée nouvelle, d'un meilleur tracé, suivra la vallée de l'Isabena jusqu'à Graus.

✻ **La route d'Aragnouet-Bielsa** (Hautes-Pyrénées) emprunte la vallée d'Aure et celle du río Cinca pour relier Tarbes, Lourdes, Bagnères-de-Bigorre et le plateau de Lannemezan aux provincias de Huesca et Lérida. Elle comprend un tunnel à une altitude de 1 827 m (tête nord) et de 1 676 m (tête sud).

✻ **La route Gavarnie-Ordesa**, route privée à péage, emprunte la vallée du Gave de Pau et celle du río Cinca. Elle doit établir la liaison avec Huesca et Saragosse. Elle est achevée en France jusqu'à la frontière, au col de Boucharo (2 270 m) et dessert depuis 1972 la nouvelle station « Les Especières » (Gavarnie). Du côté espagnol, elle est en cours de réalisation et permettra l'accès au parc national espagnol d'Ordesa.

Autres liaisons projetées :

✻ **Luchon-Vénasque** (vallée de la Pique et celle du río Esera) à ciel ouvert par le port de la Picade (2 475 m) ou par tunnel (de la Glère).

✻ **Saint-Girons-Lérida** empruntant les vallées du Salat (Ariège) et du río Noguera-Pallaresa.

✻ Liaison **France-Espagne** et **France-Andorre** par la vallée de Vicdessos (Ariège), à caractère touristique

✻ Modernisation de la liaison **Toulouse-Barcelone** par Bourg-Madame, N.20 + N.152 avec percement d'un tunnel sous le col du Puymorens (qui est enneigé une partie de l'année) et **Toulouse-Andorre-Lérida-Tarragone**, par le Pas de la Case, la route andorrane et en Espagne par C. 1313 de Seo de Urgel vers Lérida avec construction d'un tunnel sous le port de Tosas ou sous la sierra de Cadi.

CANDIDO

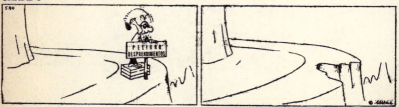

Haciendo autoestop

Chica - ¿Puede Vd. llevarme hasta Valencia?

Camionero - Hasta Valencia no. Yo me paro[1] en Castellón. Pero suba usted. Ya se ahorrará una caminata[2] y siempre echaremos un párrafo[3].

Ch. Muchas gracias *(subiendo a la cabina)*. ¡Huy[4]! ¡lo que pesa esta mochila[5]!

Ca. Démela[6]. Parece plomo[7]. ¿Cómo puede Vd. llevar tanta carga?

Ch. La costumbre, sabe. No se puede llevar menos.

Ca. ¿Y va Vd. a pie siempre?

Ch. Siempre no, ya que[8] muchas veces se para algún chófer amable como Vd.

Ca. Y ¿por qué no se echa Vd.[9] una moto? o a lo menos una bicicleta.

Ch. A mí, me encanta ir a patita[10].

Ca. Ya, ya[11]... ¡con tal que[12] alguien la coja en su coche!

Ch. No se rehúsa ninguna oportunidad[13] sobre todo cuando hace calor. Pero, créame, nada como ir a pie[14]. Pruébelo[15] y verá.

Ca. Ya lo doy por probado[16]. Más me gusta ir con el camión. Además yo tengo que ganarme la vida así. ¿Está Vd. de vacaciones, no?

Ch. Sí, un par de semanas.

Ca. ¿De dónde es Vd.?

Ch. Yo, de París, para servirle[17].

Ca. ¡Vaya[18]!... Una vez fui allí a entregar[19] un camión de naranjas. Pero ¡qué tiempo! Yo creo que allí llueve a diario[20].

Ch. ¡Tanto como eso[21]!

Ca. Digamos que un día sí y otro no[22].

Ch. Claro que no disfrutamos de un sol tan radiante como en España. Y ¿no se aburre Vd., viajando solo?

Ca. Inconvenientes del oficio... que se olvidan escuchando la radio o con un rato de palique[23]. Ya llegamos. Que lo pase Vd. bien[24].

Ch. Adiós. Muchísimas gracias.

Ca. No se merecen[25]... ¡Señorita! *(entregándole la mochila.)* ¡Que se le olvida la mochila!

1. Je m'arrête. - 2. un bon bout de chemin.
3. nous ferons un brin de causette.
4. Aïe!
5. qu'il est lourd ce sac à dos!
6. Donnez-le moi (v. ci-dessous).
7. On dirait du plomb. - 8. car.
9. pourquoi ne vous offrez-vous pas?
10. (fam.) à pied.
11. Ouais, ouais! - 12. pourvu que...
13. une occasion.
14. rien ne vaut la marche.

15. Essayez. - 16. C'est tout essayé (refus).
17. litt. : pour vous servir. Pas d'équivalent français à cette formule (muletilla) qu'on ajoute à tout renseignement donné sur soi-même.
18. Dites donc! - 19. livrer.
20. tous les jours. - 21. C'est trop dire.
22. Un jour sur deux.
23. un moment de conversation.
24. Bon séjour, bonne journée (cordial).
25. Il n'y a pas de quoi.

✳✳✳✳✳✳✳✳✳✳✳✳✳✳✳✳✳✳✳✳✳✳✳✳✳✳✳✳✳✳✳✳✳

Locutions

Para servirle : Pour vous servir.
Llevarme : M'amener.
Créame : Croyez-moi.
Pruébelo : Essayez-le.

Párese : Arrêtez-vous.
Démela : Donnez-la moi.
Quítatela : Enlève-la.

Se le olvida la mochila : Vous oubliez **votre** sac à dos.
Tengo que ganarme la vida : Je dois gagner **ma** vie.

¿De dónde es usted? Soy de París. (L'origine : Ser de.)
¿Está de vacaciones? : Vous êtes en vacances! (l'occupation).
Una vez fui allí : J'y **suis allé** une fois.

La route espagnole

La signalisation

Vous retrouverez, en Espagne, les signaux « internationaux » que vous connaissez. Voici pourtant quelques points particuliers.

EN VILLE

Attention à : *Vado permanente :* sortie de véhicule. *Laborables :* interdit en semaine. *Turismo :* interdit aux voitures de tourisme.

Très influencés par la France, les Espagnols possèdent la « *zona azul* » (zone bleue), « *el carril bus* » (voie réservée aux autobus) et... « *el cepo !* » (sabot Denver).

❊ **Amendes :** Les horaires d'interdiction de stationner sont souvent précisés sous le disque : respectez-les strictement car vous risquez non seulement une amende *(multa)* mais de retrouver votre voiture à la fourrière *(depósito)*.

À Barcelone, un service spécial d'autos-grues *(coche-grúa)* vous enlève votre voiture dans la demi-heure qui suit votre arrivée : très aimablement, on vous laisse, collé sur le trottoir, un petit triangle de papier portant la mention : « *El vehículo ha sido retirado de este lugar. Para informarse se ruega llame al teléf : 092.* » (Le véhicule a été ôté de cet endroit. Pour toute information, vous êtes prié d'appeler tél. : 092)... Les étrangers ne sont pas épargnés !

Dans certaines petites villes, prenez garde également au passage des tramways *(tranvías)*. Même lorsque vous vous arrêtez à un croisement (feu au rouge), ne prenez pas la place libre sur les rails. Aucun signal ne vous l'interdit, mais vous risquez de voir soudain devant vous un tramway qui n'est pas toujours astreint aux mêmes règles de circulation que les automobiles.

N.B. Il est strictement interdit de s'engager dans un carrefour qu'on risque d'encombrer lorsque le feu vert sera donné aux voitures qui arrivent transversalement.

Es un nuevo procedimiento para ganar tiempo. A medida que construimos las carreteras vamos haciendo ya las reparaciones.

SUR ROUTE

La plus grande prudence est recommandée.

✱ Les passages à niveaux, même sur les grandes routes, sont souvent la source de nombreux déboires :

- Les passages à niveaux non gardés sont très nombreux : il faut absolument marquer l'arrêt et scruter l'horizon avant de passer. Vous pouvez trouver, devant vous, avant de traverser les voies, un panneau en X portant la mention : « Atención al tren. »

- Les signaux « passage à niveau gardé » ou « non gardé » sont parfois placés indifféremment.

- Les passages à niveaux sont le plus souvent « en dos d'âne » : si vous ne ralentissez pas, vous risquez de voir s'envoler votre galerie et vos bagages... à moins que vous n'y perdiez vos amortisseurs !

Mini-lexique de la route

Aparcamiento : parking.
Arcén : accotement, bas-côté.
Área (de servicio) : aire (de service).
Atasco : bouchon.
Bache : ornière, nid de poule.
Badén : cassis.
Batalla ($<$ 2′,05) : largeur d'essieu ($<$ 2^m,05).
Cañada : passage de bétail.
Carril (derecho) : voie (de droite).
Circunvalación : voie périphérique.
Cruce (con preferencia) : croisement (avec priorité).
Curva peligrosa : virage dangereux.
Curva y contracurva : virage en S.

Desprendimiento : éboulement.
Enlace (rampa de) : bretelle de raccordement.
Estrechamiento : chaussée rétrécie.
Firme deslizante : chaussée glissante.
Gravilla suelta : gravillons.
Obras : travaux.
Preferencia : priorité.
Rasantes peligrosas : descente dangereuse.
Remolque : remorque.
Retención : bouchon.
Tarjeta de peaje : carte de péage.
Tramo (en mal estado) : tronçon (en mauvais état).

✱ Quelques signaux particuliers

Le panneau *(surtidor de gasolina)* « pompe à essence », rencontré dans une région un peu déserte, doit vous inciter à faire le plein *(el lleno)* si vous ne disposez pas d'une certaine autonomie de parcours.

Si vous cherchez un garage pour effectuer une réparation, ils portent l'inscription *Garaje* ou *Taller mecánico ;* vous reconnaîtrez à distance leur entrée striée en biais de bandes rouges et blanches. Le plus souvent, les stations service ne font aucune réparation.

Si vous tombez en panne sur l'autoroute, rangez-vous sur le bas-côté, allumez vos feux de détresse et, surtout, levez le capot de votre moteur, signal convenu pour demander du secours. Bien entendu, il existe aussi des postes téléphoniques.

✱ Les bornes. Plus hautes que les bornes françaises, elles ne portent que très rarement un nom de localité. Coiffées d'une calotte rouge (nationales) ou verte (provinciales), elles ne donnent, en général, que deux indications : le numéro de la route (souvent en chiffres romains) et le nombre de kilomètres qui vous séparent de la capitale provinciale.

Ne soyez donc pas étonné si, en vous éloignant de la capitale provinciale, vous constatez que le kilométrage inscrit sur les bornes augmente.

✱ Signalisation au sol. Les routes à deux voies sont nombreuses : prenez garde à la bande discontinue (ou au signal « fin d'interdiction de dépasser »).

Attention ! Vous ne disposez parfois que de 50 m pour effectuer le dépassement avant un nouveau signal d'interdiction.

✱ Bonnes et mauvaises habitudes. Dans les villages *(pueblos* ou *aldeas)*, ne vous en remettez pas à vos seuls clignotants. Prévenez, à l'aide de signaux manuels et ne soyez pas trop pressé.

La route espagnole

Les chauffeurs de camions espagnols, souvent courtois, ont trop tendance à vous faire signe de les doubler, sans que vous ayez la visibilité suffisante. N'obéissez jamais à ces élans de courtoisie et attendez de pouvoir doubler tranquillement. S'ils allument leur clignotant rouge arrière gauche, c'est qu'un danger se présente... à moins qu'ils ne tournent au prochain carrefour.

* **Circulation de nuit.** Les routes étant moins bien surveillées qu'en France, la signalisation insuffisante (travaux souvent non éclairés), la chaussée plus étroite, la circulation de nuit est à déconseiller hors des grands axes.

* **Si vous vous perdez** : « *Por favor señor (señora), la carretera de ... »* Si vous êtes dans un village ou une petite bourgade, sachez que votre route suit toujours la seule rue goudronnée *(¡ Siga el asfalto !).*

* **La police de la route** *(Policía de tráfico).* L'uniforme est vert, que le représentant de la loi soit en moto, parfois encore en scooter, ou en jeep. Vous pouvez aussi trouver, à pied, le long de la route, la légendaire « pareja » (couple) de la « guardia civil » : bicorne noir verni, longue cape verte et mousqueton à l'épaule. Rien de commun avec *la pareja de enamorados,* mais elle vous apportera l'aide nécessaire, en cas d'ennui. Ne manquez jamais de vous arrêter sur son injonction éventuelle.

Le code *(código de la circulación)*

En cas d'accident ou d'infraction au code, on pourra exiger des conducteurs la *prueba del alcohol* (alcootest). Un résultat équivalent ou supérieur à *una tasa de alcohol de 0,8 gramos por 1 000 centímetros cúbicos* entraînera l'immobilisation du véhicule. Le refus *(la negativa a)* de se soumettre à l'alcootest sera sanctionné par une forte amende.

* Le port de la ceinture de sécurité *(cinturón de seguridad)* est absolument obligatoire. Toute voiture doit en être munie aux sièges avant sous peine d'amende.

* **Limitation de vitesse** : sur autoroutes : 130 km/h (autocars et camions : 100 km/h) - Routes à 4 voies : 110 km/h - Autres routes : 90 km/h (ces limites peuvent être dépassées de 20 km/h en cas de dépassement) - Dans les agglomérations : 60 km/h.

Assurance complémentaire espagnole

L'A.S.T.E.S., assurance touristique espagnole, créée spécialement pour les étrangers et contrôlée par les Pouvoirs publics espagnols, vous aide à résoudre vos problèmes sur tout le territoire. Elle est délivrée par : les assureurs, les agences de voyages (Meliá - Havas...), les banques espagnoles ou le Crédit du Nord, la Délégation générale ASTES : Banco de Bilbao, 29, avenue de l'Opéra, 75001 Paris, Tél. : 261-56-41, ainsi que par certains bureaux de tourisme espagnol.

Elle offre une assurance illimitée et gratuite comprenant : services médicaux et sanitaires, séjour en clinique de 1re catégorie, analyses, transfusions, séjour gratuit en clinique de l'accompagnateur de votre choix, rapatriement gratuit du blessé, indemnisations pour vol des bagages, rapatriement gratuit du véhicule et de tous ses occupants, versement de cautions et défense juridique.

Un itinerario pintoresco
De Cerbère a Rosas por la Costa Brava.

De Cerbère a Llansá : 19 km
Se sale de Cerbère, estación aduanera francesa.

Aduana española : Se salva el Puerto[1] de « els Balitres »(173 m) hermosas perspectivas, para llegar a San Miguel de Colera.

La carretera de cornisa, sinuosa y estrecha, costea[2] el Mediterráneo hasta **Llansá,** pintoresco pueblo antiguo. A la izquierda : **Puerto de Llansá.**

De Llansá a Cadaqués : 21 km
La carretera sigue bordeando la costa[3]. Panorama a la izquierda sobre el Cabo del Val,

señoreado[4] a la derecha por las ruinas del monasterio benedictino de **San Pedro de Roda,** encaramadas[5] a 450 m de altitud cerca de la cumbre[6] de la Sierra de Roda (650 m).

Dejando a mano derecha el camino a **Selva de Mar** (1,5 km) la carretera trepa[7] por las vertientes[8] de la sierra. Larga cuesta[3] sinuosa (7 a 8 %) hasta salvar la crestería[9].

Empalme[10]. Dejando a la derecha la carretera a Figueras, se tuerce[11] a la izquierda. Bajada sinuosa y empinada[12] (8 a 10%) hacia Cadaqués,

bonito puerto pesquero y de recreo[13], en plena Costa Brava. (Excursión al Cabo Creus : dos horas.)

De Cadaqués a Rosas : 15 km
Se vuelve atrás[14] por la misma carretera (subida 8 a 10%).

Empalme. Se inicia una larga bajada de 6 km (curvas y revueltas cerradas[15], pendiente 7 a 10%) por la vertiente de la sierra. Espléndidos puntos de vista al golfo de Rosas.

Cruce[16] de la carretera de Rosas a Vilajuiga. Se tuerce a la izquierda dos veces seguidas camino de[17] Rosas.

La avenida costera lleva al Faro romano. Desde la colina (Puigrom) se descubre toda la bahía.

---

km	
5	PORT-BOU
12	SAN MIGUEL DE COLERA
27	PUEBLO DE LA SELVA
35	
40	CADAQUÉS
45	
55	
57	ROSAS

---

1. port (col). - 2. borde.
3. suit toujours la côte (la cuesta = la montée).
4. dominé. - 5. juchées.
6. près du sommet. - 7. la route grimpe.
8. le long du versant.
9. franchir la ligne de crête.
10. embranchement. - 11. on tourne à gauche.
12. descente rapide, abrupte.
13. port de pêche et de plaisance.
14. On revient en arrière.
15. lacets, épingles à cheveux.
16. croisement, carrefour. - 17. en direction de.

Le garage

Les réparations

Un décret-loi du 10 avril 1973 fixe les conditions du service réparations :
   Seules les pièces neuves portant la marque du fabricant pourront être utilisées. L'usager doit pouvoir consulter les catalogues et tarifs des pièces détachées, connaître les temps moyens de réparation et les prix en pesetas.
   Aucun travail ne peut être engagé avant que le client ait signé un devis détaillé. Un cahier officiel de réclamations est à sa disposition.
   Les garages autorisés se distinguent par des panonceaux blancs qui portent en bleu le symbole de leur spécialité : clé anglaise (mécanique) ; éclair (électricité) ; marteau (tôlerie).

Mini-lexique

Accélérateur : acelerador
Accident : accidente
Accidenté (véhicule) : estropeado
Accumulateur : acumulador
Aile : aleta
Allumage : encendido
Amortisseur : amortiguador
Antigel : anticongelante
Atelier : taller
Avance (à l'allumage) : avance
Assurance : seguro (**au tiers** : de daño, de tercero..., **tous risques** : a todo riesgo)
Avertisseur : bocina, claxon

Batterie : batería
Bidon d'huile : lata de aceite
Bielle : biela
Boîte de vitesse : caja de cambios
Bloquer (un écrou) : apretar a fondo ; **se bloquer** : agarrotarse **(frein, pédale)**
Bobine : bobina
Bosselé : abollado
Bougie : bujía
Boulon : perno
Bouton : pulsador
Brasage : soldadura
Burin : buril, cortafrío

Calandre : calandra, rejilla
Caler (avec une cale) : calzar
Caler (le moteur) : calarse
Camion : camión (**-citerne** : -algibe)
Camionnette : camioneta
Capot : capó, tapa
Capote : capota
Capoter : volcar
Carburateur : carburador
Cardan : cardán
Carrosserie : carrocería
Casser : romper (**cassé** : roto)

Catadioptre : catafoto
Ceinture de sécurité : cinturón de seguridad, talabarte
Chambre à air : cámara
Chassis : chasis
Chauffer (moteur) : calentarse
Clef : llave (- **plate** : - fija ; - **à molette** : - inglesa ; - **à tube** : - de tubo)
Clignotant : intermitente
Cliqueter (moteur) : picar, repicar
Coffre : maletero
Cogner (moteur) : golpear
Collision : choque
Commandes : mandos
Coincer (se) : atrancarse, atascarse
Compression : compresión
Compteur (de vitesse) : contador
Compte-tours : cuentarrevoluciones
Contact (mettre le) : poner el contacto
Courroie : correa
Crevaison : pinchazo (**crevé** : pinchado)
Cric : gato
Couler une bielle : fundir una biela
Cylindre : cilindro

Débrayer : desembragar
Dégâts (matériels) : desperfectos
Démarreur : arranque
Dépanneur : reparador
Dépanneuse : coche grúa, remolque
Déraper : patinar, resbalar
Dinamo : dínamo
Déréglé : descompuesto

Échappement : escape (tubo de ...)
Éclatement : reventón (**éclater** : reventar)
Écrasé (tube, etc.) : aplastado
Écrou : tuerca
Embrayage : embrague
Enjoliveur : tapacubos

Enveloppe (pneu) : cubierta
Essence : gasolina (**super :** super)
Eraflure : rozadura
Essieu : eje
Essuie-glace : límpiaparabrisas
Étincelle : chispa
Extincteur : extintor

Faussé : torcido
Feux arrière : pilotos (**de position :** luces de posición; **de croisement :** - de cruce)
Filtre : filtro
Frein : freno (**à disque :** de disco)

Garde-boue : guardabarros
Garnitures : tapicería
Glaces : ventanillas
Gonfler : hinchar, inflar
Graissage : engrase
Gripper : agarrotarse

Huile : aceite (**détergente :** detergente)

Jante : llanta
Jauge : indicador de nivel
Jerrican : jerrycán
Joint : junta (- **de culasse :** - de culata; - **de cardan :** - junta universal)

Lampe : bombilla (**de poche :** linterna)
Levier : palanca
Lunette arrière : cristal trasero

Main-d'œuvre : mano de obra
Manivelle : manivela
Manomètre : manómetro
Marche arrière : marcha atrás
Mécanicien : mecánico
Moteur : motor

Niveau : nivel

Outils : herramientas

Palier : palier
Panne : avería (**tomber en ... :** tener una ...)
- **sèche (être en) :** quedarse sin gasolina
Pare-brise : parabrisas
Pare-chocs : parachoques
Patin de frein : zapata
Patiner : patinar, resbalar
Pavillon : techo
Phares : faros (- **code :** luces de cruce)

Percer : taladrar
Pièces de rechange : piezas de recambio
Pince universelle : alicates
Piston : émbolo, pistón
Plaque minéralogique : matrícula
Plat (pneu à) : desinflado; **batterie :** descargada
Plein (faire le) : llenar el depósito
Poignée de portière : tirador (- **de frein :** - palanca)
Point-mort : punto muerto
Point (mettre au) : poner a punto
Pompe : bomba (**à essence :** surtidor)
Pont arrière : puente trasero
Portière : portezuela
Pot d'échappement : silencioso
Pression : presión

Radiateur : radiador
Ralenti : marcha lenta, ralentí
Raté : fallo (**avoir des ... :** fallar)
Recharger : recargar
Redresser : enderezar
Remorque : remolque (**remorquer :** remolcar)
Réparer : reparar, arreglar
Réservoir : depósito
Ressort (à lames) : ballesta; **(à boudin) :** resorte, muelle
Robinet de vidange : grifo de vaciado
Roue de secours : rueda de repuesto
Roulement à billes : rodamiento de bolas

Segment : segmento
Soupapes : válvulas (de admisión; de escape)
Starter : estrangulador, starter

Tableau de bord : salpicadero
Tamponner : chocar
Tambour de frein : tambor de freno
Tordu : torcido
Tournevis : destornillador
Tôle : chapa, palastro
Tôlerie (atelier de ...) : planchistería
Traction avant : tracción delantera
Trou : agujero
Trousse à outils : estuche

Ventilateur : ventilador
Vérifier : revisar
Vidange : vaciado, cambio de aceite
Vilebrequin : cigüeñal
Vis : tornillo (**visser :** atornillar)
Vitesse : velocidad

Le caravaning en Espagne

Le permis de conduire

Pour une caravane *(remolque)* dont le P.T.A.C.[1] ne dépasse pas 750 kg, le permis de conduire B suffit.

Pour conduire une caravane dont le P.T.A.C. dépasse 750 kg, le conducteur doit être titulaire du permis E. Pour obtenir ce permis, les titulaires du permis B doivent en faire la demande à la Préfecture et subir une visite médicale.

Le permis E doit être prorogé :
- tous les 5 ans pour les conducteurs de moins de 60 ans ;
- tous les 2 ans pour les conducteurs de 60 à 76 ans ;
- tous les ans pour les conducteurs âgés de plus de 76 ans.

La demande de prorogation doit être adressée à la Préfecture avant la fin de la période de validité du permis et oblige à une nouvelle visite médicale.

Autres documents indispensables

* **La carte grise.** Les caravanes dont le P.T.A.C. est supérieur à 500 kg sont soumises à immatriculation. Elles doivent donc être munies d'une plaque d'immatriculation à l'arrière ; une carte grise particulière leur est attribuée.

* **La carte verte.** L'assurance de la caravane est obligatoire au même titre que celle de la voiture. La remorque possède donc sa propre carte verte ; ce document est exigé aux frontières.

Rappel de quelques dispositions particulières au caravaning

* **Passagers** : Il est interdit de transporter des passagers dans la caravane.

* **Poids** : Le P.T.A.C. de la caravane ne doit pas excéder de plus de 30 % le poids de la voiture tractrice.

* **Circulation** : Lorsque vous tractez une caravane :
- Vous n'avez pas le droit d'emprunter la 3e voie si la route en comporte 3 ou plus, affectées à un même sens de circulation (art. R 4-1).
- Laissez devant vous un intervalle de 50 m si vous suivez un autre attelage ou un camion roulant à la même vitesse que vous (art. R 8-1).
- Ne flânez pas sans raison (art. R 11-1).
- Laissez le passage aux véhicules de dimensions inférieures dans les cas où la largeur de la route ne permet pas de croiser ou de dépasser sans difficulté (art. R 21).

N.B. Des cours d'initiation (ou de perfectionnement) à la conduite des caravanes sont organisés par la Prévention routière, en collaboration avec la Fédération française du Camping. Ils sont donnés à l'autodrome de Linas-Montlhéry et dans quelques villes de province : Le Havre et Moulins notamment. Des renseignements complémentaires peuvent être fournis par la F.F.C.C., 78, rue de Rivoli, 75004 Paris, Tél. : 272-84-08.

---

1. P.V. (ou P.M.) : poids vide ou poids mort : poids d'une caravane équipée par le constructeur.

C.U. : charge utile. C'est le poids du matériel personnel que l'utilisateur juge bon d'ajouter à la caravane.

P.T.A.C. : poids total autorisé en charge : = P.V. + C.U. Ce poids total a été prévu par le Service des Mines : on doit absolument le respecter.

Llegada al camping

Llega un viajero con coche y caravana. Se dirige[1] al portero.

Viajero - ¿Hay sitio[2]?

Portero - Sí. Pase y vaya hasta allá[3], al fondo, a la derecha.

V. ¿Cuáles son las tarifas?

P. Aquí las tiene Vd. Pero no se paga por adelantado[4]. ¿Cuánto tiempo va a quedarse[5]?

V. No sé. Según[6] lo que haya que ver por aquí.

P. Mucho. Y la playa ¿no le tira[7]?

V. La playa, sí. Con tal que uno se encuentre a gusto[8] y no se amontone[9] la gente.

P. Descuide[10]. Es un sitio tranquilo y sobra espacio[11]. Son más bien extranjeros, gente de poco ruido[12].

V. ¿No cree Vd. que de noche se emborrachan[13]?

P. Los gringos[14] sí y los suecos[15] a veces también. Pero no suelen alborotar[16]. Los que más alborotan, son los franchutes[17]...

V. Pues, mire Vd. nosotros somos franceses.

P. Me parece que metí la pata[18]. Perdone Vd. No me fijé en la matrícula y habla Vd. el español con tanta soltura[19]... Le hacía a Vd. catalán[20]..,

V. No se preocupe. De todas formas[21], me parece que Vd. anda algo equivocado[22]. Los franceses no somos tan alborotadores[23]. Pero, a veces, como la gente se acuesta tarde, suele liarse a cantar.

P. Es una cosa natural, claro. Espero, con todo[24], que Vd. estará a gusto aquí. Le voy a poner en el mejor sitio, allí entre los pinos.

1. il s'adresse.	13. ils boivent, s'énivrent.
2. Y a-t-il de la place?	14. les Anglo-saxons *(péjor.)*.
3. Entrez et allez jusque là-bas.	15. Suédois.
4. on ne paie pas d'avance.	16. faire du tapage, du « chahut ».
5. rester, séjourner.	17. les Français *(péjor.)*.
6. Cela dépend.	18. J'ai fait une gaffe.
7. ne vous dit-elle rien?	19. Avec tant d'aisance.
8. A condition qu'on y soit à son aise.	20. Je vous croyais catalan.
9. ne s'entasse pas.	21. De toutes façons...
10. Soyez tranquille.	22. Vous faites un peu erreur.
11. Il y a de la place à revendre.	23. bruyants, tapageurs.
12. des gens peu bruyants.	24. malgré tout.

Frases castizas

● **Según lo que haya** : Cela dépend de ce qu'il peut (pourra) y avoir.

● L'expression de l'habitude :
  No suelen alborotar : Ils n'ont pas l'habitude de faire du bruit.
  Como suelen : Comme d'habitude - **Como suelen decir** : Comme on dit.
  Solíamos bañarnos a las cinco : Nous nous baignions à 5 h (tous les jours).

● **Los que más alborotan** : Ceux qui font **le** plus de bruit.

● Une autre manière de dire « on » : **la gente**.
  A veces la gente se acuesta tarde y suele liarse a cantar.

● **Los franceses sois alborotadores** - No, señor los franceses no lo somos.
  Vous, Français, vous êtes bruyants - Non, Monsieur, les Français ne le sont pas.

Les chemins de fer espagnols

Les difficultés qu'opposent la dureté du relief et l'altitude moyenne élevée du pays expliquent surabondamment la lenteur relative des trains espagnols.

Il faut, pour aller d'Irún à Madrid, après une longue série de viaducs et de tunnels impressionnants, franchir encore la sierra de Guadarrama sous le col de Somosierra (1 444 m) par un tunnel de 4 km et dévaler le long de pentes au pourcentage redoutable.

Si les horaires des lignes secondaires restent assez flous et leurs retards énormes, le pittoresque de ces voyages est inoubliable. On y fera connaissance avec l'inévitable omelette froide *(tortilla con patatas)*, viatique de l'Espagnol modeste, arrosée de quelques *tragos* de la *bota* (gourde de cuir).

N'y prenez pas trop au sérieux l'insistance de vos voisins à vous les offrir *(¿ Usted gusta ?* ou *¿ Le apetece ?)*. Vous répondrez : *Muchas gracias, Muy amable*, sauf si vous pouvez leur offrir quelque chose à votre tour.

Au cours du voyage, vous connaîtrez les faits et gestes *(enterarse de la vida y milagros)* des occupants de votre compartiment, qui seront heureux de vous entendre parler, même *mal que bien* (tant bien que mal), dans leur langue. **Évitez avec soin de rester silencieux, en seconde classe surtout!**

* **Le réseau espagnol** (RENFE) = *Red Nacional de Ferrocarriles Españoles*, compte environ 14 000 km de voies, dont le 1/5ᵉ est électrifié. Il n'a pas subi de grosses modifications depuis le début du siècle et accuse son âge.

La première ligne, Barcelone-Mataró, fut construite en 1848. Elle a longé la mer pour éviter la construction d'ouvrages d'art (les passages souterrains qui accèdent aux plages ont été aménagés depuis peu). Le réseau a d'abord été exploité par des compagnies privées. Sauf pour 2 000 km ; il a été pris en charge par l'État qui a créé la RENFE, en 1940. On remplace peu à peu les vieilles *locomotoras de vapor* par des motrices électriques ou diései.

L'écartement des voies (1,674 m), supérieur, comme en Russie, à celui des autres pays européens (1,435 m), entraîne des transbordements, d'ailleurs rapides, aux gares frontières, ou le recours à des systèmes ingénieux de modification de la longueur des essieux ou de changement de « boggies ». Mais il est possible d'aller aisément, en une seule nuit, de Paris à Madrid ou à Barcelone par le *Puerta del Sol* ou le *Barcelona Talgo*.

De même sur les grands itinéraires, on dispose de rapides modernes et luxueux et on peut dormir dans des *coches-camas* (wagons-lits) silencieux et climatisés.

* On se procurera *el horario guía de ferrocarriles* (équivalent du Chaix français) dans les gares ou kiosques *(estancos)*. On peut le commander à l'adresse : Apartado 4069 Madrid.

Diversas clases de trenes

- Existen trenes rápidos, directos o expresos, correos **(s'arrêtant à toutes les gares, à éviter sur les longs itinéraires)**, tranvía **(omnibus)**.
- El furgón de equipajes **(wagon de marchandises)**.
- Los coches de viajeros (de 1a y 2a clase).
- El coche restaurante, el minibar.
- Los coches camas o sólo con literas **(couchettes)**.

¡Feliz viaje!

En la Agencia de Viajes de la Estación del Norte[1], Barcelona.

Cristina - ¿Se despachan[2] aquí billetes para Burgos?

Empleado - Claro que sí[3], señorita. Para cualquier ciudad de España.

C. Quisiera uno[4] para el 31 de julio y el tren de las 10 y 10[5]. ¿Es directo hasta Burgos?

E. Sí, sí. Va directo[6] hasta la misma Coruña[7]. Así que[8] no tendrá Vd. que cambiar.

C. ¿A qué hora llega a Burgos, por favor?

E. Creo que a media noche. A ver... Sí, eso es. ¿En qué clase desea viajar?

C. En segunda. ¿No hay tercera, verdad?

E. No, hace tiempo que no hay *(entre tanto, la máquina electrónica prepara el billete)* Bueno... aquí tiene Vd. su billete con la reserva de asiento[9]. Son 680 pesetas.

C. *(Le da un billete de mil)* Tenga Vd.

E. *(Contando la vuelta)*[10] ...Veinte, setecientas, ochocientas, novecientas y mil. Servidor.

C. ¿Podría Vd. decirme si, para el regreso[11], tendré que cambiar de tren?

E. Si sale Vd.[12] de allí por la mañana, tendrá que cambiar en Miranda de Ebro y coger[13] el que viene de Bilbao. Ya se lo explicarán en la estación de Burgos. Llegará Vd. aquí a las 10 o a las 11 de la noche.

C. Muchas gracias.

E. De nada[14]. ¡Feliz viaje! ¿A quién le toca ahora[15]?

1. la Gare du Nord. - 2. distribue-t-on... ?
3. Oui, bien sûr. - 4. J'en voudrais un.
5. 10 h 10. - 6. Il est direct.
7. jusqu'à La Corogne même.
8. Ainsi... (ce qui fait que...).
9. la fiche de location.
10. la vuelta = la monnaie.
11. El regreso : le retour.
12. Si vous partez.
13. changer... et prendre...
14. de rien.
15. A qui le tour, maintenant ?

* *

- **Accord des centaines :**

  Doscientas pesetas - Trescientos francos - Quinientos dólares.
  Seiscientas ochenta y tres pesetas : 683 ptas.

- **Les ordinaux :**

1º : primero	4º : cuarto	7º : séptimo	10º : décimo
2º : segundo	5º : quinto	8º : octavo	11º : undécimo
3º : tercero	6º : sexto	9º : noveno	12º : duodécimo ou doce,

  et on continue avec les nombres cardinaux.

- **Les mystères des pronoms compléments :**

- Le explicarán : « On **lui** expliquera » et « On **vous** expliquera », lorsque, comme ici, on sous-entend : a Usted (**Le** explicarán **a usted**).
- Lo explicarán : On l'expliquera.
- Le + lo = se lo. On le lui expliquera : Se lo explicarán (et, en sous-entendant : a usted : on vous l'expliquera), (l'Espagnol dit : **lui le**).

Exercez-vous : On m'explique... On me l'explique...

Les chemins de fer espagnols

Conseils

✳ Vérifiez l'heure du départ au tableau *salidas,* et relevez le numéro du quai *(andén)* ou de la voie *(vía).*

✳ Enregistrement : il vaut mieux fermer sa valise à clef et ne pas oublier d'indiquer son nom sur l'étiquette.

✳ Porteur *(mozo de equipaje)* : il convient de le suivre d'assez près.

✳ Si vous constatez que l'heure du départ est passée et que votre train est toujours en gare, soyez philosophe. Il commence seulement à prendre du retard *(retraso).* Attention, seulement, aux correspondances *(enlaces)* !

✳ Si les chemins de fer espagnols vous intéressent, ne manquez pas de visiter à Madrid, le *Museo del Ferrocarril,* San Cosme y San Damián, 1 (métro Antón Martín). Entrée gratuite.

El carnet kilométrico

Si vous devez faire de longs parcours, utilisez les « kilomètres RENFE » : le carnet « kilométrico » délivré par les *Oficinas de viajes RENFE* ou n'importe quelle agence vous permet de bénéficier d'une réduction de 20 % pendant une durée de 5 à 12 mois suivant le « kilométrico » (de 3 000 à 10 000 km). Le carnet peut comprendre plusieurs titulaires, sans lien de parenté, il est valable sur tout parcours mais ne comprend pas les suppléments des trains spéciaux.

La solución al problema
de los transportes.

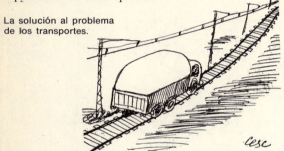

Mini-lexique

La taquilla : le guichet
Expender, despachar billetes : délivrer des billets
Ida y vuelta : aller et retour
Facturación de equipajes : enregistrement des bagages
El recorrido : le parcours
Billete caducado : billet périmé
Enlazar : correspondre
Enlace, transborde : correspondance, changement
El tren procedente de... : le train en provenance de...
Efectuará su entrada... : entrera en gare...
El interventor : le contrôleur (*vulg.* « el picapica »)
La velocidad : la vitesse

El departamento : le compartiment
- ¿Hay asiento libre ? : Y a-t-il une place libre ?
- Está desocupado : Elle n'est pas prise
La redecilla : le filet (à bagages)
La cortina : le rideau
El pasillo : le couloir
La calefacción : le chauffage
Trenes de cercanías : trains de banlieue
Festivos y vísperas : jours et veilles de fêtes
Laborables : jours de semaine

Interdictions :
Prohibido asomarse (se pencher) **a la ventana**
Se prohibe arrojar (jeter) **objetos a la vía**

- Voy a darte materia para un artículo estupendo. Puedes terminar con uno de los aspectos más lamentables[1] de la Renfe, así, ni más ni menos[2].
- Eso de la Renfe está muy traído[3]. ¿Qué vas a decirme, que los trenes llegan con retraso? Comprenderás que no es un descubrimiento demasiado interesante.
- Te voy a hablar de la resurrección de los trenes mixtos[4]... Hoy circulan bastantes trenes mixtos casi igualitos[5] a los de antes.
- Creo que exageras. No te digo que en alguna línea secundaria...
- No, no. Hablo de las grandes líneas, de los trenes de lujo, o que se pagan como de lujo, de un Ter, para que lo sepas[6]. El billete en primera me costó exactamente 1 329 pesetas, que ya está bien[7]. El retraso con que llegamos fue de tres horas y media. La duración total del viaje, trece horas. Y los viajeros... Te aseguro que los viajeros eran absolutamente idénticos a los que viajaban en los mixtos. Esto fue lo que más me extrañó[8]. Un tren de lujo. Primera clase. Aire climatizado. Sillones cómodos[9]. Al entrar nos recibió un ambiente refinado, pronto desvanecido[10]. Olor a tortilla, a merluza frita, a filetes empanados, nos hería el olfato[11]. Tres olores que traían consigo infinidad de recuerdos[12].

Llevábamos tres horas de camino[13] cuando el Ter se detuvo[14] en una estación insignificante, indigna de su categoría[15]. Y en vista de eso la gente se dispuso a comer y abrieron las cestas de sus provisiones[16]. El lujoso Ter sólo podía ofrecer una modestísima cafetería y en ella no había más que unos trocitos[17] de pan minúsculos. Se terminaron en un voleo y los que creían que viajaban en un tren a todo meter[18] se quedaron en ayunas[19].

Ya sé que me dirás que lo narrado fue un accidente, pero no me apeo[20] de mi afirmación de que los trenes mixtos perduran con otro nombre y otros precios, pero en el fondo siguen siendo tan mixtos como[21] los de antaño[22].

según Antonio Díaz-Cañabate, **Los trenes mixtos**, A.B.C. 1973.

1. Un des aspects les plus fâcheux.
2. Comme je te le dis.
3. Ces histoires... sont bien rebattues.
4. Trains omnibus.
5. presque exactement pareils.
6. pour tout dire.
7. ce qui n'est déjà pas si mal.
8. ce qui m'a le plus étonné.
9. des sièges confortables.
10. une atmosphère raffinée vite disparue.
11. Une odeur d'omelette, de colin frit, de biftecks panés nous frappait l'odorat.
12. apportaient une foule de souvenirs.
13. Au bout de trois heures de route.
14. s'arrêta.
15. indigne de sa « classe ».
16. leurs paniers à provisions.
17. de tout petits bouts.
18. à grand tralala.
19. restèrent à jeun.
20. je n'en démords pas.
21. sont toujours aussi ... que.
22. ceux d'autrefois.

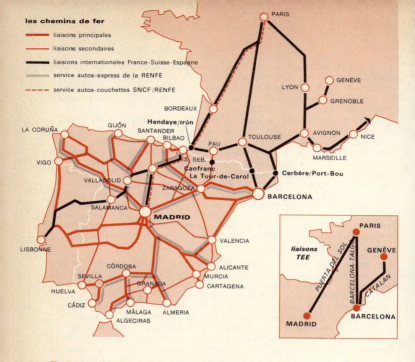

Trains spéciaux *(retenez vos places!)*

TALGO (= Tren Articulado Ligero de Goicochea - ingénieur basque - et Oriol - constructeur). Il a la forme d'une chenille ultra-rapide et relie Genève (Ginebra) et Paris à Barcelone (sans nécessité de transbordement à la frontière) (Trans-Europ-Express). C'est le grand succès de l'industrie ferroviaire espagnole (brevet vendu aux U.S.A.). Le Talgo dessert aussi, en Espagne, les lignes du nord vers Madrid (via Burgos et Aranda) et la ligne Madrid-Valence.

TER, le train de la Costa Brava, arrêts à Port-Bou, Figueras, Flassa, Gerona, Caldas de Malavella et Massanet.

TAF (Tren Articulado Fiat). Formé de trois unités, dont une motrice à chaque extrémité, il assure le service Irún-Madrid, via Venta de Baños (gros nœud ferroviaire) et Ávila, ainsi que la « Ruta de la plata » (Gijón-Sevilla).

N.B. Ces trains rapides et confortables n'ont que des 1res et ne sont accessibles que moyennant le paiement d'un *suplemento de velocidad*.

Relations France-Espagne

Trois trains seulement franchissent la frontière sans transbordement :

* Le **Puerta del Sol** (deux par jour dans chaque sens), (arrêts à Bordeaux, Dax, Bayonne, Hendaye, Irún, San Sebastián, Burgos). Le billet « tout compris » comprend le transport, la place couchée et la restauration. La réservation des places est obligatoire.

❋ Genève-Barcelone par le **Catalán-Talgo** (nombreux arrêts en France), (A : 11 h 33 - 20 h 55 et R : 9 h 35 - 19 h).

❋ Paris-Barcelone par le **Barcelona-Talgo** de nuit, en moins de 12 heures. (Cf. l'indicateur Chaix pour horaires et conditions d'admission.)

Trains autos-couchettes

❋ **France-Espagne.** Ce service est assuré par la ligne Paris-Austerlitz, Bordeaux, Irún et Madrid.

Aller : On charge la voiture à Paris-Tolbiac de 8 h 30 à 19 h 30. Déchargement le surlendemain à Madrid (Chamartín) de 10 h 45 à 20 h 30.

Retour : Chargement à Madrid de 9 h à 18 h 30 et déchargement le surlendemain à partir de 7 h 30.

Hauteur maximale tolérée, galerie comprise : 1,60 m. Une réduction est consentie suivant le nombre de personnes qui accompagnent le véhicule (jusqu'à 60 % pour 5).

S'adresser à : Paris-Austerlitz, Tél. : 584-43-65.

❋ **En Espagne.** C'est le *servicio auto-expreso,* qui fonctionne sur les grandes lignes à partir de Madrid et dessert : Algeciras, Almería, Alicante, Barcelona, Bilbao, Cádiz, la Coruña, Lisbonne, Gijón, Irún, Málaga, San Sebastián, Santander, Sevilla, Valencia, Vigo.

Il est possible de faire transporter également une caravane ou un bateau de plaisance. La RENFE peut vous livrer votre voiture à l'adresse indiquée par vous, moyennant un supplément de prix.

Voitures restaurants

Seuls les principaux trains ont un *coche restaurante.* D'autres, comme le TAF, n'ont qu'un *servicio bar.* La vente de sandwichs *(bocadillos)* et de boissons *(refrescos)* est assez répandue.

Se rappeler que les Espagnols déjeunent tard (vers 14 h) et prévoir des provisions de bouche que l'on peut trouver dans les buffets *(fondas)* ou buvettes *(cantinas)* des gares.

Classes et billets

Il n'existe plus que deux classes : 1re et 2e.

Conseil : On peut acheter son billet en France (même si le voyage comporte ensuite une traversée en bateau). On épargne ainsi ses devises et on évite de transporter trop d'argent sur soi.

L'annulation *(anulación* ou *cancelación)* entraîne le paiement d'une taxe de 10 % si elle a lieu un jour avant le départ et de 20 % si elle a lieu le jour même.

N.B. Le prix du billet comprend une assurance obligatoire du voyageur : en cas d'accident, s'adresser à la « *Comisaría del Seguro obligatorio de Viajero »,* Castellana 110, Madrid.

Bagages

30 kg sont enregistrés gratuitement (15 kg par enfant payant demi-tarif). On doit enregistrer ses bagages un quart d'heure au plus tard, avant le départ et les retirer trois heures après l'arrivée, sous peine d'un droit d'entrepôt. Assurance volontaire possible.

Au bord de la mer

L'accès à la mer est libre. Il existe, certes, des plages privées, mais les municipalités ont le souci d'en limiter le nombre et de permettre à chacun de se baigner sans contrainte financière !

Sur les plages aménagées, vous aurez donc le choix entre la solution économique (vous étendre sur le sable) ou payante (louer une chaise-longue : *alquilar una silla*) : ces locations se font, en général, à la demi-journée ou à la journée et vous donnent droit, également, à une place à l'ombre, sous de petites paillottes ou des claies de roseaux *(sombrajos)*.

Pour vous mettre en tenue de plage *(vestir el bañador)*, utilisez de préférence les cabines *(casetas)* louées par les établissements balnéaires *(balnearios)* : malgré une tolérance bien plus grande, depuis une dizaine d'années, surtout dans les stations à la mode, la guardia civil (qui surveille les plages) a quelquefois un sens tout particulier de l'atteinte à la pudeur !

Pendant que vous serez allongés nonchalamment sur le sable *(tumbados a la bartola)*, en vous bronzant *(bronceando,* le bronzage : *el bronceo)*, vous verrez passer des vendeurs ambulants qui vous offriront des amandes *(almendras)*, des noisettes *(avellanas)*, des chips *(patatas fritas, papas)*, des glaces *(helados)*, des esquimaux *(bombones helados)*, des bâtons glacés *(polos)*, des bonbons *(caramelos)* ou encore des cigarettes *(cigarrillos)*, des allumettes *(fósforos)*, de la crème solaire *(crema solar)*, etc.

✳ **Le bain** : Vous pouvez suivre des cours de natation en vous adressant, de préférence, au *Centro Náutico,* auquel sont affiliés les maîtres-nageurs *(maestros de natación, almirantes)*. Vous y aurez aussi la possibilité de prendre des cours de voile *(vela)* ou de ski nautique *(esquí acuático)*.

Après le bain, au lieu de vous exposer trop longtemps au soleil (dangereux, parfois, à certaines heures) allez vous mettre en appétit en savourant les *tapas* (amuse-gueule) si variées que vous trouverez au *balneario* le plus proche.

✳ **Rappel** : *una caña :* un demi de bière, *una cerveza :* une bière, *una gaseosa :* une limonade, *un zumo de naranja :* un jus d'orange, *una horchata :* un verre d'orgeat, *un chato :* un petit verre de vin, *un boca-dillo :* un sandwich.

LLEGA EL "VERANEO"

D. Jesús - Ésta es la tienda[1]. Sentémonos.

Sylvie - Coja usted la tumbona[2]. Yo me echaré[3] a su lado.

Doña Remedios - ¿Por qué no encima del albornoz[4]? Te vas a llenar de arena[5].

D. J. He traído el colchón neumático. ¿Por qué no se tiende en él?

Da Rem. ¿Trajiste también los bañadores[6]?

S.   Lo imprescindible[7] : bikini, y pare usted de contar[8], que a lo que vengo, es a broncearme.

D. J. ¡Cuidado con las quemaduras[9], niña!

S.   Descuide Vd., que tengo crema especial *(bromeando)*[10]. Y aceite, toalla, gafas de sol y todo.

Juan - Pues yo, apenas si me pongo crema. Para broncearse bien, lo mejor es bañarse antes. ¿Vamos a darnos un chapuzón[11]? ¡Al agua, pato[12]! ¿Vienes?

S.   Todavía no. Dentro de media hora puede ser.

J.   La galbana[13] de siempre. ¿Vamos a alquilar una barca?

S.   No, yo prefiero nadar. A ver si llego a la boya ésa antes que nadie[14].

J.   ¡Qué nadadora tan fenomenal[15]! ¿Dónde aprendiste a nadar así?

Da Rem. ¡Ay, qué calor! ¡Qué sed tengo!

Vendedor - ¡Hay helados[16]! ¡Hay helados! ¡Horchata fresca!

D. J. ¡Hola, por aquí!

V.   ¿Qué desean? Tengo cortes[17] de vainilla, café, chocolate, limón...

D. J. Uno de vainilla para la señora, otro de chocolate para la señorita; otro de limón[18] para el señor. Yo quisiera un vaso de horchata. ¿Cuánto es?

V.   Son cuarenta pesetas. Gracias. Servidor.

D. J. Así se está a gusto[19]. Tendido a la sombra y con un vaso de algo fresco en la mano.

Da Rem. ¡Así me gusta! ¡Ole los hombres valientes[20]!

D. J. Déjate de guasa[21], mujer, que bastante trabajo yo durante la semana.

1. Voici notre tente. - 2. le « transat ».
3. Je vais m'étendre.
4. sur ton peignoir de bain.
5. te couvrir de sable.
6. tes maillots de bain.
7. l'indispensable.
8. et c'est tout.
9. attention aux coups de soleil!
10. en plaisantant.
11. faire un plongeon.
12. A l'eau, canards! (formule consacrée).
13. *(vulg.)* la « flemme ».
14. Avant n'importe qui, tout le monde.
15. nageuse extraordinaire.
16. c'est le *pregón* (= cri) du vendeur.
17. des tranches napolitaines.
18. une à la vanille, une **au** citron.
19. Voilà comment on est à l'aise!
20. *(iron.)* Vive les hommes courageux!
21. Trêve de raillerie.

✳✳✳✳✳✳✳✳✳✳✳✳✳✳✳✳✳✳✳✳✳✳✳✳✳✳✳✳✳✳✳✳

Un peu de vocabulaire indispensable

La plage : la playa
Le sable : la arena
Le parasol : el quitasol
La chaise-longue : la silla
Les lunettes : las gafas
Le bain : el baño
Se baigner : bañarse
Le baigneur : el bañista
Plage surveillée : playa vigilada
Nager : nadar
Nager le crawl : nadar a crol

La brasse papillon : estilo mariposa
Faire la planche : hacer el muerto
Nager sous l'eau : bucear
Faire trempette : darse un chapuzón
Le radeau : la balsa
Le plongeoir : el trampolín
Plonger : zambullirse
Faire un plongeon : darse una zambullida
Le matelas pneumatique : el colchón de goma
La bouée : el flotador; **(balise)** boya

L'Espagne des plages et du soleil

Pour la plupart des touristes qui franchissent la frontière, l'Espagne est d'abord le pays du soleil, des plages infinies et de la douceur de vivre. A ceux d'entre vous (et ils sont nombreux) qui choisissent les plaisirs de la plage et des sports nautiques, nous donnons les détails suivants sur les fameuses *costas* espagnoles.

La côte catalane s'étend de la frontière française jusqu'à Alcanar, au sud de Tarragone. Elle comprend la Costa Brava qui va de Port-Bou à Blanes et la Costa Dorada qui va de Malgrat à Alcanar.

La Costa Brava (côte sauvage)

Elle doit son nom à son aspect découpé, rocheux, avec de petites criques *(calas)* d'eau transparente où les pins se dressent, majestueux, jusqu'au bord de la mer. (Une seule grande baie : le « golfe » de Rosas-La Escala.) C'est le paradis de la pêche et de l'exploration sous-marine, du ski nautique, de la voile (cf. p. 132). Le climat y est toujours très doux, les pluies fort rares.

Malgré l'envahissement du tourisme étranger (Allemands, Français, Hollandais), vous pouvez encore trouver sur la Costa Brava, une calanque tranquille... si vous consentez à emprunter les petites routes tortueuses. Un grand nombre de très belles criques ne peuvent être atteintes que par la mer. Mais le spectacle le plus merveilleux est offert par le cabotage d'une station à l'autre.

* **Les moyens d'accès** : (si vous ne disposez pas de voiture particulière).

- CHEMIN DE FER : La ligne principale est celle qui relie la frontière française à Barcelone. Comme elle n'a pas toujours accès aux stations côtières, il faut recourir ensuite aux autocars (services « Línea Costa Mar et Costa Brava express »).

- BATEAU : Service régulier de bateaux à moteur qui relient toutes les agglomérations côtières (à conseiller).

- AVION : La Costa Brava est ouverte au trafic aérien par les aéroports internationaux de Barcelone (Prat de Llobregat) et surtout de Gérone, très adéquat pour les vols « charters ». Un bon aéroport de tourisme fonctionne à Ampuriabrava, près de Rosas.

* **Gastronomie** (voir p. 102) les plats de poissons et de fruits de mer, *mariscos*, s'accompagnent bien des vins du Panadés, du Priorato ou de la fameuse *sangría*.

COPLA

Sol y mar, verde pinar,
Costa Brava catalana.

Sol y mar, verde pinar,
Costa Brava sin igual.

Grandes et petites stations

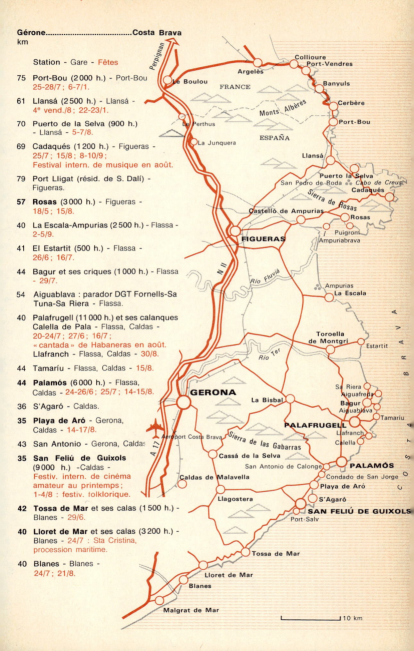

Gérone..........................Costa Brava
km

  Station - Gare - *Fêtes*

75 **Port-Bou** (2 000 h.) - Port-Bou
  25-28/7 ; 6-7/1.

61 **Llansá** (2 500 h.) - Llansá -
  4e vend./8 ; 22-23/1.

70 **Puerto de la Selva** (900 h.)
  - Llansá - *5-7/8.*

69 **Cadaqués** (1 200 h.) - Figueras -
  25/7 ; 15/8 ; 8-10/9 ;
  Festival intern. de musique en août.

79 **Port Lligat** (résid. de S. Dalí) -
  Figueras.

57 **Rosas** (3 000 h.) - Figueras -
  18/5 ; 15/8.

40 **La Escala-Ampurias** (2 500 h.) - Flassa -
  2-5/9.

41 **El Estartit** (500 h.) - Flassa -
  26/6 ; 16/7.

44 **Bagur et ses criques** (1 000 h.) - Flassa
  - 29/7.

54 **Aiguablava** : parador DGT Fornells-Sa
  Tuna-Sa Riera - Flassa.

40 **Palafrugell** (11 000 h.) et ses calanques
  Calella de Pala - Flassa, Caldas -
  20-24/7 ; 27/6 ; 16/7 ;
  « cantada » de Habaneras en août.
  Llafranch - Flassa, Caldas - *30/8.*

44 **Tamaríu** - Flassa, Caldas - *15/8.*

44 **Palamós** (6 000 h.) - Flassa,
  Caldas - *24-26/6 ; 25/7 ; 14-15/8.*

36 **S'Agaró** - Caldas.

35 **Playa de Aró** - Gerona,
  Caldas - *14-17/8.*

43 **San Antonio** - Gerona, Caldas

35 **San Feliú de Guixols**
  (9 000 h.) - Caldas -
  Festiv. intern. de cinéma
  amateur au printemps ;
  1-4/8 : festiv. folklorique.

42 **Tossa de Mar** et ses calas (1 500 h.) -
  Blanes - *29/6.*

40 **Lloret de Mar** et ses calas (3 200 h.) -
  Blanes - *24/7 : Sta Cristina,*
  procession maritime.

40 **Blanes** - Blanes -
  24/7 ; 21/8.

Barcelona, ciudad condal

Remplissant entièrement un vaste amphithéâtre naturel limité par les hautes collines boisées qui la dominent, Barcelone, tout orientée vers la mer, est un des trois grands ports méditerranéens et l'une des plus belles villes d'Europe.

En dehors de son quartier ancien et des agglomérations absorbées par son *ensanche* (extension), la ville est entièrement formée de larges artères rectilignes, parallèles ou perpendiculaires à la côte, qui la traversent de bout en bout. Elles se croisent à angle droit à intervalles réguliers, à l'exception de deux immenses avenues, dont la principale, longue ligne droite de plus de 12 km, coupe toute l'agglomération en diagonale, d'où son nom, *la Diagonal.*

La ville est singulièrement facile à explorer. Et elle mérite de l'être.

On se promènera d'abord sur les *Ramblas*. Puis on visitera, à pied de préférence, la vieille ville *(el Barrio Gótico)* et ses monuments. On empruntera ensuite les moyens de transports commodes et variés : autobus, métro et bateaux-mouches *(gaviotas* et *golondrinas),* pour visiter plus aisément les vastes quartiers modernes et les installations portuaires. Il faudra enfin admirer l'ensemble du haut du Tibidabo.

* N.B. Barcelone, comme Madrid, a des autobus à étage (des Leyland anglais). L'étage supérieur offre un poste d'observation inégalable qu'il ne faut pas manquer d'utiliser.

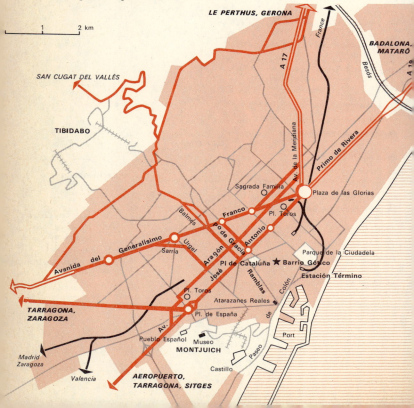

Pour éviter les problèmes de stationnement et les embouteillages *(atascos)* à l'entrée de la ville, il est conseillé d'arriver en autocar ou par le train. Les taxis ne sont pas chers à Barcelone et les moyens de transport en commun sont nombreux.

Si vous arrivez en voiture, vous trouverez, en dehors des garages privés, de nombreux et vastes parkings, un peu partout.

Les gares de Barcelone

* *Estación Término* (anciennement *de Francia*), Avenida Marqués de la Argentera, à côté du Parque de la Ciudadela.

* *Gare souterraine des Ferrocarriles Catalanes,* Plaza de Cataluña. Ligne de Sabadell et Tarrasa, desservant le Funicular de Vallvidrera.

* *Estación de la Plaza de España,* lignes de Martorell-Montserrat (billet combiné avec le téléphérique du Montserrat), v. p. 64.

* *Apeadero del Paseo de Gracia,* « halte » de tous les trains des lignes de Zaragoza, Madrid et Valencia.

* Des funiculaires permettent de monter au Tibidabo (532 m) vue magnifique et au Montjuich. Un téléphérique passe au-dessus du port.

Vous ne manquerez pas de voir

Entre autres monuments :

* La *catedral* (800, 1058, 1298) et son *claustro* (1418).
* Le *Palacio Real Mayor,* siège du Saint Office en 1478 (c. Condes de Barcelona).
* La *Diputación Provincial* et la *Audiencia,* gothique catalan XVI.
* La *Casa Consistorial* ou *Ayuntamiento* (goth. cat. 1369) (pl. San Jaime).
* *Santa María del Mar* (XIVᵉ s.), le plus bel édifice religieux après la cathédrale (pl. de Santa María par la Platería).
* Le *Palacio de la Música catalana,* œuvre curieuse de L. Domenech, le disciple de Gaudí (c. alta de San Pedro, esquina de c. Cameros).
* Le vaste *Teatro del Liceo* (5 000 places), l'un des plus grands d'Europe (Rambla del Centro).
* L'*Université,* de style romano-lombard (pl. de la Universidad).
* L'immense *Palacio Nacional* (31 ha), au pied du Montjuich.
* La *Sagrada Familia,* l'œuvre maîtresse de Gaudí (c. de Mallorca).
* Le *Parque Güell,* autre chef-d'œuvre du même artiste.

Les grands musées :

* *Museo Picasso,* œuvres de jeunesse et « époque bleue » (Palacio Aguilar c. Moncada).
* *Museo de Arte Moderno* (de 10 à 14 h).
* *Musée d'Art Ancien,* fresques, peintures et sculptures religieuses à partir du XIᵉ s., l'un des plus beaux musées d'art roman du monde (Palacio Nacional, Montjuich de 10 à 14 h).
* *Musée d'Archéologie,* importantes collections d'art préhistorique.
* *Fondation Miró,* parc de Montjuich.

Et enfin :

* La « *Santa María* », « nao » de Christophe Colomb (visite combinée avec celle du *Museo marítimo*).

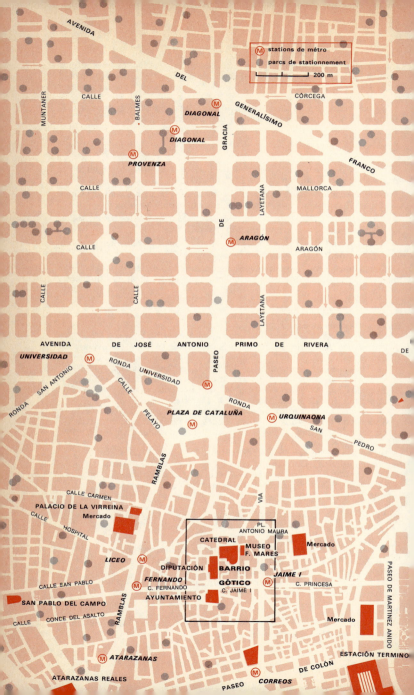

Buscando aparcamiento[1]

Jean, Mariluz y el guardia urbano[2].

Jean - Por favor, señor guardia ¿puede Vd. decirme si se puede aparcar[3] aquí?

Guardia - Por aquí no. Está prohibido alrededor de toda la plaza. Sólo hay los taxis de la estación. Lo demás[4] es zona azul.

Mariluz - ¿No hay ningún parking cerca de aquí?

G. En el fondo de aquella avenida, tienen Vds. un parking subterráneo, frente al parque municipal.

M. Es que si tenemos que volver hasta el restaurante, nos vamos a pegar una caminata[5]. ¿No hay nada más cerca?

G. Pues, sí, nada más torcer la esquina[6] de aquel edificio, tiene Vd. un aparcamiento con un guardacoches[7]. A lo mejor[8] hay algún sitio libre.

J. Vamos a ver si tenemos suerte.

G. No pierdan el billete que le den. Vale para cualquier aparcamiento.

J. ¿Puedo echar[9] por ahí?

G. No, no coja Vd. esa calle porque es de dirección única. Dé Vd. la vuelta a la manzana de casas. Y si no encuentra sitio, lo mejor será que vaya a ese parking. Verá Vd. que no le resulta muy caro[10] y el coche estará a la sombra.

M. Y nosotros ¡asándonos aquí al sol[11]!

---

1. Stationnement. - 2. un agent.
3. se garer, stationner.
4. Le reste.
5. *(fam.)* « s'offrir une trotte ».
6. juste après avoir tourné le coin.

7. un gardien de voitures.
8. peut-être, sans doute.
9. prendre (= aller) par...
10. Cela ne vous reviendra pas bien cher.
11. Et nous, nous resterons ici à nous rôtir.

✱✱✱✱✱✱✱✱✱✱✱✱✱✱✱✱✱✱✱✱✱✱✱✱✱✱✱✱✱✱✱✱✱✱

Quelques formules

● **La possibilité**

¿Puedo aparcar?	¡Que sí puedes!	No, señor, usted no puede.
Puis-je stationner?	Bien sûr que tu peux!	Non, vous ne pouvez pas.

● **L'interdiction**

C'est interdit (formellement) : Está prohibido (terminantemente).

● **La restriction**

Sólo hay los taxis = No hay más que los taxis : Il **n'**y a **que** les taxis.
¿No hay nada más cerca? : N'y a-t-il **rien de plus** près?
Sólo hay un parking allí : Il n'y a **(rien) qu'**un parking là-bas.
A lo mejor hay algún sitio libre : Il y a peut-être **quelque place** libre.
No, señor, no hay ningún sitio : Non, il n'y a **aucune** place.

61

A travers Barcelone

✳ **La Plaza de Cataluña,** cœur de la ville. Point de départ de la plupart des lignes d'autobus, station centrale du métro et des trains suburbains *(Ferrocarriles catalanes).* De là partent :

✳ **Las Ramblas,** promenade préférée des Barcelonais, au vaste trottoir central ombragé de platanes : Rambla de Canaletas, de Estudios (marché aux oiseaux), de San José ou de Flores (marché aux fleurs), de Capuchinos, etc., descendent jusqu'au port (Puerta de la Paz).

✳ **Le port et son quartier** : sur la Puerta de la Paz s'élève le monument de Colomb (on peut monter en ascenseur à son sommet pour avoir une vue d'ensemble du port, de la vieille ville et de la Barceloneta, quartier des pêcheurs). A quai, reproduction de la « nao » de Colomb, bateaux-mouches *(gaviotas* et *golondrinas)* et le bateau des Baléares. La gare maritime est là et la grande *Estación Término* (de Francia) de la RENFE se trouve tout près, au bout du Paseo de Colón, planté de hauts palmiers dattiers.

✳**El barrio gótico** : ce beau quartier ancien, plein de souvenirs historiques, s'étend le long des Ramblas, à gauche en descendant. On visitera à loisir ses rues pittoresques et ses beaux monuments (Catedral, Audiencia, Diputación, Ayuntamiento, nombreuses églises, palais, maisons, patios, musées), ses charmantes placettes. Presque pas de voitures !

✳**El barrio chino,** à droite des Ramblas, est intéressant lui aussi, mais on évitera de trop s'aventurer sans guide dans ce quartier populeux (nombreuses tabernas avec « tablao flamenco »), un peu réservé aux gens du cru.

✳**El ensanche** (la ville neuve). Les superbes avenues qui partent du nord de la Plaza de Cataluña (Rambla de Cataluña, Paseo de Gracia...) et celles qui les relient entre elles (José Antonio, Consejo de Ciento, Mallorca...), méritent aussi d'être parcourues. Ce sont les grandes artères commerçantes modernes.

✳ **El Paseo de Gracia,** la principale d'entre elles, est aussi pour l'amateur d'art moderne le début d'un pèlerinage artistique à la recherche de Gaudí, le rénovateur audacieux de l'architecture catalane. On s'intéressera aux immeubles nos 35, 41, 43, 92, 132. Il conviendra d'aller ensuite par la Calle de Mallorca, jusqu'à l'extraordinaire et gigantesque église, inachevée, de *La Sagrada Familia,* puis de monter au *Parque Güell* (grilles, faïences, colonnades, fontaines). Si possible, on fera aussi la courte excursion qui s'impose à Santa Coloma de Cervello, pour y découvrir le vrai chef-d'œuvre de Gaudí, la saisissante chapelle de la Colonia Güell.

Paseando por la Ciudad Condal

No es nada del otro mundo[1] : basta con[2] situarse, a eso de[3] las diez, en la Plaza de Cataluña con la cara al sol, o sea al Este.

En la esquina derecha[4] de la plaza, una amplia bocacalle[5], la de las Ramblas[6]. Dejarse llevar Ramblas abajo por la muchedumbre afanosa[7]. La pendiente es suave : Rambla de Canaletas, Rambla de Estudios (¿compra usted un pájaro?), Rambla de Flores (¡ni en Niza hay tantas!), Ramblas de Capuchinos y de Santa Mónica son un paseo de un kilómetro y medio en línea recta. Ya está usted en la Puerta de la Paz. A la derecha, el acantilado[8] del Montjuich, a la izquierda, el Paseo de Colón, con sus grandes palmeras datileras[9]. Arriba[10], en lo alto de la columna, el mismo Almirante (¿quiere usted subir?). Enfrente está lo principal, entre la carabela[11] y el barco de la Isleña[12] : el puerto en toda su magnitud[13]. ¿Por qué no visitarlo? Nada más fácil : basta con coger la «golondrina»[14] de turno. En media hora de navegación está en el mismo rompeolas. ¡Qué vista al mar y a la ciudad! Y se vuelve tan tranquilo[15]. ¿Cansadito? Coja un taxi hasta el hotel.

1. Rien d'extraordinaire. - 2. Il suffit de...
3. sur le coup de... - 4. le coin droit.
5. l'entrée d'une large rue.
6. les Champs-Élysées de Barcelone, avec quelque chose de la Canebière. Promenade favorite des Barcelonais, elles descendent vers le port.
7. affairée. Trait caractéristique de la foule catalane.
8. la falaise. Le Montjuich domine la mer et la ville, qu'il surveille.
9. palmiers dattiers (immenses).
10. là-haut.
11. (reconstitution de) la «nao» de Colomb, à flot et à quai. On visite.
12. Le navire (en partance pour les Baléares), de «L'Insulaire», i.e. la Compagnie qui assure le service des Îles.
13. dans toute son étendue (grandeur).
14. le «bateau-mouche» (litt. : «l'hirondelle») de service.
15. tout tranquillement.

---

* **El Parque de la Ciudadela** (30 ha), au nord-est du Barrio gótico. On le rejoint par la Ronda de San Pedro et le Paseo de San Juan (autre entrée près de la Estación Término). Pavillons, musées, parc zoologique (un gorille albinos!), jardin anglais, cascade monumentale de Gaudí.

* **El Parque de Montjuich,** est à l'autre extrémité de la ville, au sud-ouest. On peut y accéder par un funiculaire (départ : av. del Marqués del Duero, *esquina* (angle) de la c. del Conde del Asalto). Mieux vaut rejoindre l'entrée principale par l'av. de José Antonio, la Plaza de España et l'av. de María Cristina. Cette dernière, où se tient au printemps une foire exposition *(Feria de Muestras)* de réputation mondiale, mène au Palacio Nacional et à ses musées.

* **El Pueblo español** est tout à côté. Voir cette intelligente reconstitution des maisons et des rues caractéristiques des plus beaux villages des diverses provinces (petits ateliers d'artisans : souffleurs de verre, tisserands, vanniers, ferronniers...).

* **El Stadium** (stade omnisports) est un sommet. On arrive à travers le parc, splendidement tracé, à cette remarquable réalisation (60 000 spectateurs). L'ambiance des *partidos de fútbol* y est exceptionnelle.

* **Les Plazas de toros.** *La Monumental* (extrémité nord de José Antonio) est, avec ses 22 000 places, l'une des plus grandes d'Espagne (corridas tous les jeudis et tous les dimanches en été). *Las Arenas* (Plaza de España : 15 600 places) présente des *novilladas* et des spectacles nocturnes variés.

Environs de Barcelone

* **El Tibidabo**. Cette haute colline (530 m) d'où l'on découvre toute la ville, un parc d'attractions permanent, avec cafeterías, etc. Son « ascension » est le couronnement de toute visite à la Ciudad condal.

* **Vallvidrera** (375 m). Départ : F.C. pl. de Cataluña, ligne de Sarriá, puis funiculaire. On peut de Vallvidrera, rejoindre le Tibidabo à pied.

* **La Rabassada** (400 m). Même trajet que pour le Tibidabo puis départ av. República Argentina.

* **San Cugat del Vallés** (à 18 km, F.C. pl. Cataluña). Cloître roman du XIIᵉ s. Église XIVᵉ s., XVᵉ s.

* **Tarrasa** (30 km, F.C. pl. Cataluña). Églises San Miguel (Vᵉ s.), San Pedro et Santa María (IXᵉ s. et XIIᵉ s.).

* **Montserrat** (1 240 m) à 59 km par Sabadell (RENFE ligne de Lérida jusqu'à Monistrol, puis chemin de fer à crémaillère) ou par Martorell (F.C. Estación pl. de España) et Monistrol (téléphérique ou chemin de fer à crémaillère) ou à 62 km par route. Site grandiose.

Quelques excursions autour de Barcelone

* Circuit de Montserrat : Montserrat (par Bruch) (62 km), Monistrol (+ 8), Tarrasa (+ 42), Sabadell (+ 9), Barcelone (+ 19).

* Sitges (46 km), Tarragona (+ 56). **R.** par Valls et Santas Creus (+ 17), Vendrell (+ 21), Villafranca del Panadés (+ 20), Molins de Rey (+ 36), à Barcelone (+ 13).

* Granollers (34 km), Vich (+ 39), Ripoll (+ 39), San Juan de las Abadesas (+ 10), Olot (+ 24), Besalú (+ 20), Bañolas ((lac) (+ 13), Gerona (+ 17). **R.** par l'autoroute de Gerona (A. 17) à Barcelone (+ 100).

* Gerona par l'autoroute A. 17 (100 km), Ampurias (+ 48), La Escala (+ 5), La Bisbal (+ 25), Palamós par la corniche (+ 20), San Feliú de Guixols (+ 13), Tossa (+ 22), Lloret de Mar (+ 10), Blanes (+ 7) et l'autoroute de Mataró (A. 19) (+ 29).

Vámonos[1] a Mallorca

Embarcando

Sr Sabelotodo - Lo primero[2] que hacer es ir a Barcelona.

Jean - Y cuando esté yo allí ¿qué haré[3]?

S. Bueno, lo mejor[4] es coger un taxi e irse a la Estación Marítima.

J. Se encuentra al final de las Ramblas ¿verdad?

S. Eso es. Los pasajeros embarcan con alguna antelación[5]. El barco está atracado al muelle[6] de la Puerta de la Paz. Zarpa[7] al anochecer[8].

Durante la travesía[9]

J. ¿Puedo irme al camarote[10] y tenderme en la litera[11]?

S. Claro, a no ser que[12] prefiera quedarse en la cubierta[13].

J. Sí, allí podré pasearme, asomarme a la borda[14].

S. Como la noche no es fría, puede Vd. sentarse en una tumbona[15]. Ni siquiera[16] necesita una manta[17] para abrigarse[18].

J. ¿Está permitido dejar el equipaje[19] en cualquier parte?

S. Sí y puede dar una vuelta[20] por todo el barco, que le sobra tiempo[21]. Zarpando a la puesta del sol, se llega al amanecer[8].

J. Espero que no esté picado el mar[22].

S. Lo corriente es que esté en calma. Pero si se mueve, cuidado con el balanceo y el cabeceo[23].

J. ¡A ver si me mareo[24] y lo paso fatal[25]! ¿Y nos puede pasar algo?

S. ¡Qué va[26]! El barco es bueno. No va a pasar nada. Nadie necesitará el chaleco salvavidas[27].

En el puerto de Palma

J. Ya se acabó. Ya va entrando el barco por la bocana[28], dejando atrás el faro del rompeolas[29].

S. Sí, ya se prepara el amarre. Va a comenzar el desembarque y podrá Vd. saltar a tierra. Tenga a mano el billete.

1. Partons.
2. la première chose.
3. futur irrég. de hacer, faire.
4. le mieux. - 5. avance.
6. accosté au quai.
7. il appareille.
8. à la tombée de la nuit.
   Al amanecer = au lever du jour.
9. traversée. - 10. cabine.
11. couchette.
12. à moins que... ne...
13. le pont.
14. m'accouder au bastingage.
15. chaise-longue.
16. ne... pas même.
17. couverture.
18. se couvrir.
19. les bagages.
    Attention : l'équipage : la **tripulación**.
20. faire un tour.
21. vous avez du temps de reste.
22. qu'il n'y ait pas de houle.
23. le roulis et le tangage.
24. si j'ai le mal de mer.
25. je passe un mauvais quart d'heure.
26. Pensez-vous! Allons donc!
27. gilet de sauvetage.
28. le goulet. - 29. brise-lames.

✳ ✳

Quelques usages grammaticaux

Vámonos à Mallorca... No va a pasar nada... Va a comenzar.
Le verbe **ir** est toujours suivi de la préposition **a.**

Cuando esté yo allí... : Quand j'y serai.
Emploi du subjonctif pour rendre le futur.

Lo primero...   lo mejor...   lo corriente.
La première chose...   le mieux...   le (plus) courant.
Remarquer la valeur neutre de **lo** (= ce qui est, ce qu'il y a...).

Les îles Baléares

Le charme des Baléares n'est plus à vanter ! En moins de deux heures, au départ de Paris, d'une heure à partir de Madrid, de Barcelone ou de Valence, un avion peut vous transporter à Palma de Mallorca. Aussi de nombreuses agences vous proposent-elles un « week-end » aux îles. Cette formule est des plus intéressantes, après la pleine saison, car le prix de l'hébergement diminue alors considérablement.

Courtes échappées ou longs séjours, vos voyages aux Baléares se feront, le plus souvent, sous le signe du soleil (300 jours par an) et du repos.

L'archipel est composé de trois grandes îles : *Mallorca, Menorca* et *Ibiza* et de deux plus petites : *Formentera* et *Cabrera.*

La chaleur de l'été y est très supportable et la température hivernale fort douce (jamais au-dessous de 0 °C). La mer, d'une grande limpidité, favorise, dans les multiples calanques d'une côte très découpée, la pêche sous-marine ou plus pacifiquement, l'émerveillement du nageur.

Tous les sports nautiques y sont très développés, la voile particulièrement. De fréquentes régates y ont lieu tout l'été, les amateurs y ont toutes facilités pour s'inscrire à un cours et les ports de plaisance y sont très nombreux.

Moyens d'accès

✻ **Avion** (cf. : Le voyage par air, p. 28).

En été, nombreux vols (A.-R.) chaque jour au départ de Madrid, par Caravelle, DC9 ou Boeing 727, à destination de Palma ; un vol (A.-R.) par jour à destination d'Ibiza. Plusieurs de ces avions font escale à Valence.

Au départ de Barcelone, les vols quotidiens pour Palma et Menorca sont également fréquents.

Un vol d'hydravions relie Mallorca et Ibiza à Alicante et Valence.

✻ **Bateau** (s'adresser de préférence à la Compañía Trasmediterránea ou à ses agences (AUCONA). Cf. leurs adresses : p. 174.

ESPAGNE-BALÉARES

Tous les jours (été) :

1   Barcelone 24 h - Palma 8 h par car-ferry, passagers et voitures.
    Palma 24 h - Barcelone 8 h par car-ferry, passagers et voitures.

Lundi, mardi, mercredi, jeudi, samedi :

    Barcelone 12 h - Palma 20 h par car-ferry, passagers et voitures.
    Palma 12 h - Barcelone 20 h par car-ferry, passagers et voitures.

Un départ par jour (A.-R.) :

2	Barcelone - Ibiza	5	Valence - Ibiza
3	Barcelone - Mahón (Menorca)	6	Alicante - Palma
4	Valence - Palma	7	Alicante - Ibiza

SERVICE INTER-ÎLES

A.1   Palma - Ibiza : t. les j. (A.-R.) : 7 h de traversée.
A.2   Palma - Mahón : 3 j. par sem. (A.-R.) : 10 h de traversée.
A.3   Palma - Ciudadela (Menorca) (Ve : A. ; Je : R.) : 10 h de traversée.
A.4   Palma - Cabrera (Ve : A.-R.) : 3 h 30 de traversée.
A.5   Ciudadela (Menorca) - Alcudia (Mallorca) : 4 fois par sem. A.-R. : 3 h de traversée.
Adresses des agences de la Trasmediterránea : v. p. 174.

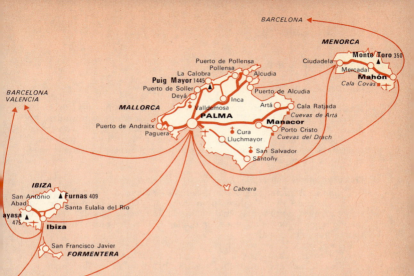

✳ **Autres compagnies de navigation.** Sans compter les nombreuses croisières qui prévoient une ou plusieurs escales aux Baléares, il existe d'autres lignes maritimes permettant de gagner les îles au départ de France ou d'Italie. Pour tous renseignements à leur sujet, vous pouvez vous adresser aux diverses compagnies.

Location de voitures

Que vous ayez choisi l'avion ou le bateau, vous avez toutes facilités pour louer une voiture à l'aérodrome ou au port d'arrivée. C'est une formule commode, très développée aux Baléares. **Mais n'oubliez pas votre permis de conduire !**

Artisanat

Vous ne reviendrez pas des îles Baléares sans rapporter quelques broderies, de la verrerie (*Palma* de Majorque), des perles de culture (*Manacor,* Majorque) ou encore des sculptures sur bois d'olivier ou des objets de fer forgé.

À *Mahón, Alayor* et *Ciudadela* (Minorque), vous pourrez acheter des chaussures de fantaisie et (selon vos possibilités) de superbes meubles.

Ibiza est un des centres de la haute couture espagnole.

Gastronomie

La cuisine baléare est renommée : si vous aimez le poisson, vous dégusterez une « *graixonere de peix* ». Demandez aussi des « *escalduns* » de poulet, un « *tumbet* », de la « *sobresade* » ou un « *frit* », sans oublier la fameuse « *mahonesa* », ancêtre de notre mayonnaise.

Le vin aussi est réputé : « Benisalem », « Payés » d'Ibiza, ainsi que les liqueurs aromatiques (*palo* et *frígola* d'Ibiza).

Les îles Baléares

D'une île à l'autre

MAJORQUE (MALLORCA)

Île des peintres, des écrivains et... des musiciens (Chopin et George Sand y passèrent l'hiver 1838-1839). Malgré le grand développement touristique de ces dernières années, c'est encore « l'île du calme » : si vous consentez à vous éloigner des grandes plages à la mode, vous trouverez toujours, le long de ses 400 km de côte, une petite calanque où vous serez loin du monde et du bruit.

Localités intéressantes

* *Palma de Mallorca* (220 000 h.), capitale de l'île et de l'archipel, s'étend, en bordure de mer, le long d'un golfe de 20 km. Dominée par ses remarquables monuments (château de Bellver et cathédrale, tous deux d'époque gothique), c'est une ville opulente, l'un des plus grands centres touristiques de l'Espagne.
Belles plages :
à l'ouest : *Cala Mayor* et *Ca's Catalá ;*
à l'est : *Ciudad jardín, Ca'n Pastilla* et *El Arenal* (7 km de longueur).

* Hors de Palma, si vous aimez le sable fin, allez à : *Palma Nova, Magalluf, Santa Ponsa, Paguera* (terrain de camping), à *Cala Fornels* ou à *Camp de Mar,* petites ou grandes plages où les pins vont jusqu'à la mer, sur la côte sud-ouest, ou encore à :

* *Puerto de Alcudia, Ca'n Picafort, Cala Ratjada, Cala Bona, Cala Millor,* aussi belles que les précédentes et un peu moins fréquentées, sur la côte nord-est.

* Si vous préférez les rochers, les calanques abritées, la mer d'un bleu céruléen, votre choix est encore plus vaste. Retenons, à titre indicatif, les calanques d'*Illetas* (ouest de Palma), *Estallenchs, Bañalbufar,* ou de *Sa Calobra,* sur la côte ouest...

* Et ne manquez pas de visiter l'intérieur de l'île, non plus que les célèbres grottes du Drach *(Cuevas del Drach)* où vous pourrez assister à un concert en barque, sur un lac souterrain.

* Campings à *Santañy, Porto Petro, Es Torrent.*

MINORQUE (MENORCA)

Le tourisme n'y est pas encore trop développé. On y admirera d'authentiques petits villages de pêcheurs et le contraste entre la blancheur des maisons peintes à la chaux, le ciel lumineux et la mer « violette », la mer grecque, tout aussi transparente qu'à Majorque.

Localités intéressantes

* *Mahón* (17 000 h.), capitale de l'île dont la curieuse architecture a subi l'influence de la conquête anglaise (Nelson et Lady Hamilton y ont séjourné). Plage de *Cala Mezquida,* au nord de la ville.

* *Fornells* (150 h.), au nord, est un joli village de pêcheurs et une magnifique station estivale.

* *Ciudadela* (14 600 h.), à l'ouest, ville vieillotte, avec ses belles plages de *Cala de Santandina* et de *Cala Blanca.*
Les autres localités de l'île ne sont pas situées sur la frange littorale, qui n'en est que plus sauvage et plus calme !

IBIZA

La perle des Baléares, dit-on ; ses plages sont d'une extraordinaire beauté : bois de pins (Ibiza fut nommée Pityuse, « riche en pins » par les Grecs), amandiers, oliviers se mêlent aux palmiers et aux figuiers, témoins d'un climat particulièrement doux, où les jours de pluie sont très rares. Petits villages haut perchés, aux maisons peintes à la chaux, longues calanques ombragées, tout favorise le culte du soleil et de la mer.

Localités intéressantes

* *Ibiza* (16 000 h.), capitale de l'île, construite presque à la verticale, sur son petit port, bien abrité et reliée à la plage de *Talamanca*, à 3 km de là, par un service régulier d'autobus et de bateaux.

* *San José* (1 300 h.), avec sa belle église et ses superbes « calas » *(Tarida, Bassa, Vadella* et d'*Or).*

* *San Antonio Abad* (7 000 h.) (terrain de camping), ancienne ville romaine. Ne manquez pas l'excursion aux îlots de *Vedra* qui dressent leurs 382 m au-dessus de la mer.

* *San Juan* (5 000 h.), avec les fameuses plages de *Xarraca* et de *Portinatx.*

* *Santa Eulalia del Rio* (8 000 h.). Plages de *Cala Llonga* et d'*Es Caná.*

* *San Agustín (Cala Baessa).* Terrain de camping.

FORMENTERA

Petite île de 3 500 h., au sud d'Ibiza, dont elle n'est séparée que par un petit détroit. Son unique port : *La Sabina,* est relié à Ibiza par un service quotidien de bateaux (1 à 3 voyages en morte-saison et jusqu'à 8 en été). Des autobus relient *La Sabina* à *San Francisco Javier,* capitale de l'île et à *La Mola.* Adresses utiles : voir p. 174.

Pescas y natalidad.

69

La Costa Dorada

A partir de Malgrat (60 km au nord de Barcelone), la côte change complètement : plus de calanques, plus de petites plages entre les promontoires déchiquetés. La « côte sauvage » disparaît pour faire place à une longue succession de plages au sable fin qui s'étendent jusqu'à Barcelone, et, après quelques falaises rocheuses, jusqu'au sud du delta de l'Èbre (à Alcanar exactement). Étroite plaine littorale, où les marécages sont de plus en plus asséchés (il en subsiste encore dans les deltas du Llobregat et de l'Èbre), la Costa Dorada s'ouvre directement vers le large : elle doit son nom à la beauté de ses plages de sable doré et à la luminosité de son atmosphère.

* **Les moyens d'accès** : L'autoroute A7 et le chemin de fer permettent facilement l'accès à toutes ses grandes stations (directement, au départ de Barcelone ou de Tarragone). Aéroports de Prat de Llobregat (Barcelone) et de Reus.

Costa del Azahar,
Costa Blanca

La frange littorale des quatre provinces du Levant (Castellón de la Plana, Valencia, Murcia, Alicante), est curieusement formée par d'étroites plaines sédimentaires, constituées par les apports des rivières (plaine de Valence formée par les alluvions du Turia), adossées vers l'ouest à la montagne.

Des cordons littoraux de dunes créent, par endroits, de vastes lagunes où l'eau de mer se mêle à l'eau douce (Albuferas de Valence - Torrevieja - Mar Menor). Les plages de sable fin sont généralement longues ; leur pente très douce permet sur une bonne distance une eau peu profonde et chaude, propice aux ébats des enfants.

Le climat, chaud et sec, transformerait la région en désert sans l'influence bienfaisante de la mer (à Carthagène, 233 jours par an sans un nuage !). C'est le pays de l'oranger dont la fleur donne son nom *(azahar)* à la côte des provinces de Castellón et de Valence ; c'est aussi celui du citronnier, de la vigne et du riz.

Moyens d'accès

* Autoroute A7, le plus souvent en arrière du littoral, sur la Costa del Azahar (les plages sont loin des agglomérations, sauf dans les grandes stations estivales). Belle route côtière sur la Costa Blanca et autoroute.

* **Chemin de fer** : Barcelone-Valence pour la Costa del Azahar ; au départ de Murcie ou Alicante pour la Costa Blanca.

* **Avion** : Aéroports de Valence-Alicante-Murcie : liaisons avec Madrid ou Paris (cf. Le voyage par air).

Gastronomie

Patrie de la *paella* (v. p. 103), demandez aussi un *arroz a banda* (variété de paella).

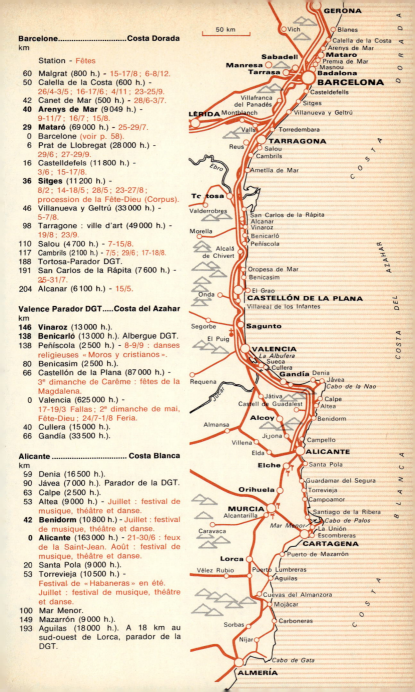

Barcelone.............................Costa Dorada
km

Station - *Fêtes*

- 60 Malgrat (800 h.) - *15-17/8 ; 6-8/12.*
- 50 Calella de la Costa (600 h.) - *26/4-3/5 ; 16-17/6 ; 4/11 ; 23-25/9.*
- 42 Canet de Mar (500 h.) - *28/6-3/7.*
- **40 Arenys de Mar** (9 049 h.) - *9-11/7 ; 16/7 ; 15/8.*
- **29 Mataró** (69 000 h.) - *25-29/7.*
- 0 Barcelone (*voir p. 58*).
- 6 Prat de Llobregat (28 000 h.) - *29/6 ; 27-29/9.*
- 16 Castelldefels (11 800 h.) - *3/6 ; 15-17/8.*
- **36 Sitges** (11 200 h.) - *8/2 ; 14-18/5 ; 28/5 ; 23-27/8 ; procession de la Fête-Dieu (Corpus).*
- 46 Villanueva y Geltrú (33 000 h.) - *5-7/8.*
- 98 Tarragone : ville d'art (49 000 h.) - *19/8 ; 23/9.*
- 110 Salou (4 700 h.) - *7-15/8.*
- 117 Cambrils (2100 h.) - *7/5 ; 29/6 ; 17-18/8.*
- 188 Tortosa-Parador DGT.
- 191 San Carlos de la Rápita (7 600 h.) - *25-31/7.*
- 204 Alcanar (6 100 h.) - *15/5.*

Valence Parador DGT.....Costa del Azahar
km

- **146 Vinaroz** (13 000 h.)
- **138 Benicarló** (13 000 h.). Albergue DGT.
- 138 Peñiscola (2 500 h.) - *8-9/9 : danses religieuses « Moros y cristianos ».*
- 80 Benicasim (2 500 h.).
- 66 Castellón de la Plana (87 000 h.) - *3e dimanche de Carême : fêtes de la Magdalena.*
- 0 Valencia (625 000 h.) - *17-19/3 Fallas ; 2e dimanche de mai, Fête-Dieu ; 24/7-1/8 Feria.*
- 40 Cullera (15 000 h.).
- 66 Gandía (33 500 h.).

Alicante .... Costa Blanca
km

- 99 Denia (16 500 h.).
- 90 Jávea (7 000 h.). Parador de la DGT.
- 63 Calpe (2 500 h.).
- 53 Altea (9 000 h.) - *Juillet : festival de musique, théâtre et danse.*
- **42 Benidorm** (10 800 h.) - *Juillet : festival de musique, théâtre et danse.*
- **0 Alicante** (163 000 h.) - *21-30/6 : feux de la Saint-Jean. Août : festival de musique, théâtre et danse.*
- 20 Santa Pola (9 000 h.).
- 53 Torrevieja (10 500 h.) - *Festival de « Habaneras » en été. Juillet : festival de musique, théâtre et danse.*
- 100 Mar Menor.
- 149 Mazarrón (9 000 h.).
- 193 Aguilas (18 000 h.). A 18 km au sud-ouest de Lorca, parador de la DGT.

50 km

Fallas de Valencia

Ce sont les fêtes les plus typiques de Valence. Célébrées à la Saint-Joseph (*San José*, au mois de mars) elles se caractérisent par la confection de dizaines de monuments *(fallas)* de carton et de bois qui représentent des personnages locaux ou des événements de l'actualité de manière humoristique ou satirique. Les *fallas* sont brûlées le 19 mars *(la cremá)* dans un vacarme *(estruendo)* assourdissant. Les fêtes sont placées sous le signe du feu et du bruit, chapelet de pétards de *la traca* qui éclatent le long des rues à trois mètres du sol, énormes explosions à midi de la *mascletá*, jeux pyrotechniques des *castillos* avec leurs palmiers de lumière, réveil *(la despertá)* au son des fanfares et des explosions de pétards, tout cela culmine le soir de la *cremá*, l'embrasement général.

Le *llibret de falla* fournit des explications sur la *falla*, sa représentation, sa portée satirique ou burlesque. Chaque quartier constitue une *Comisión* (patron de café, épicier, cordonnier...), dès le dimanche suivant l'embrasement de la Falla, pour mettre sur pied celle de l'année suivante ! La *Junta Central Fallera* dirige les travaux, s'occupe de préparer les prix, de résoudre les conflits éventuels entre *Comisiones*, et d'élire la *Fallera mayor*, la reine des fêtes. Le choix de l'artiste *(artista fallero)* chargé de concrétiser dans son œuvre les idées de la Commission, n'est pas la moindre affaire ! L'un des plus célèbres a été sans conteste *(sin disputa)* Regino Mas.

Les *bandas de música* (une centaine !) qui recrutent parfois des paysans et des artisans de la Huerta, jouent du Verdi, du Wagner... et le *Fallero*, hymne dû au *maestro Serrano*.

A signaler aussi les *dulzaineros*, joueurs de musette, accompagnés du *tamboril* (tambourin) pour marquer le rythme et les *estudiantinas*, groupes d'étudiants revêtus de leur traditionnelle cape noire, qui, par contraste avec la musique des *bandas*, aux sonores instruments à vent, apportent les airs joyeux de leurs guitares, luths et tambours de basque *(guitarras, laúdes y panderetas)*.

El « ninot »

C'est l'élément essentiel du monument « fallero » : à l'origine il représentait un voisin du quartier dont les travers physiques ou moraux étaient tournés en dérision. Pantin *(monigote, muñeco)* de paille et de bois, accoutré de façon grotesque et caricaturale, il est devenu, avec le temps *(andando el tiempo)* une véritable œuvre d'art qu'on hésitait à brûler, d'où l'habitude qui s'est instaurée de grâcier *(indultar)* un de ces bonshommes, à la suite d'un vote populaire *(votación popular)* qui a lieu lors de la *exposición del ninot* dans les nefs de *La Lonja*.

Más que el ruido, el perfume.
La traca sobre todo es su aroma,
pólvora del Corán, hecha cristiana,
sobre la huerta que adoró a Mahoma.
RAFAEL DUYOS

Durante cuatro días han estado expuestos los túmulos falleros[2] a la admiración del público.

- Y todo esto tan hermoso ¿ ha de ser pasto de las llamas[3] ? ¡ Pues es una verdadera lástima !
- ¡ Quiá[4] ! no lo crea usted.
- ¡ Cómo que no[5] ! Esto que hasta podemos considerar como una obra de arte, que sea pasto de las llamas ¡ sin más ni más[6] !
- Pues se lo aclararé. En primer lugar, tenga en cuenta que[7] las fallas han sido hechas para eso, para ser quemadas, y si esto faltase sobraría su razón de ser[8]. Además, como usted puede apreciar, el meollo[9] de la falla es fustigar, criticar hechos, defectos personales y sociales.
- Más a mi favor[10], pues no quemándolas[11] estarían perennes[12] apuntando con su dedo acusador[13].
- Hombre, ha tocado usted la raíz de nuestro modo de ser y entender la vida. Ese es precisamente el motivo principal de la quema. No queremos mantener ese dedo, dramáticamente acusador, siempre extendido ; no, sólo queremos señalar por un momento, advertir, mofarnos un instante, reírnos, para en la burla satírica marcar el vicio que deseamos desaparezca[14] ; pero no perpetuar el gesto[15] con encono[16], que puede degenerar en odio ; por eso, hecha la advertencia, prendemos fuego para olvidar, olvidar..., ¡ hasta el año que viene !
- Sí, eso ya es explicarse.
- Hay aún más[17]. Tenga en cuenta que esta « cremá » tiene un profundo sentido religioso, ya que en cierto modo personifica el « Miércoles de Ceniza », que a nosotros, como católicos, la Iglesia nos indica y mueve a reflexionar con su lema[18] de : « Pulvis eres, et pulvis reverteris »[19] ; ¿ me he explicado, señor forastero ?
- ¡ Tanto, que me ha convencido !
- Pues de corazón le agradezco su atención. ¿ Me acompaña[20], pues, a la « cremá » ?
- ¡ Con mil amores[21] !

Luis Otero Bravo, **Las Fallas**, Publicaciones Españolas.

1. L'embrasement.
2. *(humor.)* « Ces mausolées ».
3. doit être la proie des flammes.
4. Allons donc ! Pas du tout !
5. Pourquoi pas ?
6. sans autre forme de procès.
7. Considérez que (Tenez compte de ce fait que...).
8. leur raison d'être disparaîtrait.
9. le but essentiel (la « substance »).
10. Raison de plus...
11. Si on ne les brûlait pas...
12. elles seraient là en permanence.
13. à pointer leur doigt accusateur.
14. souligner le défaut que nous voulons voir disparaître.
15. non perpétuer cette attitude.
16. animosité.
17. Il y a plus...
18. sa sentence.
19. *latin...* approximatif : cf. : Memento quia pulvis es...
20. Venez-vous avec moi ?
21. Avec grand plaisir. De tout cœur.

* *

Frases castizas

● Une manière commode d'exprimer la condition :
   No quemándolas... : Si on ne les brûlait pas...

● L'art d'insister :
   Ése es precisamente el motivo... : Voilà précisément la raison.

Costa del Sol

Située au sud de la Péninsule ibérique, elle comprend presque tout le littoral méditerranéen andalou, depuis le cap *(cabo)* de Gata, à l'est, jusqu'à la Punta Marroquí. Adossée à la Sierra Nevada, elle offre à la fois des plages magnifiques, de grands centres touristiques, des villages de pêcheurs, de belles plaines à la végétation subtropicale.

La beauté de la Costa del Sol tient à la variété de ses paysages, à sa flore exubérante, au contraste des couleurs : maisons *encaladas* (blanchies à la chaux), agaves *(pitas)*, figuiers de Barbarie *(chumberas)*. Couchers de soleil féeriques. La côte est le paradis des sports nautiques : les nombreuses baies, permettent de se livrer aux joies de la voile ou du ski.

La pêche sous-marine - surtout sur le littoral des provinces d'Almería et de Grenade - est particulièrement recommandée : congres, dorades, mérous y abondent. La pêche à l'espadon *(pez espada)*, en haute mer, y est aussi très pratiquée.

Moyens d'accès

* Une bonne route littorale relie les différentes stations. Au départ de Madrid, les deux grands itinéraires sont :
  - Madrid - Jaén - Granada - Almería - Málaga ;
  - Madrid - Bailén - Córdoba - Sevilla - Algeciras.

* **Chemin de fer** : En revanche, pas de ligne de chemin de fer côtière : le mieux est de prendre un train au départ de Madrid, de Séville ou de Grenade, qui vous conduira à Algeciras, à Málaga ou à Almería. De là, vous pouvez emprunter l'une des deux lignes d'autobus qui courent d'un bout à l'autre de la Costa del Sol.

* **Les aéroports** de Málaga et d'Almería (cf. Le voyage par air) permettent de se rendre, en quelques heures, à Barcelone, Las Palmas, Madrid, Córdoba, Séville, Valence, Melilla et Santa Cruz de Tenerife... sans compter les lignes régulières de Nice, Toulouse et Paris.

50 km

* Liaisons maritimes, nombreuses de Málaga avec Barcelone, Melilla, Tanger et les Canaries. Si vous désirez traverser le détroit de Gibraltar, vous pouvez emprunter les bateaux de la Compañía Transmediterránea au départ d'Algeciras (adresse : Sigismundo Moret, 20), vers Tanger ou Ceuta. (2 à 4 heures de traversée ; transport de voitures assuré. Il est bon de retenir ses places deux mois à l'avance.)

Gastronomie

Les plats de poisson sont très variés : vous commanderez *« una de chanquetes »* (une portion de petite friture) ou encore *« una de sprats »*, ou *« de chopitos »* à moins que vous ne préfériez le rouget *(salmonete).*

Mais le plat andalou le plus fameux est encore le *« gazpacho ».* Sa composition varie selon les provinces (exigez-le toujours bien frais). A Málaga, il est agrémenté d'ail et de raisins muscat.

A Algeciras, vous mangerez du poulpe, à Grenade, la fameuse omelette *«* Sacromonte », à Antequera, des *« polvorones »* (sablés) et à Ronda les succulentes *« yemas » ;* sans compter les fruits tropicaux du Val de Vélez et d'Almuñécar : *« aguacates »* et *« chirimoyas »* (avocats et corossols).

Doit-on, enfin, rappeler l'existence du fameux vin de Málaga, déjà apprécié du temps des Phéniciens ? Les *tascas* (cabarets) vous la remettront en mémoire.

Málaga............................C = camping km	52 **Nerja** (8 000 h.) - Parador de la DGT. Festivals de musique dans la grotte.
308 El Playazo et Porto Rey.	0 **Málaga** (360 000 h.) C - Semaine sainte ; 6 au 16 août : feria. - Parador DGT.
311 **Garrucha** (3 000 h.).	14 **Torremolinos** (25 000 h.) - Parador DGT.
310 **Mojácar** (2 000 h.) - Parador de la DGT.	31 **Fuengirola** (14 000 h.) C - Complexe touristique.
312 Carboneras (3 200 h.), Monsul - Paradis de la pêche sous-marine.	47 Las Chapas.
220 **Almería** (105 000 h.) C - 18 juillet : feria de la Virgen del Mar ; Semaine sainte.	59 **Marbella.** C.
132 Castell de Ferro (2 000 h.) C.	87 **Estepona** (18 000 h.) Pêche sous-marine.
102 Salobreña (9 000 h.).	130 La Línea (60 000 h.)
86 **Almuñécar.** C.	127 San Roque (20 000 h.) C.
	142 **Algeciras** (77 000 h.) C.

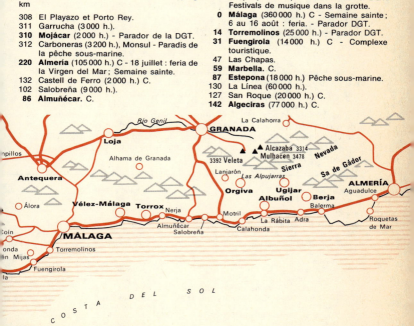

Costa de la Luz

Elle s'étend de la pointe de Tarifa à la frontière portugaise. Cette côte, baignée par l'océan Atlantique, se caractérise par la douceur de son climat, son soleil éclatant (3 000 heures de soleil par an), ses longues plages, encore peu envahies par le tourisme, ses maremmes *(marismas)* où vivent en liberté les chevaux et les « toros bravos ».

La *marisma* - semblable à une Camargue espagnole qui ne connaîtrait pas le mistral ! - est constituée par l'embouchure du Guadalquivir : vous pouvez apprécier en nomade les charmes de cette réserve naturelle, à la faune riche et variée.

Il vaudra mieux choisir un gîte éloigné des roseaux et des moustiques ! Préférez donc les belles plages du sud-est de Cádiz ou, au nord-ouest de l'estuaire, celles de la région de Huelva, proche de la frontière portugaise.

Moyens d'accès

✱ Une bonne route, loin du littoral, rejoint Tarifa à Cádiz. Chaque station côtière y est reliée par une bretelle. Au nord de Cádiz, la marisma et le Guadalquivir forment un obstacle que la route ne franchit pas. Il convient de remonter le fleuve jusqu'à Séville (le Guadalquivir est navigable jusque-là !), pour rejoindre la côte plus à l'ouest, à Huelva. Il est indispensable de visiter Séville pendant votre séjour.

✱ **Chemin de fer** : C'est, encore, à partir de Séville que vous vous rendrez à Cádiz ou à Huelva et, de là, par autobus, à la station de votre choix.

✱ **Bateau** : Cádiz est le grand port d'embarquement pour les Canaries. Liaisons régulières, aussi, avec Barcelone.

Gastronomie

Vous retrouverez ici les spécialités andalouses. Il faut y ajouter, dans la région de Cádiz, le pagre à l'oignon, la raie au piment, la soupe « cuarto de hora », sans oublier le « choco » (sorte de calmar) aux fèves.

Vous boirez également ! Dans la province de Huelva, les vins du Condado sont très prisés ; de Sanlúcar de Barrameda vient *le* « manzanilla » (ne pas confondre avec *la* manzanilla : la camomille ; rien de commun ! sauf la couleur). Jerez produit les vins de renommée mondiale. Dégustez également le muscat *(moscatel)* de « Chipiona » et les vins blancs de table *(de pasto)* de Chiclana.

Sevilla	
km	
Sur la rive gauche du Guadalquivir	
261	Tarifa (16 000 h.) C.
252	Zahara de Los Atunes (8 000 h.).
223	Barbate de Franco (21 000 h.).
199	Conil de La Frontera, à l'ouest du cap Trafalgar.
189	Sancti Petri.
157	**Cádiz** (138 000 h.) C, « La tacita de plata » - Hostería. Semaine sainte - Fête-Dieu **(Corpus)** : courses de taureaux, épreuves sportives.
117	Puerto de Santa María (42 000 h.).
135	Rota (19 000 h.).

Sevilla	
124	Chipiona (9 500 h.).
115	Sanlúcar de Barrameda (45 000 h. Courses de chevaux sur plage.
Sur la rive droite du Guadalquivir	
98	Torre de La Higuera - Parc natio Doñana, paradis des ornithologues.
134	Mazagón - Parador Cristóbal Colón.
129	Punta Umbría (6 000 h.), reliée à Hue par route et service de canots - A Huel 20 janvier, Saint-Sébastien, patr Semaine sainte ; 2 au 6 août : fê colombines ; 5 au 7 septembre : feria N.S. de la Cinta.
149	El Rompido. C.
154	Ayamonte (14 000 h.) C - Isla Canela et Cristina. Parador : Costa de la Luz.

De la Bidassoa, qui marque la frontière franco-espagnole au río Miño (frontière hispano-portugaise), vous trouverez les paysages les plus divers : vastes plages et falaises de la côte basque, côte rocheuse, encadrant encore de belles plages, dans la région de Santander, littoral asturien abrupt coupé de pittoresques « *rías* » (vallées encaissées envahies par la mer, cf. les « aber » bretons), et enfin les grandes *rías* galiciennes, qui alternent avec de longues plages, des promontoires rocheux, des falaises, des lagunes et des baies aux eaux tranquilles et transparentes.

Le climat océanique de ces régions rappelle souvent, en plus doux, celui de la Bretagne : la Galice, celtique aussi, a d'ailleurs son cap Finisterre...

Plus vous vous éloignerez vers l'ouest et plus vous trouverez une Espagne Cantabrique authentique, dont les petits villages de pêcheurs et les villes sont encore épargnés par le tourisme de masse. Mais hâtez-vous !

Moyens d'accès

* De Bayonne à Bilbao, par les autoroutes A1 et A68 : au-delà, une bonne route, le plus souvent côtière, relie les principales plages et les grandes villes du nord de l'Espagne : Santander, Gijón et La Coruña. De La Coruña à Vigo et à la frontière portugaise, la route fuit le littoral déchiqueté : ne manquez pas, ici, d'emprunter les routes secondaires qui vous feront retrouver la côte et vous permettront d'admirer à loisir les grandes *rías*.

* **Chemin de fer** : Il suit le même tracé que la grand' route et permet ainsi de relier toutes les grandes stations touristiques. N'en abusez pas pour les longs parcours, c'est une ligne secondaire, assez peu favorisée.

* **Avion** : Saint-Sébastien, Bilbao, La Coruña, Santiago de Compostela, Santander et Oviedo possèdent des aéroports : liaisons fréquentes avec Madrid ; une liaison directe Bilbao-Paris Orly Sud.

Gastronomie

La cuisine basque occupe la première place dans la gastronomie, si variée, de la péninsule. Voir p. 102.

Ne manquez donc pas, à Saint-Sébastien ou à Bilbao, de commander un « *marmitako* », sorte de ragoût de thon, ou de la morue fraîche au pil-pil « *bacalao a la vizcaina* », des *angulas* (alevins d'anguille) *a la bilbaína* et du colin à la basquaise *(merluza)* : arrosez avec un « *chacolí* » ou du cidre. Dans la province de Santander, outre les crustacés, portez votre choix sur les saumons et les truites (des rivières « spécialisées » en regorgent encore).

Les plats typiques de la cuisine asturienne sont : *la caldereta marinera* (cf. la cotriade de nos pêcheurs de l'Océan), les tripes à la mode asturienne, la *sopa de pixin*, le colin au cidre, et surtout la succulente *fabada*, espèce bien particulière de cassoulet.

En Galice, région de pêche par excellence, vous pourrez savourer poissons et crustacés *(mariscos)*. Les plats les plus fameux de la cuisine galicienne sont, sans aucun doute, le *pote gallego* (sorte de pot-au-feu), le *lacón con grelos* (jambonneau aux feuilles de navet), la *caldeirada* (ragoût de poissons), les nombreuses variétés d'*empanadas* (bouchées et vol-au-vent), les *contollos* (gros crabes-tourteaux cuits au court-bouillon), le *changurro relleno* (crabe farci) et les fameuses *vieiras* (coquilles Saint-Jacques) rôties au four. Une bouteille de « *Ribeiro* », vin vert de la côte, viendra compléter le repas.

Costa Verde

Grandes et petites stations

A partir de la frontière française
km

2 Irún (20 000 h.).
4 Fuenterrabía (8 600 h.) - Parador DGT ; aéroport.
16 Pasajes (12 000 h.).
20 **San Sebastián** (150 000 h.) C - Plages de la Concha et d'Ondarreta. 20 janvier : fête de Saint-Sébastien, réjouissances folkloriques et populaires. Semaine du 15 août : corridas, courses de chevaux, championnat de golf, tir au pigeon, pelote basque, régates.
42 Orio (2 500 h.) C - Championnats d'aviron ; régates.
46 **Zarauz** (8 000 h.) C - Ville résidentielle.
50 Guetaria (2 000 h.).
72 Deva (4 000 h.).
80 Ondárroa (8 000 h.) - Plage de Saturraran.
92 Lequeitio (6 500 h.) - Été : championnats de pêche au thon.
128 Bermeo (14 000 h.).
139 Bilbao (300 000 h.) - 19 mars à Deusto : romería de S. José ; 20 juin : romería de S. Pedro ; 15 août à Begoña : grande romería. Autour du 15 août : championnats de pelote basque, corridas de la « Semana grande ».
151 Las Arenas - Plage de Bilbao.
159 Sopelana. C.
163 Plencia. C - Sports nautiques ; ostréiculture.
164 Baquio (1 500 h.).
173 Castro Urdiales (13 000 h.) C - Été : « Coso blanco » : défilé nocturne de chars.
199 **Laredo** (7 000 h.) C - Plage de Salve ; fin août : bataille de fleurs.
213 Santoña (9 000 h.) - Plage de Berria. Septembre : fêtes de la Virgen del Puerto.
249 **Santander** (120 000 h.) C - Univ. internat. d'été (21/7-31/8). Plages : Sardinero, Castañeda, Magdalena et El Puntal. Parador à Santillana del Mar. 25/7-2/8 : feria. Festival international de musique, en août. Régates internationales pour yachts de 6 à 8 m.
279 Suances. A 11 km, parador de Santillana.
291 Comillas. C - Plages de Oyambre.
300 San Vicente de La Barquera - Printemps : procession maritime de la « Folía ».
336 Llanes. C - Plage de « El Sablón » ; 16 août : pèlerinage de S. Roque et danses asturiennes (La Peregrina-El Pericote).
364 Ribadesella (8 000 h.).

404 Villaviciosa (8 000 h.) - Plage de « El Puntal ».
434 Gijón (130 000 h.) C - Plage de S. Lorenzo. 13 juin : feria de S. Antonio. Autour du 15 août : Semana grande, fête de Na. Sa. de Begoña (concours hippique, régates, corridas...). Parador DGT.
464 Salinas - Club nautique.
539 Luarca (8 000 h.).
556 Tapia de Casariego - Paradis du surf.
581 Castropol (700 h.) - Bassin saumonnier le plus riche d'Espagne.
606 Ribadeo - Parador DGT. Réserve nationale de saumons.
626 Foz.
670 Vivero. C - Un motel à Sacido.
709 Ortigueira (1 600 h.) - Plage de Morouzos. Été : fameuse romería à la « ermita de Teixido ». Chants et danses typiques.
753 Valdoviño. C - Plage de Frouxeira.
740 El Ferrol (80 000 h.) C - Parador DGT. Plages de S. Jorge et Cobas.
733 Betanzos (7 200 h.) - Août : fête de « Los Caneiros » : barques décorées qui remontent la magnifique Ría.
756 La Coruña (188 000 h.) C - Plages de Riaza et Orzán ; du Panote et d'Oza. 16 juillet : procession maritime de la Virgen del Carmen ; 3 au 10 août : fêtes, opéra, ballets, corridas de María Pita ; 10 au 17 août : romerías dans les environs (costumes, danses et chants galiciens).
808 Malpica. C - Plage d'Area Maor.
845 Camariñas (1 700 h.) - Ría.
852 Corcubión (1 600 h.) C - Cabo Finisterre.
832 Muros (15 000 h.).
802 Noya (16.000 h.).
On est à 33 km de Santiago. 25 juillet : fête de Saint-Jacques de Compostelle.
813 Villagarcía de Arosa (23 000 h.) - Ría de Arosa.
825 Cambados - Parador DGT.
838 Villalonga - 24 juin : les paysans vont se baigner à la plage de La Lanzada.
843 La Toja. C - Île merveilleuse ; centre touristique.
835 Sangenjo.
815 **Pontevedra** (50 000 h.) et sa Ría - Plage de Marín. Second dimanche d'août : fête de Na Sa de la Peregrina.
849 **Vigo** (180 000 h.) et sa Ría. C - 28 mars : fête de la libération de la ville lors de la guerre d'indépendance. 1er dimanche d'août : fête du Cristo de la Victoria. Misa del Mar, en mer, en l'honneur de la Virgen del Carmen. Dernier dimanche d'août : romería au Monte de Santa Tecla.
858 Bayona - Parador DGT.
878 Tuy - Parador DGT. ·

Le chemin de saint Jacques *(El Camino francés)*

Les trois grands itinéraires français qui viennent de Paris, de Vézelay ou du Puy se rejoignent au nord de Saint-Jean-Pied-de-Port et franchissent les Pyrénées au col de Roncevaux, en direction de Pamplona (54 km) et de Puente La Reina (+ 24). C'est là que les rejoint le quatrième, venu d'Arles par Montpellier, Toulouse, Oloron, le col du Somport, Canfranc, Jaca (+ 31), Yesa (+ 61) et Sangüesa (+ 13).

A partir de Puente La Reina, la route des pèlerins passe par Estella (+ 20), Los Arcos (+ 18) et Logroño (+ 28), puis par Najera (+ 26), Santo Domingo de la Calzada (+ 12), Belorado (+ 22) et Burgos (+ 47). On repart sur Castrojeriz (+ 53), Fromista (+ 27), Carrión de los Condes (+ 18), Sahagún (+ 43), Mansilla de las Mulas (+ 50) et León (+ 18).

Au-delà, on trouve Astorga (+ 47), Ponferrada (+ 65), Villafranca del Bierzo (+ 20), Piedrafita (+ 31), Sarria (+ 52), pour arriver enfin par Palas de Rey (+ 60) et Arzua (+ 33) à Santiago de Compostela (+ 38).

Quelques raccourcis (évitables) mis à part, cet itinéraire emprunte toujours des routes. Et il permet de découvrir une impressionnante série de monuments admirables au cœur même de l'Espagne traditionnelle.

Au terme de ce pèlerinage de 750 km vous découvrirez Santiago (Saint-Jacques) de Compostela (champ de l'étoile) ; vous visiterez la cathédrale et son célèbre narthex roman *(pórtico de la Gloria)* dû au maître français Mathieu. Voir aussi le cloître et le musée, la Plaza de España, l'hôpital des Rois catholiques (portail platéresque), la Collégiale del Sar (cloître roman) et les célèbres *rúas* à arcades *(soportales)* du centre.

L'itinéraire de Lazarillo

240 km. Très simple, aisé à parcourir de bout en bout : Tejares-Salamanca, Ávila (+ 99), Almorox (+ 80), Escalona (+ 8), Maqueda (+ 12), Torrijos (+ 13), Toledo (+ 29).

A l'aventure avec Don Quichotte

Facile à suivre aussi dans l'immensité plate de la Mancha. L'action évite les villes et passe leurs noms sous silence. On les donne ici à titre de « conjeturas verosímiles ». Les chiffres renvoient au roman et aux aventures.

1re sortie : Argamasilla (I, 1) ; Campo de Montiel (I, 2) ; Manzanares A.-R.

2e sortie : Argamasilla ; Campos de Criptana (I, 8) ; Alcázar de San Juan et Puerto Lápiche (I, 8) ; Sierra de Valdehierro (I, 10 à 15) ; Puerto Lápiche et Cerro Navajo (I, 18) ; Villarta de San Juan, Manzanares (I, 18) ; Valdepeñas (I, 19) ; Santa Cruz de Mudela et Virtudes (I, 21) ; Almuradiel et el Viso (I, 23) ; Sierra y picacho de la Atalaya (I, 23, 24) ; Manzanares (I, 26) ; Argamasilla (I, 47 à 52).

3e sortie : Argamasilla-El Toboso (II, 7 à 10) ; Venta de Don Quijote (II, 11 à 19) ; Mota del Cuervo, El Pedernoso (ou Pedro Muñoz), Socuéllamos, Sotuélamos, Ossa de Montiel et la Cueva de Montesinos (II, 20 à 23) ; Lagunas de Ruidera...

La trace du héros se perd : il est parti loin vers le nord, l'Èbre, Saragosse, Barcelone. On gagnera à terminer ce pèlerinage cervantin par Ruidera, Alhambra et Manzanares, Alcázar de San Juan et Quintanar de la Orden, d'où l'on rejoindra aisément Madrid.

Chemin de Saint-Jacques

itinéraire de Lazarillo

Sur les traces du Cid

On pourra suivre sur cette carte l'itinéraire parcouru, au cours de son exil, par Rodrigo Díaz de Bivar, surnommé le Cid, tel que le donne le *Poema de Mio Cid*, qui retrace avec exactitude le chemin suivi par le héros et ses compagnons. (Il est intéressant d'avoir l'ouvrage ou une traduction avec soi.) Cet itinéraire des cavaliers d'autrefois est réservé aux audacieux, décidés à prendre la piste au sens propre, à partir *a campo traviesa* (à travers champs), par des chemins de terre ou des routes de troisième ordre. Le gîte n'est pas toujours assuré. Il faut être prêt à coucher au hasard des *posadas* de village, dans les granges ou sous la tente. Moyens de transport : cheval, moto, voiture de style « tous terrains ». La voiture ordinaire, possible, obligera à des itinéraires moins directs.

VERDE

Santander
Santoña
Laredo
ntillana
l Mar
Castro
Urdiales
Bilbao
Ondárroa
Zarauz
Bermeo
Lequeitio
San Sebastián
Irún
Pau
Oloron
St-Jean-Pied-de-Port
Roncesvalles
le Somport
Jaca
San Juan de la Peña
Vitoria
Puente la Reina
Estella
Pamplona
Leyre
Sangüesa Javier
Miranda de Ebro
Santo Domingo de la Calzada
Los Arcos
Bélorado
Nájera
Logroño
Huesca
trogeriz
Burgos
ovarrubias
Lara de los Infantes
Salas
Canicosa
Tudela
Ebro
Lérida
Soria
Zaragoza
Calatañazor
Almenar
Duero
Burgo de Osma
San Esteban de Gormaz
Berlanga de Duero
Ariza
Ateca
Catalayud
Atienza
Sigüenza
Medinaceli
Santa María de Huerta
Daroca
egovia
Castejón sobre Henares
Anguita
Poyo de Mio Cid
Montalbán
Molina de Aragón
Monroyo
Escorial
Guadalajara
Morella
Alcalá de Henares
Albarracín
Villafranca del Cid
Albocácer
MADRID
itinéraires du Cid
Teruel
Villel
Lucena del Cid
Alcora
Castellón
Aranjuez
Cuenca
Santa Cruz de Moya
Segorbe
oledo
Chelva
Sagunto
LA MANCHA
Quintanar de la Orden
Venta de Don Quijote
Mota del Cuervo
El Toboso
Alcazar de S. Juan
El Pedernoso
Valencia
Puerto Lápice
Campo de Criptana
Pedro Muñoz
Socuéllamos
Alcira
Sueca
Júcar
Tomelloso
Argamasilla de Alba
Lagunas de Ruidera
Albacete
Játiva
Gandía
Manzanares
Albaida
Denia
Valdepeñas
Alhambra
Ossa de Montiel
erra
Santa Cruz de Mudela
itinéraires de Don Quichotte
la Atalaya
Almuradiel
Alicante
Guadalquivir
100 km
Murcia
Cartagena

Le plateau central

Le centre de l'Espagne est occupé par un vaste plateau incliné vers l'Atlantique, ce qui explique l'orientation des grands fleuves, *Duero* (Douro), *Tajo* (1 008 km), *Guadiana* qui ont creusé leur lit profond *(cauce profundo)* dans le socle granitique.

La *Sierra de Guadarrama* « épine dorsale de l'Espagne » partage ce plateau *(Meseta)* en deux parties : au nord la Vieille Castille *(Castilla la Vieja)*, ainsi appelée parce que ce fut la première constituée lors de la Reconquête et au sud la Nouvelle Castille *(Castilla la Nueva)*. Ces terres intérieures, séparées du littoral septentrional par la Cordillère Cantabrique, de la vallée de l'Èbre et du littoral levantin par la Cordillère Ibérique, sont des zones sèches, aux hivers rigoureux, aux étés torrides (les nuits sont fraîches). Aussi sont-elles faiblement peuplées : les bourgs - souvent fortifiés en Vieille Castille - sont très éloignés les uns des autres. Lorsqu'on parcourt au mois d'août ces interminables étendues d'argile ocre ou rouge, on a souvent l'impression de traverser un pays désertique.

On y trouve cependant la « triade » méditerranéenne : l'olivier *(olivo)*, la vigne *(vid)* et le blé *(trigo)*, malgré un faible rendement à l'hectare. La pauvreté du sol reste le plus gros obstacle. En effet, l'introduction des machines a renouvelé les méthodes de production (les scènes de *trilla* deviennent rares) en même temps que les barrages *(Mar de Castilla)*, ont permis de lutter contre la sécheresse *(sequía).*

Au printemps, saison fugitive et très belle, on voit les moissons *(mieses)* ondoyer sous le vent aussi bien dans la région de Salamanque et de Palencia que dans celle de Ciudad Real où les moulins à vent rappellent l'ascétique héros de Cervantès, Don Quichotte, *el caballero de la Triste Figura.*

Les pâturages de l'intérieur sont très étendus, mais très pauvres, en comparaison des *pingües* (gras) *pastos* des provinces cantabriques. Ils sont parcourus par les troupeaux de moutons *(rebaños de carneros* ou *borregos)* qui transhument vers les terres plus hautes après la fonte des neiges.

La *Sierra de Gredos* qui prolonge celle de Guadarrama offre le point culminant de la chaîne, le pic d'Almanzor (2 592 m). Le développement des sports d'hiver *(deportes de la nieve)* attire de plus en plus de Madrilènes sur les pentes du Guadarrama. On ne manquera pas d'emprunter, à la belle saison, la route du Col *(Puerto)* qui réserve de beaux points de vue sur la montagne et sur ces *tierras de la Meseta.*

* Refrán : *Nueve meses de invierno y tres de infierno* (caractérise le rude climat continental de la Meseta).

Madrid

La capitale de l'Espagne - la plus haute d'Europe avec 655 m d'altitude - est bien au centre géographique du pays. Mais à l'époque de Philippe II, rien ne laissait prévoir l'essor prodigieux de cette ancienne bourgade mauresque (= Majerit) qui recueille chaque jour l'excédent démographique de la Meseta, aux ressources insuffisantes. Ville aristocratique au XVIIIᵉ s. - époque où Charles III fait construire la plupart de ses monuments -, elle se soulève en 1808 contre l'occupation napoléonienne (cf. tableaux de Goya au musée du Prado). C'est aujourd'hui une grande ville, administrative et industrielle, qui rivalise avec les grandes capitales du monde et... avec Barcelone.

* Dicho : *De Madrid al cielo, y en el cielo un ventanillo para ver a Madrid* (dit bien l'amour des Madrilènes pour leur ville).

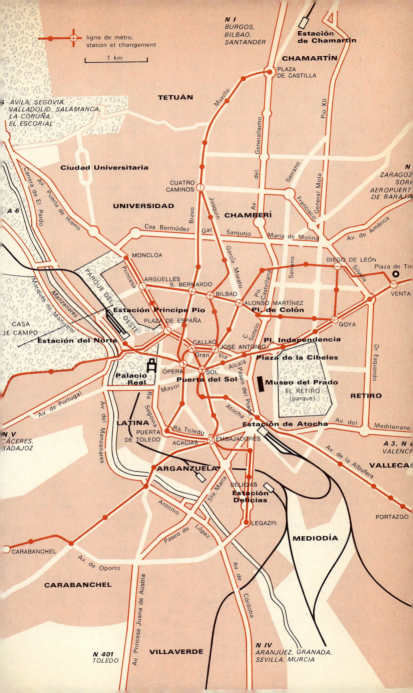

Madrid

Algunos monumentos : (F = fermé)

* Le *Palacio Real* et la *Real Armería* (armures royales, etc.), Plaza de Oriente (de 10 h à 12 h 45 et de 16 h à 18 h 15).
* *La Casa de Lope de Vega* (reconstitution de l'intérieur du grand dramaturge), Cervantes, 11 (de 11 h à 14 h sauf lundi). F : 15/7 au 15/9.
* Le *Convento de las Descalzas Reales,* Plaza de las Descalzas Reales (tous les jours de 10 h 30 à 13 h 30 et de 16 h à 18 h les lundi, mardi, mercredi et jeudi).
* L'« ermitage » de *San Antonio de la Florida* (fresques de Goya), Glorieta de San Antonio de la Florida (de 10 h à 13 h 30 et de 16 h à 19 h, dimanche de 10 h à 13 h 30). F : mercredi.
* Le *Palacio de la Moncloa* (résidence des Chefs d'État étrangers), Ciudad Universitaria (de 10 h à 13 h et de 16 h à 18 h).

Y sobre todo bastantes museos :

* Le **Museo del Prado** (une des plus belles pinacothèques du monde : **A ne pas manquer**), Paseo del Prado (de 10 h à 18 h, dimanche de 10 h à 14 h). F : lundi.
* Le *Museo de América* (art précolombien et hispanique), Ciudad Universitaria (de 10 h à 14 h sauf dimanche).
* Le *Museo Arqueológico Nacional* (Antiquité - Moyen Âge), Serrano, 13 (de 9 h 30 à 13 h 30 et de 16 h à 20 h, dimanche de 8 h 30 à 13 h 30).
* Le *Museo de la Academia de Bellas Artes de San Fernando* (Goya, Zurbarán, etc.), Alcalá, 13 (de 10 h à 13 h 30 et de 16 h à 18 h 30). F : mercredi.
* Le *Museo Sorolla* (œuvres du célèbre peintre), General Martínez Campos 33 (de 10 h à 14 h sauf lundi).
* Le *Museo Estudio del Pintor Zuloaga,* Plaza de Gabriel Miró, 7 (de 10 h à 14 h sauf mardi. Fermé août et septembre).
* Le *Museo de Arte Contemporáneo* (peinture et sculpture actuelles), Ciudad universitaria (de 10 h à 14 h).

* Le *Museo del Ejército* (armes et trophées), Méndez Núñez, 1 (de 10 h à 14 h sauf lundi).
* Le *Museo Naval* (maquettes, cartes, instruments nautiques), Montalbán, 2 (de 10 h à 13 h 30 sauf lundi).
* Le *Museo Nacional de Artes Decorativas* (céramiques, meubles), Montalbán, 12 (de 10 h à 13 h 30 sauf lundi). F : en août.
* Le *Museo Romántico* (meubles et tableaux du XIXᵉ s.), San Mateo, 13 (de 11 h à 18 h, dimanche de 10 h à 14 h). F : en août.
* Le *Museo de la Real Academia de La Historia* (antiquités ibériques, wisigothiques et musulmanes ; tableaux, portraits : Goya), León, 21 (de 10 h 30 à 12 h 30 sauf dimanche).
* Le *Museo Lázaro Galdiano* (riches collections d'objets précieux, bijoux, etc.), Serrano, 122 (de 9 h 15 à 13 h 45).
* Le *Museo Cerralbo* (collection d'objets d'art historiques), Ventura Rodríguez, 17 (de 9 h à 14 h sauf mardi).
* La *Real Fábrica de Tapices* (cartons de Bayeu, Goya, etc.), Fuenterrabía, 2 (de 9 h 30 à 13 h et de 16 h à 19 h sauf samedi).

¿Por dónde se va al Prado?

Se dirige un francés a un transeúnte[1], en Madrid.

Francés - Con permiso, caballero[2]. ¿Por dónde se va al Museo del Prado?

Español - ¿Es usted extranjero, no?

F. Francés por más señas[3].

E. Ya me lo decía. De modo que[4]... francés. Pasé una temporada[5] en su país. ¡Qué carreteras más suaves[6]!

F. Antes, sí. Lo que es ahora[7]...

E. ¿De modo que quiere ir al Prado? Pues, lo mejor será coger un taxi de ésos, o el Metro, o algún autobús.

F. Sí, claro, pero me gustaría dar una vuelta a pie por Madrid, si no hay riesgo de extraviarse[8].

E. Pues mire, yo le voy a acompañar un rato. Voy a ir con usted hasta la Plaza de España.

F. No se moleste[9]...

E. No es molestia[10]. Cae aquí cerca[11]. *(Al poco rato...)* Ya estamos. Este es el monumento a Cervantes, y ahí enfrente tiene Vd. el hotel Plaza. La esquina de la derecha, donde ve usted la entrada del Metro, es la de «José Antonio» o sea la Gran Vía. No tiene usted más que torcer por allí y seguir recto hasta la Cibeles[12]. Allí, pregunte por el Prado.

F. ¿Hay que andar mucho todavía?

E. No mucho. Unos quinientos metros hasta allí arriba, donde está la Plaza del Callao[13]. Luego deja usted a la izquierda la Telefónica[14], y a poco se encuentra el empalme con la Calle de Alcalá[15]. Verá la Cibeles a doscientos metros poco más o menos y el Palacio de Comunicaciones[16] al otro lado de la plaza. Y no tiene más que torcer a la derecha, siguiendo el Salón del Prado[17] hacia abajo, y a unos trescientos metros escasos se encontrará en la misma acera del Museo.

F. ¡Vaya! Un paseo de dos kilómetros y medio, ¿no?

E. Algo así. Y vale la pena darlo, porque Vd. va a ver lo más moderno del centro de Madrid.

1. s'adresse à un passant.
2. Pardon, Monsieur...
3. ...plus précisément.
4. Ainsi...
5. J'ai passé une saison, un certain temps...
6. les routes espagnoles sont parfois un peu raboteuses.
7. Autrefois, oui, mais maintenant...
8. risque de s'égarer.
9. Ne vous dérangez pas.
10. Ce n'est pas un dérangement = Je le fais avec plaisir.

11. Elle est tout près.
12. La statue et la place de Cibèle : un centre nerveux du Madrid moderne.
13. Le point le plus haut de la Gran Vía.
14. L'immeuble de la Compagnie des Téléphones, le plus ancien gratte-ciel de Madrid.
15. Artère centrale de la « Villa y Corte ». Unit la Puerta del Sol à la Cibeles.
16. La Grande Poste de Madrid.
17. La partie du Paseo del Prado qui va de la Cibeles au Musée.

Campaña de Seguridad
Sobre la Marcha.

Frases

Ya me lo decía : Je me le disais bien.
cf. **Ya lo sé** : Je le sais bien. - Ya, ya... : Bien, bien...

Éste es el monumento. - Ahí tiene usted el hotel.
Éste es... ou Aquí está... ou Aquí tiene usted... = Voici...
Ése es... ou Ahí está... ou Ahí tiene usted... = Voilà...

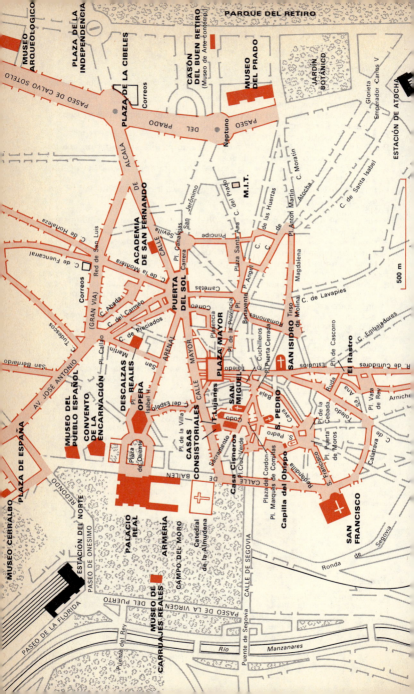

Teodoro - Si quiere Vd. le llevo por un sitio muy pintoresco.

François - ¿Cuál?

T. El que cruza el mismo riñón[1] del Madrid castizo[2]. Se lo voy a enseñar[3], y me dirá usted si vale o no la pena. *(Salen de la esquina Sur de la Plaza de España y cogen por la Calle de Bailén.)*

F. ¡Huy! ¡Qué perspectiva tan estupenda[4]!

T. Sí ¿eh?

F. ¿Qué jardín es ése, en primer término?

T. El del Palacio Real, llamado ahora Nacional.

F. Y ¿qué vemos, más abajo?

T. El parque del mismo, llamado «El campo del Moro», que va bajando hacia el Manzanares, invisible entre la arboleda[5].

F. ¿Manzanares?

T. Sí, el río de Madrid, o más bien aprendiz de río[6], navegable a pie y a caballo, que dijo un satírico.

F. ¿Qué «selva»[7] es ésa, en la otra ladera?

T. ¡Selva no! hombre : la Casa de Campo, y allá, a lo lejos[8] tiene usted el Guadarrama, todavía nevado, a pesar del calor[9], ya que alcanza[10] más de 1400 metros de altitud.

F. Magnífico. Y ¿ese edificio, aquí cerca?

T. El Palacio Nacional, casi tan bello como Versalles, y mucho mejor ubicado[11].

F. Ya lo creo[12]. ¡En plena ciudad y con esa vista!

T. Allí vivió José Bonaparte, el hermano de Napoleón, que le escribió diciéndole «Estoy alojado mucho mejor que tú»[13].

F. La fachada[14] principal no lo desmiente.

T. Da a la Plaza de Oriente, donde estamos ya. ¿Ve usted la Ópera en el fondo de la misma? A su derecha, continuando el palacio, tiene usted la Armería Real, con su gran colección de armas antiguas.

F. ¿Y esa iglesia?

T. Nuestra señora de la Almudena.

F. Ahora ¿qué es esa cuesta tan pendiente[15]?

T. ¿Qué va a ser? La Cuesta de la Vega, con Manzanares en el fondo. Andando tres pasos más, dominamos toda la famosa Cuesta de Segovia y a su pie se divisa el puente que también se llama así.

1. qui traverse le cœur même...
2. du vrai Madrid, du Madrid typique (souvent le contraire de « typical »).
3. Je vais vous le montrer.
4. Quel superbe coup d'œil.
5. la futaie.
6. « apprenti-rivière », audacieuse formule de Quevedo.
7. forêt (un Espagnol aurait dit : bosque : bois).
8. là-bas, au loin...
9. encore couvert de neige malgré la chaleur.
10. il atteint. - 11. mieux situé.
12. Je crois bien!
13. « Je suis beaucoup mieux logé que toi. »
14. façade. - 15. raide.

✳✳✳✳✳✳✳✳✳✳✳✳✳✳✳✳✳✳✳✳✳✳✳✳✳✳✳✳✳✳✳

Frases castizas

Allí vivió José Bonaparte = **C'est là qu'a habité** Joseph Bonaparte.
Comparez avec : **José Bonaparte vivió allí** : Joseph Bonaparte a habité là.

¿Qué jardín es **ése**?   Quel est ce jardin **(là)**?
¿Qué selva es **ésa**?   Quelle est cette forêt **(là)**?

Le taxi

* Où trouver un taxi? Dans les stations, signalées par un panneau bleu frappé d'un T, et, assez souvent, dans la rue... avec un peu de chance. Les taxis pullulent dans les grandes villes. On les reconnaît partout à leur plaque spéciale (S.P. = *Servicio público*). A Madrid et à Barcelone, on les repère de loin grâce à la couleur de leur carrosserie, rouge et noire ici, jaune et noire là. Le jour, les taxis libres montrent à leur pare-brise un écriteau : LIBRE. La nuit, en plus du « chapeau » blanc éclairé qui permet de le reconnaître, le taxi libre porte, sur le côté droit de son toit, un petit feu vert allumé. Il l'éteint à la prise en charge.

* Ce qu'il faut payer. D'abord, la prise en charge *(bajada de bandera)*, qui se fond dans la somme indiquée par le compteur *(el taxímetro)*, puis, le cas échéant, la taxe pour transport de bagages.

Pourboire : on donne, comme en France, environ 10% de « *propina* ».

* Conseils. Les taxis sont assez bon marché en Espagne. Ne vous privez pas de leurs services et laissez votre voiture au garage de l'hôtel ou au parking : vous gagnerez du temps et vous aurez... l'occasion de *practicar el idioma*.

Si vous devez vous rendre à la gare, procurez-vous un taxi à l'avance. Par temps de pluie, ils sont pris d'assaut et introuvables, comme à Paris.

A Barcelone ou à Madrid, si vous craignez d'être en retard, prenez le métro, surtout aux heures de pointe *(horas punta)*, où les villes espagnoles n'échappent pas plus que les autres aux *atascos* (bouchons) et aux embouteillages *(embotellamientos de tráfico)*.

* Déplacements « extra muros ». S'il n'y a pas de service d'autocar à l'heure désirée, il peut être intéressant de prendre un taxi à trois ou à quatre personnes pour faire le trajet. Demandez le prix à l'avance, en vous renseignant sur le tarif kilométrique, et voyez si, dans le prix fixé, le retour à vide est compris *(todo incluído)*.

CARRERA DE SAN JERÓNIMO. No lo digo por fanfarronear, pero yo un año crucé a la otra acera.

¡Taxi!

De noche en la parada[1] de taxis, Sylvie, Jean, Elena y Pedro.

Elena - Es terrible el tráfico[2] que hay esta noche. La de coches que[3] va desfilando. ¡Y ni un mal[4] taxi libre!

Sylvie - Vamos a estar aquí esperando en vano. No creo que tengamos suerte[5].

Pedro - No es que no haya taxis, pero todos van llenos.

E. Mira, fíjate[6] : por allí viene uno[7] con la luz verde encendida. Hazle señas. Hay que cogerlo, que si no[8], no llegaremos con tiempo.

P. Seguidme vosotros... ¡Taxi! ¡taxi! *(Se para el taxi.)*

Taxista - Buenas noches...

P. ¿Nos puede usted llevar a la estación de Atocha? A todo gas[9], ¡eh!

T. Es que yo termino el servicio y no voy por allí. Además, con tanto tráfico[10].

E. Por favor[11], señor. Tenemos que esperar a un amigo francés, y si tardamos más llegaremos con retraso[12]. Le daremos una buena propina[13].

T. Bueno. Suban aprisa. Depende de los atascos, pero se hará lo que se pueda.

S. Muy amable es usted.

A los pocos minutos, llegan a la Estación.

T. ¿Qué les parece a ustedes? Hemos cumplido ¿no?[14]

P. Enhorabuena[15]. Todavía nos quedan[16] unos minutos. ¿Cuánto le debo?

T. Pues lo que marca el contador : son[17] ciento cincuenta pesetas.

P. Aquí las tiene con la propina prometida.

T. Muchísimas gracias.

1. la station.
2. la circulation.
3. Quelle masse de voitures !
4. Pas un méchant taxi de libre !
5. ...que nous ayons de la chance.
6. Regarde !
7. En voilà un qui arrive par là.
8. sans quoi...
9. à toute vitesse.
10. Avec toute cette circulation...
11. Je vous en prie.
12. en retard.
13. un bon pourboire.
14. Nous avons tenu parole, hein ?
15. A la bonne heure ! Félicitations !
16. Il nous reste encore...
17. Cela fait (indique le prix total).

✳✳✳✳✳✳✳✳✳✳✳✳✳✳✳✳✳✳✳✳✳✳✳✳✳✳✳✳✳✳

Locutions

Todos van llenos.
Ils sont (**vont**) tous pleins.

Este viene de vacío.
Celui ci est (**vient**) à vide.

L'emploi métaphorique du « semi-auxiliaire » voulu par la situation est à la fois commode et très espagnol.

L'expression hyperbolique :

¡La de coches !
Que de voitures !

¡Vaya tráfico !
Quelle circulation !

¡Y ni un mal taxi libre !
Et pas un méchant taxi de libre !

Tout ce... Toutes ces...

¡Con tanto tráfico y tanto coche... !
Avec toute cette circulation et toutes ces voitures... !

Remarquez l'emploi de « tant de » pour « tous ces » et la tendance à user de la forme collective (**tanto coche**, plus « fort » que **tantos coches**).

Gracias.
Merci.

Muchas gracias.
Grand merci !

Muchísimas gracias.
Très grand merci !
Merci mille fois !

On ne remercie que pour un service rendu, une gentillesse. Mais on remercie bien !

Environs de Madrid

Secteur nord-est

1. A.-R. (110 km) : Madrid **Alcalá de Henares** (29 km), Guadalajara (+ 26) et retour.
2. Circuit (283 km) : **El mar de Castilla** : Madrid, **Alcalá de Henares** (29 km), Guadalajara (+ 26), Horche, Tendilla et Sacedón (+ 56), on longe « **el mar de Castilla** » ou embalse de Entrepeñas Buendía jusqu'à Buendía (+ 20). **R.** à Sacedón (+ 20), Sayatón (+ 30), Almoguera (+ 20), Driebes, Villarejo de Salvanés (+ 33), Madrid (+ 49).

Secteur sud-est

3. A.-R. (330 km) : Madrid, Tarancón (82 km), **Cuenca** (+ 83) et retour.
   Variante (402 km) : Si on pousse de **Cuenca** (165 km) jusqu'à **La Ciudad Encantada** (+ 36).
3 *bis*. Circuit du **Júcar** (427 km) : Madrid, Tarancón (82 km), **Cuenca** (+ 83), **Ciudad Encantada** (+ 36), descente du **Júcar** jusqu'à Olivares. **R.** par Villares del Saz, Montalbo (+ 32), Tarancón (+ 23), Madrid (+ 82).
3 *ter*. (485 km) : On peut compléter en poussant de Olivares jusqu'à Valverde de Júcar et Buenache (+ 30) pour découvrir l'immense **embalse de Alarcón** (50 km de long !).

Secteur sud

4. A.-R. (94 km) : **Aranjuez** (47 km) *château,* jardins, *Casa del Labrador,* le Tage.
5. A.-R. (140 km) : **Toledo** (70 km), la ville musée, patrie d'adoption du Greco : Casa del Greco, église de San Telmo, museo de Santa Cruz, Santa María la Blanca, El Tránsito, San Juan de los Reyes, les ponts, le site, les cigarrales.

Se nos están infiltrando muchas costumbres extranjeras. Mi mujer ya quiere que vengamos al Museo del Prado.

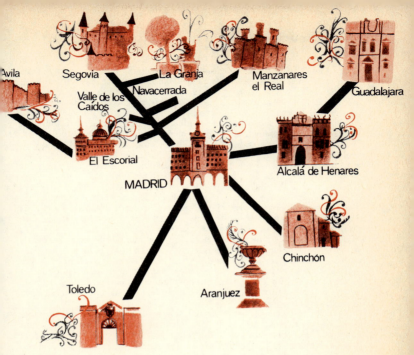

Ávila
Segovia
La Granja
Navacerrada
Manzanares el Real
Guadalajara
Valle de los Caídos
El Escorial
MADRID
Alcalá de Henares
Chinchón
Toledo
Aranjuez

Secteur nord-ouest

6. A.-R. (98 km) : **El Escorial** (49 km) et la Silla de Felipe II.
7. Circuit (246 km) : **El Escorial** (49 km), Guadarrama (+ 11), **Puerto de Guadarrama** et San Rafael (+ 14), Villacastín (+ 21), Ávila (+ 29). **R.** par Barraco (+ 28), *el embalse de Burguillos* et El Tiemblo (+ 20), Guisando (v. *« los toros »*), San Martín de Valdeiglesias (+ 30), Pelayos (+ 6), *el embalse de San Juan* et Navas del Rey (+ 9), Villaviciosa de Odón (+ 13), Cuatrovientos et Madrid (+ 16).
8. A.-R. (238 km) : **Ávila** (110 km) : Faire le tour des « cubos » (tours des remparts). Tres cruces (vue).
9. Circuit (198 km) : **El Escorial** (49 km), Guadarrama (+ 11), Colonia Apeadero (+ 4), **Puerto de Navacerrada** (+ 13), **La Granja** parc et château (+ 17), **Segovia** (+ 11). **R.** par **San Rafael** (+ 34), **El Puerto** et le village de **Guadarrama** (+ 10), Villalba (+ 9) et l'autoroute sur Madrid (+ 40).
10. Circuit (173 km) : Villalba (40 km), Navacerrada (+ 13), **Puerto de Navacerrada** (+ 7), vallée et monastère de **El Paular** (+ 27), Puerto de Morcuera et Miraflores de la Sierra (+ 25), Soto del Real (+ 9), **Manzanares el Real** par *el embalse de Santillana* (+ 8). **R.** par *Colmenar Viejo* (+ 14), Fuencarral (+ 23), à Madrid (+ 7).
11. Madrid-**Salamanque**, A.-R. (240 km) : On ne manquera pas d'aller voir Salamanque, ville universitaire et ville d'art par excellence, chef-d'œuvre d'équilibre et d'harmonie, d'une extraordinaire couleur vieil or ou pêche mûre. Il faut avoir vu sa *Plaza Mayor*, une des plus belles du monde, son université, sa cathédrale, ses palais et… sa foire aux bestiaux (mi-septembre), sur les bords du Tormes.

L'Andalousie

C'est l'une des grandes régions de l'Espagne. Elle comprend trois *provincias* intérieures : *Sevilla, Córdoba* et *Jaén* et cinq littorales : *Huelva, Cádiz, Málaga, Granada* et *Almería.* Elle est constituée essentiellement par le bassin du *Guadalquivir,* ainsi baptisé par les Arabes (= *oued el-Kebir,* le grand fleuve), qui est limité au nord par la *Sierra Morena* et au sud par le système Pénibétique (*Betis* fut le nom donné au fleuve par les Romains). Dans cette chaîne qui court le long de la côte jusqu'au détroit de Gibraltar (*djebel Tarik,* montagne de Tarik) et qui se prolonge en Afrique, la « sierra » la plus importante est la *Sierra Nevada,* aux neiges éternelles comme son nom l'indique, où se trouve le plus haut sommet de la péninsule : le *pico de Mulhacén* (3 481 m).

Le climat de l'Andalousie est doux en hiver, mais les étés y sont très chauds, notamment dans la région sévillane, surnommée « *la sartén* » (la poêle à frire). La partie orientale est sèche et le décor *almeriense* a permis de tourner de nombreux « westerns », alors que l'ouest, bénéficiant de l'influence de l'Atlantique, est assez arrosé.

L'Andalousie est un pays agricole où dominent l'olivier (*olivares de Jaén*) et la vigne aux crus célèbres (cf. Vinos, p. 102). On y trouve des cultures à caractère subtropical : bananes (*plátanos*), canne à sucre (Málaga, *zafra* célèbre à Motril), dattes (*dátiles*)..., et aussi des richesses minières : charbon de Peñarroya, Pueblonuevo del Terrible et Bélmez, cuivre de Tarsis, Ríotinto et Nerva, plomb, fer, argent, or à Almería, d'où l'on extrait aussi le sel.

La *Vega* de Grenade, arrosée par le Darro et le Genil, est un véritable verger aux cultures variées, au pied des montagnes enneigées. Et l'on comprend que les Arabes aient quitté à regret cette région et le splendide palais-forteresse de l'Alhambra. A l'entrée de la Vega, vous découvrirez l'endroit où le dernier roi maure, Boabdil s'est retourné en se lamentant (*El suspiro del moro*) et en abandonnant son beau rêve andalou.

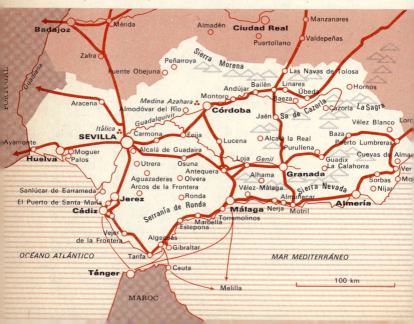

Séville — *Quien no ha visto a Sevilla no ha visto maravilla.*
Qui n'a pas vu Séville n'a pas vu de merveille.

Ce dicton, connu de tous les Espagnols, dit assez dans quelle admiration nos voisins tiennent la capitale de « *la tierra de María Santísima* ».

Il faut voir Séville. On appréciera son charme ensorceleur, le fameux *embrujo*, en se promenant à loisir, à pied ou en calèche à cheval (pas en auto, surtout, vous n'en sortiriez pas !) dans les ruelles impeccables et fleuries de son *Barrio de Santa Cruz* (le quartier ancien, aristocratique, proche de la cathédrale). Il faudra, aussi, s'attabler aux terrasses des cafés, parcourir d'un pas nonchalant la *Calle de las Sierpes,* la plus sévillane de toutes, que des *toldos* (velums) de toile protègent du soleil, flâner sur la *Alameda de Hércules* (la Promenade d'Hercule, fondateur de la ville), visiter le prodigieux *Alcázar* de Pierre le Cruel et s'attarder dans ses jardins de rêve, rêver encore, de l'or des Indes cette fois, devant la *Torre del Oro,* sur les bords du Guadalquivir, parcourir l'immense et splendide cathédrale bâtie par des chanoines « fous » (ils avaient eu l'ambition déclarée de passer pour tels) et gravir les rampes de la Giralda, que le roi maure montait à cheval, pour admirer la ville étendue à vos pieds.

Il faudra aussi voir les environs : Jerez, le « campo », la maremme où les taureaux paissent en liberté (très surveillée, soyez tranquille).

Quelques excursions autour de Séville

* Sevilla, Ecija (78 km), Córdoba (+ 60), Posadas (+ 30), Palma del Río (+ 20) et retour par Ecija (+ 31) à Sevilla (+ 78).

* Moguer (90 km), Palos (+ 12), Mazagón et La Rábida (+ 6), Huelva (+ 42) et retour à Sevilla (+ 94).

* Dos Hermanas (14 km), Sanlúcar de Barrameda (+ 75), Rota (+ 24), Jerez (+ 23) et retour par Dos Hermanas (+ 83) à Sevilla (+ 14).

* Dos Hermanas (14 km), Jerez (+ 83), Puerto de Santa María (+ 17), Cádiz (+ 39), San Fernando (+ 15), Vejer de la Frontera (+ 37), Medina Sidonia (+ 26), Arcos de la Frontera (+ 39), Bornos (+ 15), Sevilla (+ 90).

Grenade — *Quien no ha visto a Granada no ha visto nada.*
Qui n'a pas vu Grenade n'a rien vu.

Ne manquez pas, non plus, la visite de Grenade ; le palais de l'Alhambra est une pure merveille comme les jardins du Generalife (attention : jours et heures pour les grandes eaux). Il faut flâner et admirer, de là, les blanches villas *(cármenes)* de l'Albaicín et le Sacro Monte, haut lieu de la gitanerie... souvent *sofisticada !* (Les *zambras* que l'on vous proposera n'ont rien d'authentique et les prix des consommations sont exorbitants.) Préférez plutôt la cathédrale où se trouvent les mausolées des Rois catholiques et, au coucher du soleil, montez à la *silla del moro,* en Sierra Nevada.

Cordoue

Le périple andalou ne saurait se terminer sans une étape à Cordoue, célèbre par sa mosquée, ses cuirs ouvragés et ses bijoux en filigrane d'or et d'argent. Ses *patios* sont les plus beaux d'Espagne et ses petites rues, entre des maisons blanchies à la chaux, avec d'admirables grilles en fer forgé « sur fond de géraniums », sont d'un charme inoubliable.

L'Andalousie

La Semaine sainte

Tous les ans, de grandioses cérémonies marquent l'ouverture de la Semaine sainte. A Madrid, par exemple, la cérémonie des Rameaux est marquée par un grand défilé religieux à travers les rues. Les participants, enfants, femmes et hommes, portent des croix, des lauriers et les traditionnelles *palmas* blanchies (que l'on trouvera ensuite, dans toute l'Espagne, accrochées aux balcons des maisons).

Les étrangers qui viennent en Espagne assister à la Semaine sainte sont de plus en plus nombreux. Les agences de voyages aiguillent leurs troupes de touristes plutôt vers les villes du Sud (Sevilla, Málaga, Granada...) où les cérémonies ont une couleur et un faste indéniables (entretenus par les rivalités entre les confréries, *cofradías*) que vers les villes du Centre (Valladolid, Zamora, Cuenca...) où la ferveur est assurément plus profonde. Dans ces dernières « il serait inconcevable de lancer un *piropo* (compliment) à la Vierge comme à la jolie voisine du coin » (A. MAS).

N.B. Il sera donc prudent de retenir votre chambre à l'hôtel si vous ne faites pas partie d'un voyage organisé. Les bureaux du tourisme parviennent à dépanner les insouciants et proposent parfois des chambres chez l'habitant, ou dans des résidences d'étudiants (alors en vacances).

Les processions

En voyant défiler les statues religieuses *(imágenes)*, parées de bijoux et d'étoffes somptueuses, les pénitents encapuchonnés *(encapuchados)* traînant des chaînes ou portant de lourdes croix, il serait permis de s'interroger sur le sens de ces cérémonies qui peuvent sembler d'un autre âge.

Mais devant ce spectacle toujours pittoresque, sinon émouvant - sauf lorsque le cri de la *saeta* déchire la nuit -, on se gardera de défendre ou de condamner ces survivances d'un passé qui fut commun à tous les pays de la chrétienté.

Ce serait une erreur de réduire le catholicisme espagnol à ces démonstrations populaires, mais populaires elles le sont vraiment. Peu de Sévillans pourraient se résoudre à ne pas assister au moins au passage des pénitents de leur paroisse, faute de pouvoir revêtir eux-mêmes l'habit des encapuchados et se coiffer du *cucurucho* de rigueur pour défiler, le cierge en mains, à la suite de leur *paso* (groupe statuaire en bois sculpté polychrome, porté à dos d'hommes ou tiré sur un char, représentant le plus souvent un épisode de la Passion). C'est à Valladolid et à Murcie que se trouvent les plus beaux « pasos », mais les plus célèbres sont à Séville.

Pasos famosos :

en Sevilla : Imagen de la Dolorosa (se atribuye a Montañés).
La Virgen de la Macarena (= de la Esperanza).
La Oración del Huerto (de Roldán).
Jesús de la Pasión (obra cumbre de Montañés).
Jesús del Gran Poder (una de las más populares).

en Granada : La Virgen de las Angustias (de Ruiz Peral).

Saeta : ¿Dónde va(s), hermoso clave(l)
caminando, gran Jesús ?
¡Ya no puedes con la Cruz
siendo tú el del gran Pode(r) !

La feria de Sevilla

Quelques semaines après les innombrables processions de la Semaine sainte, c'est la *Feria* bruyante et multicolore qui s'installe à Séville, apportant une note gaie et typique à chaque heure de la journée, avec la succession de courses de taureaux où les *matadores* les plus célèbres affrontent des bêtes de race.

Le matin, c'est la promenade à cheval : les cavaliers exhibent des montures richement harnachées *(enjaezadas)* emmenant sur la croupe de leur petit cheval barbe *(jaca)* ou de leur bel alezan *(alazán)* une jeune fille portant le costume andalou *(vestido con lunares y volantes,* robe à pois et à volants). Les femmes plus âgées, parées de leurs plus beaux atours *(galas)* sont promenées en voiture (des attelages prestigieux).

Au début de l'après-midi ce sont les enfants qui envahissent la Feria : manèges *(tíovivos),* tirs à la cible *(tiros al blanco)* et autres amusements les retiennent tandis que les *aficionados* (amateurs) se précipitent aux arènes *(a los toros).*

Après les courses, c'est à nouveau le *paseo* dans une atmosphère de liesse et le règne de la *caseta,* « maisonnette » de toile de couleur où l'on reçoit les amis et connaissances, invités à goûter au jambon, aux olives et à boire le vin généreux du pays. Chansons, airs de guitare s'élèvent de tous côtés jusqu'à une heure avancée de la nuit.

Dans le *ferial* (champ de foire) voisin, les tractations vont bon train pendant toute la journée et le comportement des maquignons *(chalanes),* gitans ou non, est un véritable spectacle. Une foire, en Espagne, est vraiment digne d'être vue ! Mais gare aux *carteristas* (pickpockets) !

El Rocío

La Fête-Dieu *(Corpus)* en juin et la fête de la *Virgen de los Reyes* (15 août) ont beaucoup de pompe *(« tronío »)* à Séville, mais elles ne doivent pas faire oublier la plus célèbre « *romería* » (on hésite à traduire « pèlerinage ») andalouse, celle de la Vierge du « Rocío » qui se situe à l'ermitage *(la ermita)* de la *Blanca Paloma,* en pleine *Marisma.*

Les joyeux pèlerins quittent Séville, à cheval, ou en charrettes à bœufs ornées de fleurs, au milieu des rires, des cris et des chansons. La charrette qui ferme le cortège transporte la statue. A l'arrivée à Almonte il se forme un pittoresque campement et à l'aube du lundi de Pentecôte a lieu, dans une ferveur unanime, la célèbre procession suivie d'une journée de réjouissances en plein air dans une atmosphère de liesse.

Autres fêtes régionales (voir calendrier p. 172).

Les îles Canaries

Si vous rêvez d'îles enchantées, de blonds rivages, du printemps éternel, de paysages merveilleux, vous vous rendrez aux îles Fortunées ou îles Canaries, qui vous offriront tout cela *a pedir de boca*.

A 3 h 45 mn de Paris et de Genève, 5 h de Bruxelles, 2 h 30 mn de Madrid par avion, l'archipel des Canaries (7273 km² - 600 000 h.) est situé dans l'océan Atlantique, à l'ouest de la côte africaine (115 km du cap Juby) et à un peu plus de 4 degrés au-dessus du tropique du Cancer. Cette situation subtropicale en pleine mer assure aux îles un climat particulièrement agréable et doux pendant toute l'année (température rarement inférieure à + 18 °C en janvier et exceptionnellement supérieure à + 25 °C en juillet).

L'archipel comprend sept îles, dont deux principales : La Grande Canarie *(Gran Canaria)* et *Tenerife.* Les autres sont : *Fuerteventura, Lanzarote, Gomera, La Palma* et *Hierro.* Les deux grandes villes sont : Las Palmas de Gran Canaria et Santa Cruz de Tenerife.

Malgré leur origine volcanique commune, elles offrent les aspects les plus variés, des neiges éternelles du Teide (3 715 m), montagne la plus haute d'Espagne, aux déserts de sable, en passant par les cratères éteints de leurs volcans, leurs forêts de châtaigniers, leurs falaises impressionnantes, leurs immenses bananeraies, leurs longues plages ombragées parfois de pins ou de palmiers.

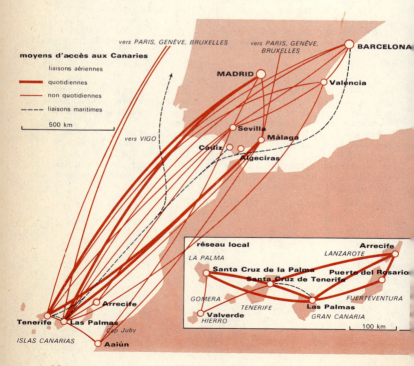

Moyens d'accès

AVION

Plusieurs vols par jour (Caravelle ou DC8 et 9) au départ de Madrid (Barajas) pour Tenerife (Los Rodeos), via Málaga, Arrecife et Las Palmas (Gando). Plusieurs vols hebdomadaires avec escales à Sevilla, Málaga, Casablanca, El Aaiún. A partir de Barcelone, un avion par jour à destination de Tenerife, via Sevilla.

✱ **Au départ de Paris**
- *Paris-Orly S.* : 4 vols hebdomadaires à destination de Tenerife, en DC8 ou Boeing 727 Iberia ou Air France.
- 2 vols hebdomadaires à destination de Las Palmas en Boeing 727 (samedi : vol direct - lundi : escale à Bordeaux).
  Pour tous renseignements, cf. : Le voyage par air, p. 28.

✱ **D'une île à l'autre**, le meilleur moyen de transport est encore l'avion *(Interinsulares canarios)* : nombreux vols quotidiens de Las Palmas à Arrecife, à Fuerteventura et à Santa Cruz de la Palma (île de La Palma), sans compter les 17 ou 18 vols quotidiens (A.-R.) entre Las Palmas et Santa Cruz de Tenerife.

BATEAU

De très nombreuses organisations touristiques vous proposent des croisières-séjours qui permettent des escales à Lanzarote, à Las Palmas ou à Santa Cruz de Tenerife, avant de reprendre la mer pour Madère et les ports européens. Les bateaux partent soit de Marseille, soit, le plus souvent, de Gênes.

La *Compañía Trasmediterránea,* assure une liaison régulière avec les îles au départ de plusieurs grands ports espagnols.

✱ **Avec votre voiture par trasbordador** (car-ferry)

A partir de Barcelone ou de Cadix, un car-ferry *(buque trasbordador)* du plus grand confort (piscine, air conditionné...) assure les trajets suivants :

1. Barcelone - Algeciras - Tenerife - Las Palmas (1 départ en août ; 2 départs en septembre, octobre, novembre ; 3 départs en décembre).

2. Barcelone - Algeciras - Las Palmas - Tenerife (1 à 3 départs par mois).
   La traversée dure 3 jours et 3 nuits jusqu'au premier port canarien, 4 jours et 4 nuits pour atteindre le second.

3. Cadix - Las Palmas - Tenerife (4 à 7 départs (A.-R.) par mois). Il faut un peu plus de 1 jour et 2 nuits pour atteindre le premier port canarien, un peu moins de 3 jours et 3 nuits pour rejoindre le second.

✱ **Avec votre voiture en cale,** par des bateaux mixtes.
Vous avez le choix entre les formules suivantes :

1. Barcelone - Tarragone - Valence - Santa Cruz de la Palma - Tenerife - Las Palmas, en 6 jours et 7 nuits.

2. Séville - Arrecife - Las Palmas (en 3 jours et 4 nuits) - Tenerife - Santa Cruz de la Palma.

3. Bilbao - Gijón - Villagarcía - Vigo - Arrecife - Las Palmas (en 8 jours et 10 nuits) - Tenerife - Santa Cruz de la Palma.

UN CONSEIL : Retenez vos places à l'avance ! Vous pouvez effectuer une réservation 6 mois avant votre départ.

Les îles Canaries

Île de Tenerife

La plus grande de l'archipel (2 053 km²), l'île du « printemps éternel », dominée par le Teide, jouit d'un merveilleux climat. Le chef-lieu, *Santa Cruz* (200 000 h.), bâti sur un versant en pente douce est le premier port espagnol pour le trafic des marchandises et le mouvement des navires.

Les plages (Las Teresitas, Las Gaviotas) sont au pied même de la ville, dont l'aéroport international de Los Rodeos est distant de 9 km.

Localités intéressantes

* *La Laguna,* dans un magnifique paysage. Important centre touristique de Bajamar et de Punta Hidalgo.

* *La Orotava,* au centre de la célèbre vallée qui porte son nom, un des fleurons de l'île. C'est à partir de la Orotava qu'on visite les « Cañadas del Teide », énormes dépôts de lave autour d'un cratère de 8 km de circonférence. Un téléphérique vous permettra d'atteindre la cime du Teide en 14 minutes... à moins que vous ne préfériez en faire l'ascension depuis le Parador de las Cañadas de Teide.

* *Puerto de la Cruz* est le complexe touristique le plus célèbre des Canaries. Ne manquez pas d'aller prendre un bain de soleil au solarium de la piscine San Telmo au milieu des fleurs et des plantes tropicales !

* *Icod,* célèbre par ses vins, sa belle plage de San Marcos et son « dragonnier » plusieurs fois millénaire.

* *Los Cristianos,* village de la côte sud, très abrité et propice au tourisme d'hiver.

* *Las Galletas,* au sud, offre une plage plus retirée.

* Les petites villes de la côte Est, sont aussi très agréables : *Granadilla,* où l'on récolte les plus belles oranges de l'île, *Arico* « la blanche », *Fasnia,* dans son paysage volcanique, *Guimar,* entourée de profonds ravins, *Candelaria,* lieu de pèlerinage où l'on peut contempler le trône de la Vierge, patronne des îles, *Playa de las Américas* qui devient un grand centre touristique, *Santiago del Teide,* dans un décor d'une sévère beauté.

Gran Canaria

1 532 km² - 280 000 h. « Continent en miniature », dit-on le plus souvent, où les flores européenne et africaine sont harmonieusement mêlées (vignobles du Monte, pinèdes de Tomadaba, plantations de café d'Agaete, palmeraies, bananeraies, champs de canne à sucre, culture de la tomate).

Localités intéressantes

* *Las Palmas,* chef-lieu de la province est la plus grande ville de l'archipel (271 000 h.). Port franc et paradis de l'amateur de « souvenirs » en tous genres. Son aéroport : *Gando,* est relié aux principales capitales européennes, africaines ou américaines.

* *Telde,* célèbre par ses fruits et par la magnifique plage de Melenara. C'est sur son territoire que se trouve aussi la montagne sacrée des Guanches, habitants primitifs de l'île.

* *Tejeda* (parador de la DGT), au centre de l'île, dans un beau paysage volcanique.

* *Arucas,* au nord, avec son superbe cône volcanique.

* Pour profiter des plages et pratiquer les sports nautiques :
- *Las Canteras,* dans la ville même de Las Palmas.

- Vers le sud : *San Agustín*, avec ses bungalows, ses hôtels et ses piscines au milieu de la verdure ; *Maspalomas* et sa célèbre plage de 6 km ; *Arguineguín*, où vous pourrez pratiquer la pêche en haute mer.
- Vers le sud-ouest, *Mogán* et sa plage *(Veneguera)*, son port de plaisance.

Île de Lanzarote

Avec ses nombreux cratères, toujours en activité, ses champs de lave, sa célèbre montagne de Feu que vous pourrez gravir à dos de chameau, offre des vues grandioses, mais sévères.

La capitale, *Arrecife,* est très bien reliée au continent. Nombreuses plages de sable fin. Paradis de la pêche sous-marine.

Les autres îles, plus petites, ont aussi des charmes que vous découvrirez.

A signaler : 1 Parador de la DGT à Gomera, à La Palma et à Fuerteventura.

Gastronomie

La cuisine canarienne est particulièrement réputée pour ses plats de poisson, souvent accompagnés de pommes de terre et d'une sauce bien particulière : le *mojo picón*. Vous goûterez le populaire *sancocho* (poisson salé à la sauce piquante) ou le potage au cresson *(sopa de berros)*. Le pain est parfois remplacé par le *gofio*, farine de blé, de maïs ou d'orge grillée.

Découvrez aussi la pâtisserie et demandez des *tirijigalas*, des *bienmesabes,* des *quesadillas* (île de Hierro), des *rapiduras* et des *marquesotes* (La Palma), sans oublier le rhum *(ron),* pur ou sucré au miel.

Vous fumerez avec délices un cigare *(puro)* de l'île. A Las Palmas, des vendeurs ambulants vous proposeront une variété de longs cigares (40 à 50 cm de long, 5 cm de diamètre) : ils n'ont qu'un intérêt touristique.

✳ **Un conseil** : N'apportez pas de tabac aux Canaries et ramenez-en (dans les limites permises, naturellement : une cartouche par personne).

✳ **Artisanat** : Vous rapporterez également des broderies et de la dentelle, de très grande renommée ; de la poterie, de la vannerie ou des sculptures sur bois.

Les repas

Ce qui frappe le plus le voyageur étranger, c'est le décalage des heures des repas. Le petit déjeuner *(el desayuno)* est servi couramment à partir de 9 h, le déjeuner *(el almuerzo)* à 14 h 30 et le dîner *(la cena)* à 22 h. La *pensión completa* englobe ces trois repas.

Il est toujours difficile, lorsqu'on veut partir tôt, de se faire servir le petit déjeuner avant 8 h 30 !

El desayuno

On vous offrira le choix entre *el café con leche* (au lait), *el café solo* (noir), *el chocolate con leche, el té* (thé) accompagné ou non du jus de fruit *(zumo de fruta)* réclamé par les anglo-saxons.

Des tranches de pain *(rebanadas de pan),* du beurre *(mantequilla),* de la confiture *(mermelada)* accompagnent généralement la boisson chaude.

Dans les cafés surtout, on pourra déguster les fameux *churros* (petits beignets tubulaires) servis avec le *chocolate,* de savoureux *bollos* (espèce de brioches), des *panecillos de media luna* (croissants à la mie compacte) ou des *croisanes,* dans le goût français... ou à peu près. Les biscottes *(los biscotes)* ne sont servies que sur demande.

L'heure tardive de l'*almuerzo* vous incitera à ne pas négliger l'importance du *desayuno,* qui gagnera à être un peu abondant.

El almuerzo

Bien plus souvent qu'en France, l'hôtel espagnol se double d'un restaurant. Des prix intéressants de *pensión completa* y sont consentis à partir de deux journées de séjour *(estancia).* Variable suivant les hôtels et les régions, *el almuerzo* suit la mode européenne des hors-d'œuvre, du plat de viande ou de poisson, des légumes et du dessert.

Los entremeses (hors-d'œuvre), peuvent être très variés. Dans certains *paradores* de la DGT (voir p. 11) on voit défiler de nombreux raviers contenant toutes sortes de charcuteries *(embutidos),* de crudités et de salades.

El menú del día offre généralement le choix entre un plat de poisson et un plat de viande. Il est conseillé de goûter aux spécialités régionales (voir Gastronomie, p. 102).

De postre (comme dessert), vous aurez le choix entre *un flan* (crème renversée) souvent délicieux, *un helado* (glace) ou *la fruta del tiempo,* les fruits de saison, abondants. On propose rarement du fromage *(queso),* sauf à la carte. Mais il mérite toujours d'être connu.

La cena

On vous proposera toujours quelque potage *(sopa)* ou *consomé,* un plat de poisson ou de viande et des œufs sous diverses présentations : sur le plat *(fritos),* accompagnés ou non de tranches de *chorizo* (saucisse au piment) ; en omelette *(tortilla),* généralement savoureuse. *La tortilla española* est aux pommes de terre. « *Con refinamiento de sibarita* » on y ajoute *cebolla y chorizo* (des oignons et du chorizo).

Refranes

* *El comer y el rascar todo es empezar.*
* *La mejor salsa, el apetito.*

¡Que aproveche![1]

Paco, don Antonio, su mujer y la criada[2] Anita.

Don Antonio - Hoy va usted a hacer penitencia con nosotros[3], Paco.
Paco - Muchas gracias. Le agradezco la fineza[4].
Mujer - Siéntese, por Dios. A estas horas, tendrá ganas de comer.
P.   Confieso que tengo el gusanillo[5].
D.A. Así se habla[6] *(a su mujer)*. A ver, hija ¿qué hay de entremeses[7]?
M.   Jamón serrano, anchoas, queso, percebes[8] y aceitunas para hacer
      boca[9].
D.A. Bien. ¿Y luego?
M.   Huevos fritos con chorizo *(a Paco)* si es que a usted le gustan...
P.   Que si me gustan, señora... ¡Con delirio[10]!
M.   También le dije a Anita que nos guisase una buena merluza a la vizcaína
      ¿qué le parece?
P.   Me pirro[11] por ese plato.
D.A. ¿Y de postre[12]? ¿Qué nos tienes preparado?
M.   ¡Espérate, hombre, que todavía hay un platito de carne! chuletas
      asadas[13] con ensalada. Anita las asa a las mil maravillas.
D.A. Por lo visto[14], hoy no se bebe ¿no?
M.   ¿Que si se bebe...? He dado con un vinillo del país que... ¡no te digo[15]!
      Pruébelo Vd. Paco.
P.   ¡Vaya Vd. con tiento[16], señora! Media copita, nada más, que el vino no
      me sienta bien[17].
D.A. Este vino no le hace daño a nadie. Luego me lo dirá.
M.   Y de postre, tendrán un flan, merengue y café «café»[18].
D.A. Anita, no te olvides de traer los cigarros y la botella de Cazalla[19].
Anita - Como gusten. Ya está todo listo, señora[20].
M.   Bueno, si queréis sentaros a la mesa...

1. Bon appétit!
2. la bonne.
3. partager notre modeste repas.
4. votre aimable attention.
5. je me sens plein d'appétit.
6. Voilà qui est parler!
7. hors-d'œuvre.
8. **Los percebes**, délices des Espagnols, sont nos «pousse-pied» ou anatifes, curieux petits mollusques en forme de moules minuscules montées sur un «pied».
9. pour mettre en appétit.
10. J'en raffole.
11. *(fam.)* J'en suis «toqué».
12. Et comme dessert?
13. grillées (litt. : «rôties»). En fait, elles sont plutôt... frites!)
14. à ce que je vois.
15. Je ne te dis que ça.
16. Allez doucement.
17. Ne me fait guère de bien (cf. **no le hace daño** : ne fait pas de mal).
18. du vrai café.
19. nom d'une fameuse eau-de-vie.
20. Madame est servie (litt. : Tout est prêt, Madame).

¿Un cabello en la sopa?
¡Imposible, señor!

Gastronomie

Les plats régionaux

La cuisine espagnole est l'une des plus variées du monde. Le gourmet ne manquera pas de goûter pour son plaisir aux diverses spécialités régionales (voir lexique, p. 106, pour les mots non traduits).

✻ **Le Nord.** Dans les provinces basques : *le bacalao a la vizcaína* ou *al pil-pil,* les *anguilas de Aguinaga,* le *besugo* (pagre) et les *chipirones.*

✻ **Aux Asturies :** la *fabada,* ragoût de haricots au lard et au boudin, sera appréciée par les amateurs de cassoulet.

✻ **En Galice :** le fameux *pote gallego* (équivalent local de la *olla* ou *cocido* de Castille), la *merluza a la gallega,* sans parler des savoureux *mariscos (langostas,* « vieiras » *o almejas de Santiago, percebes...).*

✻ **La Catalogne** est réputée pour ses plats de poissons et de crustacés : *langosta a la catalana, parrillada, zarzuela,* mais aussi pour la *butifarra con judías,* les *habas estofadas* et les délicieuses *perdices con coles.*

✻ **Aux Baléares,** vous savourerez les *sopas mallorquinas,* la *langosta a la ibicenca* (à la mode d'Ibiza), l'exquise *ensaimada* et la rouge *sobrasada* (moins sèche que le *chorizo* de Castille).

✻ **Le Levant** est célèbre pour sa *paella,* devenue l'un des plats les plus connus de la cuisine espagnole. Colorée au safran *(azafrán)* elle peut se faire soit avec des *mariscos* et du poisson, soit à la viande (ou réunir le tout ensemble !).

✻ **Les Castilles.** C'est le pays des *asados* (rôtis), notamment des *corderos* (agneaux), *tostones* ou *cochinillos* (cochons de lait) à la broche. Le *cocido* ou *olla* reste encore le plat principal : il rappelle (d'assez loin) le pot-au-feu français, mais peut être fait *a base de carnero* (mouton) au lieu de *carne de vaca* (bœuf) et, en outre, le *tocino* (lard) s'y accompagne inévitablement des *garbanzos* (pois chiches) que l'on met à tremper, *en remojo,* la veille ; et se teinte de rouge à l'aide du *chorizo* qui lui communique son goût relevé. Le gourmet appréciera aussi les *perdices estofadas,* les *callos* (tripes) *a la madrileña* et le *jamón serrano.*

✻ **L'Andalousie.** Le *gazpacho andaluz,* excellent en été, est un potage glacé composé de légumes pilés (oignons et tomates surtout). La friture *(pescaíllo frito)* servie dans les ports, les *boquerones,* anchois frais, les *chanquetes,* poisson typique de Málaga, le jambon de Trévelez, le *rabo de toro* sont des *manjares* (mets) savoureux.

Les vins

C'est un chapitre *inagotable* (inépuisable) ! En dehors des grands crus *(caldos)* que nous citons rapidement, il existe en Espagne une gamme variée de « petits » vins locaux qui feront vos délices (*El vino alegra el corazón, dijo el sabio Salomón :* Le vin nous réjouit le cœur, a dit le sage Salomon).

✻ Les vins andalous, *de gran aroma,* se boivent couramment en guise d'apéritifs, accompagnés ou non des rituelles *tapas.* Les plus connus sont le *manzanilla* (vin blanc sec) et le *Jerez (dulce o seco)* de la région de Cádiz ; le *Montilla* et le *Moriles* de celle de Cordoue et le liquoreux vin de Málaga.

✱ Parmi les vins de table *(vinos de pasto),* aussi bien *blancos* que *tintos* (rouges) ou *rosados* les plus connus sont ceux de *La Rioja* (Logroño, Álava et Navarra), de *Cariñena* (Zaragoza), de *Valdepeñas* (Ciudad Real), de *Salvatierra de los Barros* (Badajoz), de *Cebreros* (Ávila), du *Panadés* et du *Priorato* en Catalogne.

✱ Citons, pour finir, quelques vins locaux caractéristiques : le *chacolí* basque, le *ribeiro,* rouge et épais de Galice, le doux *moscatel* de Málaga, la *garnacha* de Cariñena et la boisson asturienne : *la sidra* (le cidre)...

Quelques recettes

✱ **La sangría.** Se cortan en pedazos (morceaux) y se mezclan las frutas (por ejemplo : 250 g de melocotones, 1 plátano, 1 pera, 1 raja de melón, 2 rodajas de limón, 2 naranjas, 1 ramita de canela (voir p. 106 pour le vocabulaire). Se añade 1 litro de vino tinto y 100 g de azúcar disueltos en 1/4 de litro de agua. Se sirve muy frío, o con cubitos de hielo (glaçons).

N.B. On peut « corser » la sangría en y ajoutant un peu d'alcool *(ron,* rhum, cointreau, grand marnier, anis). C'est un moyen, pour un mauvais *tabernero* d'écouler sa piquette *(aguapié).* On y prendra garde ! On peut l'alléger avec du *sifón* (eau de Seltz).

✱ **La paella.** Faire revenir dans l'huile des morceaux de poulet (et autres viandes), ajouter ail et tomates déjà revenus, couvrir avec de l'eau et laisser bouillir jusqu'à cuisson de la viande. Un peu plus tard, ajouter légumes de saison, divers *mariscos,* avec un peu de safran. Puis, à feu vif, jeter juste la quantité de riz qui peut absorber l'eau, assaisonner. Ébullition très vive pendant 15 mn. Ajouter quelques langoustines avant la fin de la cuisson.

BEBA
AGUA DE
PINARILLO
¡TÓNICA!
¡DIGESTIVA!

✱ **El cocido.** Pour 5 personnes, 250 g de pois chiches, 500 g d'épaule de bœuf, 1/2 poule, 100 g de lard, 100 g de jambon, un chorizo, une andouillette, un pied de porc, légumes divers (haricots verts, chou), boule de farce, oignon piqué de clous de girofle. Procéder comme pour un pot-au-feu habituel. Les légumes, le chorizo et l'andouillette se cuisent à part. On mange d'abord le bouillon, puis le plat de résistance avec une sauce tomate.

Restaurants

Catégories

Suivant la région, vous trouverez l'appellation *restaurante* (la plus courante), ou *restorán*. La classification, par fourchettes disposées verticalement, doit figurer obligatoirement à l'extérieur de l'établissement ainsi que sur la note *(cuenta)*.

Menus et prix

Le menu du jour *(menú del día)* à prix fixe, que les restaurants doivent afficher comprend le pain et une boisson (vin ou eau minérale).

La carte des plats et celle des vins sont composées d'après la catégorie de l'établissement. Les prix sont nets et doivent inclure toutes les taxes ainsi que le pourcentage affecté au service *(servicio incluido)*. Dans les restaurants de luxe, les indications figurent en plusieurs langues : espagnol, français et anglais.

N.B. En cas d'attractions, le supplément éventuel doit être affiché à l'extérieur et à l'intérieur. La délivrance d'une note est obligatoire. Elle doit comporter le détail des plats et services.

Les hôtels-restaurants

La plupart des hôtels d'Espagne ont un service de restauration. Il est intéressant, pour un long séjour, de prendre la *pensión completa* ou la demi-pension (voir Hébergement, p. 8). Étant donné l'afflux touristique pendant la saison *(temporada)*, certains hôtels ne prennent du reste que des clients en pension complète. Si vous faites une excursion, vous pourrez obtenir des « paniers-repas » : *pan, tortilla, chorizo, naranja*, etc., en sont les éléments de base.

Gula.

Un Día es un día[1]

- Estoy sin ganas[2]...
- ¿Te sientes mal? ¿Estás delicada[2]?
- ¡Qué va[3]! sin ganas de comer en casa, que, si no, me está ladrando el estómago[4].
- Pues hija, vámonos a cenar fuera donde te dé la gana.
  (Dicho y hecho[5]. En el restaurante.)
- *(A la chica)* Nada del menú del día. Queremos comer lo que nos dé la gana.
- A su disposición, señora. Aquí hay de todo. Tenga Vd. la lista[6].
- Antes que nada, unos mariscos[7] para hacer boca : ostras, almejas, cigalas, gambas y cangrejos.
- Muy bien. ¿Y de primer plato?
- La señora quiere un bogavante asado. ¡Buen mozo, eh[8]!
- Lo siento[9], señor, pero de momento[10] no tenemos. Se acabaron hace media hora.
- ¡Lástima de restaurantes[11]. Siempre pasa igual[12]. Basta con que te apetezca comer algo para que se les haya acabado[13]!
- Tenemos otras mil cosas riquísimas[14], señora. Mire usted : Pescado de toda clase, caza, asados, guisados típicos[15]...
- Menos mal[16]. A ver si me da una zarzuela de anguilas.
- Le tengo que advertir que habrá que esperar un momentito...
- ¡Esperar! ¡Ni hablar[17]! Tomaré una parrillada de salmonetes. Al fin y al cabo es lo que más me gusta.
- ¿Y luego?
- Lo mejor será que nos sirva medio cordero asado. ¿Qué te parece?
- ¿Para los dos?
- Pues no. Para mí, será un tostón... o más bien una perdiz estofada.
- ¿Y de vinos?
- Pues una botella de Manzanilla para acompañar el pescado, y otra de Priorato con la carne. ¿Es bueno?
- Superior.
- Asi lo espero[18]. De postre... Veremos después.
- Servidora. Que aproveche, señores.

1. Une fois n'est pas coutume.
2. v. ci-dessous : Locutions.
3. Penses-tu!
4. J'ai une faim de loup.
5. Aussitôt dit que fait.
6. la carte.
7. des fruits de mer (v. lexique).
8. Un homard grillé. Une belle pièce!
9. Je regrette.
10. Pour l'instant.
11. Ces restaurants sont pitoyables.
12. C'est toujours la même chose.
13. pour qu'ils n'en aient plus.
14. délicieuses.
15. Poisson, gibier, rôtis, plats régionaux.
16. Heureusement!
17. Jamais de la vie!
18. Je l'espère bien.

✳✳✳✳✳✳✳✳✳✳✳✳✳✳✳✳✳✳✳✳✳✳✳✳✳✳✳✳✳✳

Locutions

- Es delicada : Elle est délicate.   - Está delicada : Elle est souffrante.
- Estar sin ganas : Être sans appétit (= sin ganas de comer).
- Estar sin ganas de... : N'avoir pas envie de...
- Darle la real gana : N'en faire qu'à sa tête.
- Lo que me da la gana : Ce dont il me prend fantaisie, ce que je veux.
- Me dan ganas de... : J'ai envie de...

● Comme... :

| De primer plato... | De vinos... | Y de postre... |
| Comme premier plat... | Comme vins... | Et comme dessert... |

En el menú (la lista)

Aceite : huile (**de oliva** : d'olive)
Aceituna : olive (**rellena** : farcie)
Ajo : ail
Albóndigas : croquettes de viande
Alcachofa : artichaut
Almeja : clovisse, palourde
Almendra : amande
Almíbar (en) : au sirop
Alón : aile de volaille
Alubias : haricots (blancs)
Anchoa : anchois
Anguila : anguille
Apio : céleri (**-nabo** : -rave)
Arenque : hareng (**ahumado** : saur)
Arroz : riz
Asado : rôti
Atún : thon
Ast (a l') : catalan = à la broche
Azafrán : safran

Bacalao : morue
Barra (de pan) : baguette (de pain)
Berberecho : coque (coquillage)
Berros : cresson
Bistec : beefsteak (**medio crudo** : saignant)
Bogavante : homard
Bollo : brioche
Boniato : patate douce
Bonito : bonite (thon, Méditerranée)
Boquerones : anchois frais
Bretón : chou de Bruxelles
Butifarra : saucisse catalane

Caballa : maquereau (poisson)
Cacahuete (m.) : cacahuète (f.)
Café : café (**con leche** : au lait ; **descafeinado** : décaféiné)
Calamar : calmar, encornet
Caldo : bouillon ; cru (pour les vins)
Callos : tripes ; gras-double (**cuajar**)
Camarones : crevettes (grises)
Canela : cannelle (**en ramitas** : en bâtonnets ; **en polvo** : en poudre)
Cangrejo de río : écrevisse
Cangrejo de mar : crabe
Caña (de cerveza) : demi de bière (**de barril** : à la pression)
Caracoles : escargots
Carnero : mouton
Caza : gibier
Cebolla : oignon
Centolla : araignée de mer.
Cerdo : porc
Cigala : cigale de mer (crustacé)

Ciruela : prune (- **pasa** : pruneau)
Clarete : clairette, vin rosé
Codillo : épaule (ou **espaldilla**)
Codorniz : caille
Col : chou
Coliflor : chou-fleur
Consomé : consommé
Cordero : agneau
Corvejón : jarret
Costilla : côte (porc, bœuf)
Croisán : croissant (français)

Champiñones : champignons de Paris
Chato : petit verre (vin)
Chipirones : petits calmars
Chorizo : saucisson rouge
Chuleta : côtelette (agneau)

Durazno (ou **nectarina**) : brugnon

Encurtidos : pickles (cornichons, oignons, etc., conservés au vinaigre)
Ensalada : salade
Entrecot (m.) : entrecôte
Entremeses (ou **ordubres**) : hors-d'œuvre
Escabeche : marinade
Espárragos : asperges

Filete (vaca, pescado) : filet (bœuf, poisson)

Fresa (ou **fresón**) : fraise

Gallina : poule
Gambas : grosses crevettes roses
Garbanzos : pois chiches
Gazapo de monte : lapin de garenne
Gazpacho : potage glacé (v. Recettes)
Grosella : groseille
Guindas : guignes
Guindilla : piment très piquant
Guisar : cuisiner, préparer
Guisado (de carnero) : ragoût (de mouton)
Guisantes : petits pois

Haba : fève
Higado : foie (v. Pasta)
Hongos : champignons
Huevos : œufs (**fritos** : au plat ; **duros** : durs ; **escalfados** : pochés ; **pasados por agua** : à la coque ; **revueltos** : brouillés)

Jamón : jambon (**crudo** : cru ; **serrano** : de campagne ; **cocido o de York** : cuit ou d'York)
Judías : haricots (**verdes** : verts)

Langosta : langouste
Langostinos : langoustines
Lechecillas : ris de veau
Lenguado : sole

Legumbres : légumes secs
Liebre (f.) : lièvre
Limón : citron
Lomo : filet (**de cerdo** : de porc)
Lucio : brochet

Maduro : mûr
Manchego (queso) : fromage de la Mancha, de brebis (**tierno** : tendre ; **seco** : sec)
Mantequilla : beurre
Manzana : pomme
Mariscos : fruits de mer
Mejillones : moules
Melocotón : pêche
Melón : melon
Merluza : colin, merlus
Morcilla : boudin
Mostaza : moutarde

Nabo : navet
Nata : crème (Chantilly)
Natillas : crème (au lait, aux œufs)
Nuez : noix

Ostiones : (**vieiras**), coquilles St Jacques
Ostras : huîtres

Paella : riz à la valencienne
Panecillo : petit pain
Panecillo de media luna : croissant espagnol
Parrillada : grillade de poisson
Pasas (uvas) : raisins secs
Pasta : pâte
Pasta de hígado : pâté de foie (**fuagrás**)
Pastas : gâteaux secs
Pastel de liebre : pâté de lièvre
Patata : pomme de terre
Patito : caneton
Pato : canard
Pavo : dinde
Pecho (de vaca) : poitrine (de bœuf)
Pechuga (de ave) : blanc (de volaille)
Pelotilla : boulette (de viande)
Pepinillo : cornichon
Pepino : concombre
Pepitoria : fricassée
Pera : poire
Percebe : anatife, pousse-pied (crustacé)
Perdiz : perdrix
Perejil : persil
Pescadilla : merlan
Picada (carne) : hachée (viande)
Picadillo : hachis, chair à saucisse
Pierna : gigot, pilon (de volaille)
Pijama : glace avec flan, crème et fruit
Pimienta : poivre

Pimiento : poivron
Pintada : pintade
Piña : ananas
Piñones : pignons (amandes du pin)
Plancha (a la) : grillé
Plátano : banane
Pollo : poulet
Pomelo : pamplemousse
Pulpitos asados : petits poulpes grillés
Puré (m.) : purée ; soupe

Queso : fromage
Quisquillas : petites crevettes

Rábano : radis
Raja (de melón) : tranche
Raya : raie
Relleno : adj. : farci ; n. : farce
Remolacha : betterave
Repostería : pâtisserie
Riñón : rognon

Salchicha : saucisse
Salchichón : saucisson
Salmón : saumon
Salmonete : rouget
Salsa : sauce, jus
Sandía : pastèque, « melon d'eau »
Sesos : cervelle
Seta : cèpe, champignon
Sobresada : grosse saucisse rouge de Mallorca
Solomillo : aloyau
Solomo : filet (**de cerdo** : de porc)

Tapas : amuse-gueule
Ternera : veau (viande de)
Toronja : bigarade, orange amère
Tortilla : omelette (- **a la francesa** : nature ; - **a la española** : aux pommes de terre)
Trucha : truite
Trufado : truffé
Tuétano : moelle

Uva : raisin (- **pasa** : raisin sec)

Vaca : bœuf (viande de)
Vainilla : vanille
Verdura : légumes (verts)
Viandas : mets, aliments
Vinagre : vinaigre

Zanahorias : carottes
Zarzuela : matelote

Cafés, bars

Les cafés, bars, sont très fréquentés en Espagne surtout le soir (se rappeler que les Espagnols dînent assez tard ; cf. p. 100) et jusqu'à une heure avancée de la nuit.

Les Espagnols s'y retrouvent commodément attablés pour leur réunion *(tertulia)* habituelle ou bien pour prendre l'apéritif *a la barra* (comptoir) même, suivant la sympathique coutume du *chateo,* qui consiste à parcourir une série de bars avant l'heure du repas.

Si vous voulez connaître une ambiance typique, vous préférerez aux modernes *cafeterías climatizadas,* où l'on sert toutes sortes de boissons internationales (du *gin-tonic* à la *vodka-orange*), les *tabernas* ou *tascas* enfumées où l'on consomme surtout du vin (*chatos* de *Montilla,* de *Jerez* (Xérès), etc.).

On remarquera sans peine que le fond sonore est toujours très élevé : les Espagnols adorent parler. Ils discutent avec chaleur et ne craignent pas d'être entendus. Un philosophe (Unamuno) prétend que la « culture espagnole » se trouve au café et non à l'université.

Dans les *bodegas* (caves) où l'on vend du bon vin au tonneau et toutes sortes de boissons à un prix intéressant (du simple *vermut* au « *Ricard* », en passant par le *coñac* et le *jerez*), on peut également consommer au comptoir.

Les *cafeterías* sont tenues d'offrir, outre le choix de boissons, des cartes de plats (dans la signalisation extérieure, les tasses remplacent les fourchettes, caractéristiques des restaurants). A toute heure, on pourra vous servir des plats froids *(fiambres)* ou chauds, en vue d'une consommation rapide. Le plat « *combinado* » (charcuterie, viande, œuf, salade) est économique et évite l'attente parfois longue au restaurant.

LOS SERENOS[1] DE MI PUEBLO...

Allegretto (200 = ♪)

Los se _ re _ nos de mi pue.blo __ di.cen que no beben
vi _ no __ Y con el vi.no que _ be.ben __ puede mo-
-ler un mo _ li _ no __ *An tón, An tón, no pierdas el*
son por.que en la a la _ me _ da __ Dicen que hay un hom-
_bron con un ca.mi _ són que a las ni.ñas lle _ va. __

Caballero generoso,
óchenos una peseta,
que tenemos la barriga,
como cañón de escopeta.

La capa del estudiante
parece un jardín de flores,
toda llena de remiendos
de diferentes colores.

¡Qué bien canta una calandria!
¡Qué bien canta un ruiseñor!
Mejor canta una botella
en quitándole el tapón.

1. Veilleurs de nuit.

De chateo

François y varios amigos españoles Julián, Felipe...

Julián - Nos está esperando Enrique en el bar « Tropical » para ir de chateo[1].
¿Quieres venir con nosotros a tomar unas copas[2] ?

François - Hace[3]. Me divertirá ir de copeo.

En el bar.

Enrique - Primero vamos a echarnos unas cañas[4].

J. Vamos, que tengo ganas de refrescarme el gaznate[5].

E. Muchacho, a ver si nos atiendes[6].

Camarero - ¿Qué va a ser[7] ?

E. Cuatro cañas de cerveza[4].

F. Hala, las pago yo.

E. Perdón, amigo, estas cañas son mías. Tú, si quieres, pagarás otra ronda[8] o lo que comamos con ellas.

F. De acuerdo. Pago las tapas[9] y la segunda ronda.

J. Tú con las tapas has cumplido[10]. La segunda ronda la pagaré yo.
Brindan[11] y se zampan[12] las cañas. Minutos después.

J. Ahora me toca a mí[13]. Venga, muchacho ¡otra ronda !

C. ¿ Cerveza ?

J. No, Jerez.

E. ¡ Si la vamos a agarrar[14], hijo ! Yo me conformaré con repetir[15] la cerveza, que si cambiamos por Jerez... *Se abre la puerta con estrépito y entran otros dos chicos más, en plan de juerga[16], ya achispados[17] y cantando a voz en cuello[18] :* « Los serenos de mi pueblo[19]... »

Felipe - Hola, muchachos. Un poco chateados ya[20], por lo visto. ¿Qué tomáis, a ver ?

Chico 1 - Yo, una Coca-cola.

Chico 2 - No faltaba más[21]. Dale un Cuba libre[22], muchacho.

Chico 1 - ¡Qué va! Un chato de tinto[23].

1. faire le tour des bistrots.
2. prendre quelques verres.
3. D'accord. - 4. Nous offrir un demi.
5. me rafraîchir le gosier.
6. Tu nous sers ?
7. Qu'allez-vous prendre ?
8. Une autre tournée.
9. l'amuse-gueule.
10. Tu as assez fait, tu as fait le nécessaire.
11. Ils trinquent (**Brindo por...** = Je bois à... A la santé de...).
12. Ils avalent (d'un trait).
13. Maintenant, c'est mon tour.
14. Nous allons en ramasser une...
15. Je me contenterai de reprendre...
16. Partis à faire la bombe.
17. Déjà gris.
18. A tue-tête.
19. Chanson bachique d'étudiants.
20. Vous avez pris quelques verres.
21. Il ne manquerait plus que ça !
22. C'est bien un coca-cola, mais... additionné de rhum.
23. un (petit) verre de vin rouge.

✳✳✳✳✳✳✳✳✳✳✳✳✳✳✳✳✳✳✳✳✳✳✳✳✳✳✳✳✳

Locutions

Me conformaré con... : Je me contenterai **de...**
Contento con su suerte : Content **de** son sort.
Concluyó con estas palabras : Il termina **sur (par)** ces mots.
Con toda confianza : **En** toute confiance.
Cuento contigo : Je compte **sur** toi.

Les choses dans l'ordre :

| Primero... | Luego... | Después... | Y por fin... |
| D'abord... | Puis... | Ensuite... | Et enfin... |

Les bureaux de tabac

On repère aisément l'*estanco* espagnol grâce à son panneau aux couleurs nationales (rouge, jaune, rouge) portant la mention TABACALERA S.A. (Régie espagnole des tabacs) et le numéro du débit *(expenderuría).*

Les *estanqueros* (buralistes) vous renseigneront sur la marque espagnole qui (d'après eux) se rapproche le plus du goût français *(tabaco negro)* : *Celtas, Ducados, Ganador, Bonanza, Habanos...* Le plus simple est de les essayer vous-même... en vous attendant à quelques surprises. Les *Celtas* ordinaires sont bon marché, mais de piètre qualité.

Les amateurs de « blondes » retrouveront les gammes étrangères auxquelles ils sont accoutumés (américaines, anglaises, allemandes), pour un prix un peu inférieur à celui dont ils ont l'habitude. Le *tabaco rubio* espagnol (*X 2, Bisonte,* etc.) est moins fin, mais d'un prix avantageux.

Comme cigarettes françaises, on ne trouve guère que les *Gitanes,* assez chères par rapport au tabac espagnol.

Un grand choix de cigares, *cigarros puros* (abrév. : *puros*), de bonne qualité, est offert aux amateurs ; les plus chers étant les véritables *habanos* (havanes). Les fumeurs de pipe consulteront le buraliste sur le choix de leur tabac (espagnol, hollandais, etc.).

* N.B. Si le bureau de tabac est fermé, vous pourrez vous approvisionner à l'aide des machines automatiques que l'on trouve dans les rues, à l'entrée des grands magasins ou même dans certains hôtels (prix légèrement majoré de 1 à 3 ptas) ou bien recourir à l'un de ces marchands ambulants qui disposent toujours d'un petit assortiment *(surtido).* Les cigares, dans ce cas, sont souvent vendus à l'unité.

En el estanco

Robert - Buenas tardes.
Estanquero - Buenas...
R. Quisiera un bisonte[1] y dos ducados.
E. Aquí va el bisonte. Los ducados ¿los quiere Vd. con filtro?
R. Sin filtro, por favor. Que así se pierde tabaco.
E. Aquí los tiene.
R. Me faltan cerillas también[2]. ¡Ah! se me olvidaba... necesito un paquete de sobres[3].
E. Los tengo de dos clases[4]. Con el mejor papel el paquete cuesta treinta pesetas, con el corriente[5] veinticinco.
R. El corriente no está mal. Me quedo con éste[6].
Cliente 1 *(hombre)* - ¿Ha llegado el tabaco canario[7] que esperaba?
E. Sí, señor. Llegó anoche[8]. Un momentín[9]. Acabo con este joven *(a Roberto)*. ¿Desea Vd. algo más?
R. No, ya está todo. Cóbrese Vd. *(le entrega un billete de cien pesetas)*.
E. Aquí está la vuelta[10]. Servidor.
Cliente 2 *(chica)* - Quiero estas tres postales y con ellas tres sellos...
E. Un momento, señorita. Permita que despache[11] a este señor que está esperando.
Cliente 2 - Natural... Entre tanto voy a ver si encuentro otra postal que me guste.

1. = una cajetilla (un paquet) de Bisontes.
2. Il me faut aussi des allumettes.
3. d'enveloppes.
4. espèces, qualités.
5. le papier ordinaire.
6. Je garde celui-ci.
7. le tabac des Canaries.
8. Hier au soir.
9. Un petit instant.
10. Voilà votre monnaie.
11. Laissez-moi servir.

* *

Frases castizas

- Le **que** explicatif :
  Sin filtro, que así se pierde tabaco : Sans filtre, **(car)** ainsi on perd du tabac.

- Les sens de **algo** :
  ¿Algo más?
  Quelque chose **de** plus!

  Algo más fuerte.
  Quelque chose **de** plus fort.

  Algo así.
  Quelque chose comme ça.

  Algo menos.
  Quelque chose **de** moins.

  Algo menos caro.
  Quelque chose **de** moins cher.

Mais s'il est précédé d'un nom, **algo** signifie : **un peu.**
  Un tabaco algo más fuerte.
  Un tabac un peu plus fort.

  Un papel algo menos caro.
  Un papier un peu moins cher.

- La durée de l'attente :
  1. Celui qui fait attendre dit :
  Ya está hecho.
  Tout de suite.

  Un momentín, por favor.
  Un petit instant, s'il vous plaît.

  Ahora mismito.
  Immédiatement.

  Espere usted un momento.
  Attendez un instant.

  2. Celui qui attend pense ou dit :
  Parece que hay para rato.
  Il y en a pour un bon moment.

  ¿Qué haré para pasar el rato?
  Que vais-je faire pour tuer le temps?

Le cercle : el casino

L'Espagnol moyen, sociable et prompt à vous traiter en ami de toujours, dont vous apprécierez, d'ailleurs la capacité à vivre « comme chez lui » dans les « pensiones » ou « residencias », ne vous recevra pourtant guère à son domicile. La maison, c'est avant tout le domaine de la famille, souvent nombreuse, vieux parents, sœurs, neveux compris, et des enfants.

L'homme vit beaucoup dehors. Dès qu'il atteint un modeste niveau d'aisance et dispose de quelques loisirs, il passe la journée entière hors de la maison, du petit déjeuner à *las altas horas de la noche* ; et sa « base » principale est souvent le *casino*.

Ces vastes établissements, d'un luxe assez désuet et parfois bien terni, sont toujours plusieurs, même dans les petites villes. Chacun choisit le sien selon des critères où les sympathies et le rang social jouent la plus grande part. Les éclectiques peuvent aller de l'un à l'autre, mais la coutume est plutôt d'avoir *su querencia* (son « coin »), où on revient régulièrement. On y prend son petit déjeuner, un verre de-ci de-là, quelque repas (de style « brasserie » souvent). On y rejoint *la tertulia* (les amis avec qui on bavarde), on y vient lire les journaux, prendre le café, écouter la radio, regarder la *« tele »*, se détendre, se taire et même somnoler un peu pour *pasar las horas muertas* (tuer le temps), l'après-midi.

Tout s'anime le soir et jusqu'après minuit, pour s'assoupir progressivement vers deux ou trois heures du matin. Seuls, quelques acharnés du *tresillo* vont *trasnochar* (passer la nuit blanche) pour continuer une interminable partie qui dure parfois depuis deux ou trois jours.

Car on joue. Parfois (exceptionnellement) assez gros jeu, au *tresillo* (le bridge espagnol), au *dominó* (nos dominos traités dans un esprit proche de celui du... poker). Essayez si vous avez un peu d'argent à perdre vite et si vous ne craignez pas de *recibir una paliza* (prendre une « culotte »), à la « canasta », au « *Gin Rummy* », ou, plus paisiblement, au *tute* (mariage). Aux *damas*, aussi et au billard (à poches, le plus souvent). Mais on y vit, surtout, entre amis et *conocidos* (connaissances), et c'est avant tout *un mentidero* (une potinière) et un refuge pour oisifs *(desocupados)*.

L'accès en est aisé à l'étranger accompagné d'un *socio* (membre) ou « *socio* » lui-même sans formalités. Il suffit, en fait..., de pousser la porte tournante. Pour peu que votre tenue soit correcte, on vous servira *sin reparo alguno* (sans réserve aucune). Mais, vous le sentirez immédiatement, on est entre habitués. Tout le monde se connaît (au point de ne plus même se saluer). Et ne vous étonnez pas, en province, de voir les vieux *socios* rester résolument couverts.

C'est un signe : les femmes n'entrent pas, sauf en période de *feria* ou pour le bal annuel. Jamais seules, en tout cas. Et jamais le soir. Quelque couple, parfois, prend son petit déjeuner le matin : des *forasteros* (des gens d'une autre localité) qui vont prendre la route ou qui arrivent...

Institution vieillissante ! Les vieux y sont plus nombreux que les jeunes, en effet. Mais le *casino* a encore de solides raisons de durer. L'art de tuer le temps et de ne rien faire y est cultivé avec un succès que notre vie trépidante vous fera peut-être envier.

Instantáneas casineras

- Si llama Teodomiro, que estoy[1] en el San Fernando[2].
- Yo no sé lo que le darán en ese dichoso[3] San Fernando, rezongó[4] su mujer.

El salón grande del Casino de Tomelloso, antes Círculo Liberal, estaba vacío como era normal a aquellas horas. Al verlos apareció Pascual, el camarero, rascándose la cabeza[5]...

- Anda y tráete dos cervezas en jarra[6].
- Hay gambas a la plancha, muy buenas.
- Pues tráelas.
- Eso está hecho[7].

Por la tarde, sin faena a la vista[8], decidieron echar una partida[9] de damas.

A la hora de merendar, ambos se sentaron bajo uno de los grandes espejos en sillones de los que hay pegados al zócalo[10] de azulejos, estilo patio sevillano. Había muchas mesas de partida. En el saloncillo del fondo se oía el chocar de las bolas de billar y en torno a la mayor parte de las mesas, tertulias aburridas que fumaban haciendo hora[11].

Pidieron a Pascual café y tortas[12]. Se sentían allí bien a gusto. La verdad es que con un buen amigo, sentado así en el Casino señorito[13] del pueblo y merendando tortas en café con leche, se está muy ricamente.

A las siete en punto de la tarde, el Juez y el Alcalde, fresquitos y bien sesteados[14], refrescaban muy arrepantigados[15] en la terraza. Daba gusto verlos tan relucíos, bien trajeados[16], fumando sus pitos[17] con el reposo que Dios manda, con su caña delante.

En ancho corro[18], junto a un ventanal, estaban los contertulios[19] de Venegas que con mucho regocijo y palabrería[20] bebían de las jarras de cerveza y pinchaban en los muchos platos de aperitivo que había sobre los mármoles[21]... Fueron tomando cervezas despaciosamente[22] hasta las diez. A esa hora le pidieron al camarero tortillas francesas, y cenaron en la misma mesa que tenían junto al balcón[23].

García Pavón, **Una semana de lluvia.**

Viendo a ratos la televisión, ojeando[24] el periódico, echando parrafillos y bostezos[25], aguardaron hasta las dos de la madrugada[26], hora de cerrar el casino, cuando salían los últimos jugadores. A las dos y media, cuando vieron que ya todo estaba desierto, se despidieron[27].

García Pavón, **Vendimiario de Plinio.**

1. (Dis-lui que) je suis.
2. au (Cercle) Saint-Ferdinand.
3. ce qu'on lui fait manger dans ce satané...
4. bougonna.
5. se grattant la tête.
6. deux chopes de bière.
7. Tout de suite.
8. Sans occupation en vue.
9. faire une partie.
10. la plinthe de carreaux de faïence.
11. des groupes ennuyés qui fumaient, pour passer le temps.
12. biscuits.
13. le cercle chic.
14. après une bonne sieste.
15. bien à l'aise.
16. si en forme et si bien habillés.
17. leurs cigares.
18. groupe.
19. les membres de la « tertulia », les invités et commensaux.
20. joyeux et volubiles.
21. les tables de marbre.
22. tranquillement.
23. la porte-fenêtre.
24. donnant un coup d'œil.
25. bouts de causette..., bâillements.
26. deux heures du matin.
27. Ils prirent congé, se séparèrent.

Les fêtes espagnoles

L'Espagne étant un pays très catholique, les fêtes religieuses de caractère national y sont d'une importance et d'un éclat particuliers. Toute la population y participe. C'est un grand honneur, durant la Semaine sainte ou la Fête-Dieu, que de porter une statue de la Vierge ou une Custode..., honneur très souvent réservé aux dignitaires de la municipalité et parfois conquis... aux enchères par les plus offrants.

En plus de ces grandes fêtes nationales, chaque ville célèbre son Saint Patron (fête chômée ou non). Un « *calendario turístico* » de ces fêtes locales est édité, chaque année, par la *Dirección General del Turismo*.

Une *romería* (pèlerinage) est une cérémonie rappelant quelque peu nos « pardons » bretons : les pèlerins vont d'ermitage en ermitage ou de chapelle en chapelle, parcourant la campagne. On en trouve surtout dans le nord cantabrique et à Séville : *romería del Rocío*.

Si l'on vous invite, sachez ce qu'est

* *Una tertulia :* Réunion amicale, qui se tient souvent à jour et lieu fixes (café) ou *casino* (cercle). Elle a ses habitués, *tertulios* ou *contertulios* (tenue de ville).

* *Una velada :* a. Réunion, après souper, entre amis, pour discuter ou se divertir (tenue de ville) - b. Soirée littéraire ou musicale (tenue de soirée).

* *Un sarao :* Soirée mondaine, dansante ou musicale (tenue de soirée).

* *Un guateque :* Surprise-partie (tenue de ville).

* *Una francachela :* Bombance (tenue... de circonstance).

Locutions

Guardar una fiesta : chômer une fête ; *una fiesta de guardar :* une fête chômée.

Aguar la fiesta : troubler la fête ; *un aguafiestas :* un trouble-fête.

Verbenas

Grandes fêtes nocturnes qui ont lieu dans de nombreuses régions de la Péninsule, notamment la veille de la Saint-Jean (26 juin), de Saint-Antoine de Padoue (13 juin), Saint-Pierre (29 juin) et Saint-Jacques, patron de l'Espagne (Santiago, 25 juillet). On allume des feux de joie *(hogueras)* dans les carrefours. Ceux qui participent aux réjouissances *(correr la verbena)* font une consommation abondante de *churros,* dans une ambiance bruyante où se mêlent la musique des orgues de Barbarie *(organillos),* les coups de feu des stands de tir *(puestos de tiro al blanco),* la pétarade des feux d'artifice *(fuegos artificiales, pirotecnia),* les annonces des baraques foraines *(casetas),* les flonflons des manèges *(tíovivos)* et, actuellement, les airs tonitruants des pistes des autos-tamponneuses *(autochoques).*

Traditionnellement on offrait (à défaut de « verveine » qu'on ne pouvait aller cueillir) des petits pots de basilic *(macetitas de albahaca).*

Une célèbre opérette *(zarzuela) La Verbena de la Paloma* (1894), livret de Ricardo de la Vega et musique de Tomás Bretón, situe l'intrigue un soir de *verbena :* celui de la fête de la Virgen de la Paloma, patronne de Madrid, dans le typique quartier madrilène de *La Latina.*

* **Voir le calendrier des fêtes, page 172.**

Sylvie - ¿Cómo os pasáis los domingos en general?

Paco - Mujer, depende mucho del tiempo que hace y de las ganas que tenemos[1].

Elena - Si hace buen tiempo, solemos hacer lo que muchos españoles : salimos al campo[2] o a orillas del río o del embalse[3], a merendar[4] por la tarde.

P. A no ser que haya[5] un buen partido de fútbol.

Jean - He leído yo en una revista taurina que los aficionados[6] a los toros se quejan de ese « embrutecimiento » del pueblo español que se olvida de su « fiesta nacional ».

S. Claro que si se comparan las capacidades[7] de las plazas de toros con la de los campos de fútbol, se comprende la importancia de este deporte.

E. A mí lo que más me agrada[8] es ver una buena película los sábados por la noche, o ir al teatro. Hay que estar al día[9] y poder hablar de los estrenos[10] importantes.

J. Y en verano ¿qué hacéis?

P. Pues, cuando no podemos ir a veranear[11] a la Costa[12], nos encanta pasar la tarde en alguna piscina a darnos un chapuzón[13].

E. Muchas veces salimos después de cenar, con unos amigos, a correr la verbena, si la hay.

P. Correr la verbena es irse a bailar al son de los organillos, mirar los fuegos, subir a los autochoques...

1. ... et de l'envie que nous avons.
2. nous allons à la campagne.
3. lac artificiel
4. faire un pique-nique.
5. A moins qu'il n'y ait...
6. les amateurs de... - 7. les dimensions.
8. Ce qui me plaît le plus...
9. Il faut être à la page.
10. les « premières ».
11. passer les vacances (d'été).
12. au bord de la mer.
13. faire un plongeon.

Fêtes

* La pradera de San Isidro (Madrid). C'est le 15 mai que l'on « monte » à la Pradera, au bord du Manzanares, là où se trouvent l'ermitage et la source miraculeuse. Après la partie religieuse de la fête, on danse, on mange les *rosquillas* (cf. « rousquilles » de Perpignan) et on fait la sieste... si on y parvient.

* Fêtes en Castille. Pas de *feria* de village sans la typique *capea* où les jeunes gens montrent leur bravoure devant un *novillo* qui n'épargne pas les *cornadas*. A citer, en février, la curieuse célébration de *Santa Águeda* où les femmes commandent : maire *(alcalde)* et conseil municipal *(concejo)* renoncent à leurs prérogatives ce jour-là jusqu'au bal autour du *rosco* (pièce montée) d'œufs, de farine et de sucre, qui sera remporté par le meilleur couple de danseurs.

* Salamanque : La Peña de Francia. Outre le pèlerinage célèbre à la Peña de Francia qui attire beaucoup de monde dans cette région de Salamanque, il faut citer les fêtes de *La Alberca,* bourgade située en pleine sierra, qui garde une saveur archaïque. Le lendemain de l'Assomption a lieu, dans le cadre de la vieille place, aux porches de pierre, le mystère où s'affrontent ange et démon.

* Festejos en Extremadura. Les fêtes les plus brillantes et les plus amusantes sont celles du carnaval *(antruejos),* agrémentées de jeux. Celui du *cántaro* donne lieu à des passes impressionnantes où tant va la cruche... La veille de Noël les femmes vont de maison en maison demandant des étrennes *(aguinaldos)* au son des *panderetas* et des *zambombas,* récipients fermés d'un côté par une peau et traversés d'un roseau *(carrizo,* laîche), que l'on frotte dans un va-et-vient continu, pour jouer de ce curieux instrument.

* Navarre : los sanfermines (Pamplona).

> Uno de enero, dos de febrero,
> tres de marzo, cuatro de abril,
> cinco de mayo, seis de junio
> siete de julio, San Fermín...

C'est le joyeux couplet qui annonce la fête de Navarre, la plus célèbre, malgré le danger qu'elle présente pour les téméraires. Le lâcher de taureaux dans les rues permet aux jeunes de Pampelune d'acquérir un brevet de *hombría* (courage viril) et de faire trembler leur « novia ». Courses de taureaux, bals populaires, visite des *tascas* (tavernes), c'est la fête pendant sept jours de folle ambiance, en l'honneur du Saint Patron, porté en procession le 7 juillet.

* Les fêtes basques. Elles sont placées sous le signe de la force, de la grâce et de l'esprit (cf. Quelques airs des autres provinces)... et du cidre *(la sidra)* qui coule à flots. Il n'y a pas de fête sans épreuves sportives, qu'il s'agisse de couper des troncs, de lever des pierres *(aizkolari),* de les traîner à l'aide de bœufs, de jouer à la pelote basque (cf. p. 128) ou de participer aux régates de *traineras* (« trainières » sorte de baleinières).

* Asturies, Galice : pays des « romerías ». Nombreuses sont les roméries en Asturies comme en Galice. La partie profane, pleine d'allégresse et de cidre, comporte les terribles paris *(apuestas)* gastronomiques : c'est à qui mangera le plus d'œufs sur le plat ou de rations de *fabada,* de poulets ou de côtelettes.

En Galice, la fête qui garde son renom dans toute la chrétienté est celle de Saint-Jacques de Compostelle, le 25 juillet, qui marque la victoire sur l'infidèle grâce à l'appui du Saint Patron. On brûle un *castillo* maure la veille, devant la cathédrale, et, le jour de la fête, *Santiago* à cheval figure en bonne place dans la procession.

✶ Aragon : Rondallas joteras. Dans toute l'Espagne, à l'occasion de n'importe quelle fête, les jeunes vont donner la sérénade sous le balcon fleuri ou grillagé d'une belle. Mais c'est en Aragon que ces *rondas* ont le caractère le plus typique peut-être, avec les spécialistes de jotas, surtout à l'occasion des fêtes du *Pilar* (11 au 18 octobre) : concours de danses, de *jotas*, courses de taureaux, *verbenas*, feux d'artifice, *toros de fuego*, etc. A Jaca (comme à Alcoy, près d'Alicante, réputée pour ses dragées, *peladillas*) ont lieu les fêtes de *moros y cristianos*, fêtes du bruit, de la poudre, du vin...

✶ Catalogne : la sardane. La sardane est la danse populaire ancestrale de la Catalogne, danse collective, d'une beauté archaïque, qui se rattacherait au culte du Soleil.

L'orchestre rustique *(la cobla)*, qui l'accompagne traditionnellement, comporte notamment : un *flaviol*, espèce de flageolet qui marque allègrement le début, la reprise ou la fin de la danse, un *tamborí*, petit tambour fixé au bras du même musicien, deux vibrantes *tenoras*, sortes de hautbois, deux *tiples*, petites guitares à quatre cordes au son aigu, ainsi que deux cornets à piston et une contrebasse.

Dans les villes ou stations de la côte a lieu chaque été un concours régional de sardanes avec remises de prix et de trophées. Après le défilé traditionnel à travers les artères principales, les groupes en costume régional *(les colles uniformades)*, se rendent sur la place publique ou au terrain de sports pour y tresser leur ronde oscillante. Un sardaniste compte les mesures et indique aux autres, par la position des mains, le changement de pas (*curts*, courts ou *llargs*, longs) et de mouvements (lents ou vifs).

Si vous découvrez la sardane pour la première fois, vous serez séduit, autant que par l'originalité de la musique, par le spectacle de plusieurs dizaines (ou centaines) de danseurs qui célèbrent ce rite catalan dans le même recueillement et dans une parfaite harmonie. La tenue de tous est parfaite.

Pas de « chahut » surtout ! Évitez avec soin toute plaisanterie déplacée !

✶ Levante : cf. Las Fallas de Valencia, p. 72.

✶ Murcie : El Bando de la Huerta, Batalla de Flores. Après les fêtes de la Semaine sainte a lieu le *Bando de la Huerta*, défilé de cavaliers, de gens costumés et de chars représentant des maisons de la Huerta ou des scènes de travail, en costume régional. Depuis le premier char, on annonce les « bans » ou l'on déclame des vers pleins de malice.

La bataille des fleurs où l'on se bat, de tribune à char, à coups d'œillets, de roses, de tulipes... est un des défilés les plus pittoresques. *El Entierro de la Sardina* qui clôt les fêtes de printemps, a lieu le soir, sous une abondante illumination et présente dans les chars des thèmes mythologiques ou fantastiques.

✶ Andalousie : cf. **La Feria de Séville** et **El Rocío**, p. 95.

Les spectacles

Théâtres (teatros)

Vous pouvez, dans les grandes villes, assister à des *funciones teatrales* dans des salles modernes, climatisées *(refrigeradas, climatizadas o de aire acondicionado)* pour la plupart. Il y en a plus de vingt à Madrid (consulter l'édition quotidienne de l'ABC), une dizaine à Barcelone. Dans cette dernière ville, on donne parfois des pièces en catalan et on est amateur averti d'opéra. Les grandes vedettes internationales du « bel canto » et de la grande musique viennent « en représentation », comme à Londres ou à Paris.

Les meilleurs places sont *las butacas* (fauteuils d'orchestre) et les *palcos* (loges) ou *clubs.* Les moins chères : *el anfiteatro,* tout en haut.

Cinémas (cines)

Vous trouverez dans la partie de la rubrique « Spectacles » des quotidiens intitulée *Cartelera de cines,* la liste de ces nombreuses salles.

Certaines donnent des *sesiones* (séances) *numeradas* à 16 h 30 ou 17 h, à places numérotées avec possibilité de réservation ; d'autres des *sesiones continuas* (permanentes) à partir de 16 h. Il existe des *salas especiales* (cinémas d'essai) qui donnent des films étrangers, parfois en version originale.

Quelques salles offrent un spectacle le matin (à 10 h). Prix modérés, surtout dans les petites villes (où l'ambiance est caractéristique : on y applaudit comme au théâtre !), le double dans les grandes villes.

Petit vocabulaire du spectacle

Proyectan un film
Una buena película = un beau film ; **una cinta interesante**
Un NO-DO : un documentaire
X actúa (joue) **en...**
Estuvo muy bien en el papel de... (dans le rôle de...)
La interpretación resulta correcta, buena
El director escénico (le metteur en scène) **ha logrado...**
Transcurre la acción en... : l'action a lieu...

Se inicia la trama... : le début de l'intrigue...
No es un argumento original : ce n'est pas un sujet original
Queda plasmado en un sólido guión : il s'appuie sur un bon scénario
El aplauso : les applaudissements
La silba : les sifflets
El gran éxito - el triunfo : le grand succès
El fracaso : l'échec

MUY BUENA   BUENA   DIVERTIDA   PASABLE   FLOJ

Dancings, etc.

On trouve toutes sortes de *salas de fiestas,* depuis le *night-club* ou « *boîte* » jusqu'à la *discoteca,* fréquentée par les jeunes. Certains offrent le dîner dansant *(reservar la mesa para la cena).* D'autres présentent, en dehors des orchestres habituels, certaines attractions internationales et un « show » ou ballet flamenco qui réserve parfois des surprises agréables. Se renseigner. Ces établissements sont souvent ouverts jusqu'à l'aube *(hasta la madrugada).*

Acaban de cenar François, Sylvie y sus amigos Elena y Juan.

François - Bueno. Y ¿qué hacemos ahora? No es cuestión de irse a la cama[1].

Elena - ¿Vamos al teatro?

Sylvie - Y ¿por qué no a algún buen concierto?

Juan - Por la razón muy sencilla de que[2] ya no es la temporada[3]... ya se sabe...

E. Representaron hace poco « *El tragaluz* »[4] de Buero Vallejo con bastante éxito[5]. Pero esto se acabó.

F. ¿Podríamos ir a algún cabaret?

E. Esto está muy traído[6]. Mujeres en cueros[7] las hay por todas partes.

S. Lo que no hay fuera de España[8] son los « tablaos flamencos »[9]. Llévanos a uno de ellos, a ver cómo cantan y bailan los gitanos.

J. ¿Lo típico? Puede ser. Pero suelen dar gato por liebre[10]...

F. Al fin y al cabo, más valdría irnos al cine. Hay sesión continua[11] en casi todos los salones[12].

S. Según lo que echen[13].

J. Hay para todos los gustos : películas del Oeste[14], comedias musicales... Puedes escoger lo que quieras.

S. Eso también está muy traído. Se proyecta a diario[15] en los cines de mi tierra.

E. Y películas eróticas ¿no es eso?

F. Sí. Para turistas extranjeros, de los que antes venían a ver el « french cancan ». ¡Qué cosa más triste!

E. De todos modos, aquí se prohíben, y asunto concluido[16].

J. ¿Por qué no iríamos a ver « El Verdugo »[17] de Berlanga?

S. ¿Cuál es el argumento[18]?

F. Ya verás : nos cuenta el caso de un pobre enterrador que hereda el cargo de verdugo del padre de su novia. De miedo y como para mondarse de risa[19] a la vez. Ya la vi, pero no en la versión original y volvería a verla con mucho gusto.

S. ¡Qué ilusión me hace[20]! ¡Vamos! ¡Vamos!

E. Ojalá[21] queden entradas[22], que estará eso de bote en bote[23].

1. aller se coucher.
2. Pour la raison très simple que...
3. ce n'est plus la saison.
4. On a joué « La lucarne ».
5. avec un certain succès.
6. C'est très rebattu.
7. Des femmes nues.
8. hors d'Espagne.
9. Voir p. 121.
10. se moquer du monde.
11. spectacle permanent.
12. salles de spectacle.
13. Cela dépend de ce qu'on « donne ».
14. des westerns.
15. tous les jours.
16. Ici, ils sont interdits, un point, c'est tout.
17. « Le Bourreau. » Un chef-d'œuvre d'humour noir.
18. le scénario.
19. Effroyable et à se tordre de rire.
20. Que je suis contente !
21. Pourvu que...
22. des places...
23. Comble, plein à craquer.

Formulations à retenir

Ya se sabe : On sait bien. - Renforcement de l'affirmation.
Ya no es... : Ce n'est plus... - Renforcement de la négation.

(Es) de miedo y (es) como para mondarse de risa a la vez.
(C'est) effroyable et **(c'est)** tordant à la fois.

¡Ojalá queden entradas!   ¡Ojalá no esté de bote en bote!
Pourvu qu'il reste des places !   **Pourvu que** ce ne soit pas comble !

Les spectacles

Cante flamenco y cante jondo

Il faut se garder de croire que tous les Espagnols sont amateurs de *(aficionados a)* « flamenco » et de réduire le folklore espagnol au spectacle, parfois frelaté, qui figure au programme d'un quelconque *tablao* (scène de planches), d'un cabaret ou d'un night-club.

* **L'origine du mot.** Elle est encore discutée. S'agit-il de « flamand », terme appliqué péjorativement aux courtisans amenés en Espagne par Charles-Quint puis aux nomades venus des Flandres ? D'une comparaison avec l'oiseau « flamant », à cause des jambes minces et du postérieur proéminent des danseurs gitans ? Ou d'une origine arabe (= fellah-mengu, paysan chanteur ou en fuite ?). Quoi qu'il en soit, ce terme qui désigne populairement tout ce qui est brillant, haut en couleurs ou « flambard », évoque un style aux mélodies étranges, aux consonances primitives où se mêlent des éléments byzantins, hébraïques, arabes et... gitans.

* **Distinction.** Depuis Falla, on distingue cependant le véritable *Cante jondo* (= *hondo,* chant profond) au style pur, souvent fait d'une géniale improvisation, qu'on ne trouve plus guère que dans d'humbles tavernes andalouses, du *Cante flamenco,* au style corrompu mais plus spectaculaire, qui s'accompagne de danses fougueuses, à l'impressionnant *zapateado* (claquement des talons). Vous découvrirez parfois avec surprise un chanteur ou un danseur, possédé du *duende,* ce démon qu'a si bien évoqué García Lorca.

La musique se différencie du folklore occidental par son éloignement du système diatonique, son emploi spontané des modes orientaux, avec leur chromatisme et leurs ornements. On appelle *melismas* les vocalises éperdues et interminables lancées d'une voix rauque par le chanteur, encouragé par l'auditoire ou... le vin.

> *Vino, sentimiento, guitarra y poesía*
> *hacen los cantares de la patria mía.* (M. MACHADO)

* **Quelques modalités.** Les spécialistes rangent dans le « Cante jondo », la *caña,* la *siguiriya,* les *soleares,* le *polo,* la *debla,* le *martinete,* la *saeta* et dans le « Cante flamenco » (appelé *chico,* petit, par rapport au précédent, le *grande*), la *seguidilla,* le *fandango,* la *malagueña,* la *granaína,* la *petenera...*

REMARQUE : la *debla* (= déesse en parler gitan), le *martinete* (chant de forgeron), la *saeta* (cf. la Semaine sainte, p. 94) se chantent sans guitare.

Voici le texte d'une vieille *petenera* (nom d'une danseuse) qui était interprétée par la Niña de los Peines.

¡Ay! soy como aquel fiel pelegrino[1]
que de penitensia muere
hasta encontrar el asesino[2]
ma(d)re de mi corasón
que me roba tu querer[3]
¡ay! como ladrón de caminos[4].

1. pèlerin. - 2. assassin. - 3. amour.
4. voleur de grands chemins.

Location

On ne loue pas pour les *tablaos*. On peut louer au théâtre même (*se despacha en contaduría* : location ouverte); *sacar las localidades* (prendre les places); *el palco de proscenio* (la loge d'avant-scène); *la platea* (la baignoire); *las butacas de platea* (les fauteuils de balcon); *la galería* (la galerie); *la banqueta, la bigotera* (le strapontin); *la fila delantera* (le 1er rang); *3 localidades seguidas* (3 places à la suite); *descanso* (relâche). *La butaca de orquesta* (le fauteuil d'orchestre).

Cartelera en Madrid

TEATROS

Alcázar, Alcalá, 20.
Alfil, Pez, 10.
Arlequín, San Bernardo, 5 y 7.
Arniches, Cedaceros, 7.
Barceló, Barceló, 11.
Beatriz, Hermosilla, 15.
Bellas Artes, Marqués de Casa Riera, 2.
Benavente, Pza. Vázquez de Mella
Calderón, Atocha, 18.
Club, José Antonio, 35.
Comedia, Príncipe, 14.
Cómico, Paseo de las Delicias, 41.
Eslava, Arenal, 11.
Fígaro, Doctor Cortezo, 5.
Infanta Isabel, Zarquillo, 24.
Lara, Corredera Baja, 15.
Latina, Pl. de la Cebada, 2.
Maravillas, Malasaña, 6.
María Guerrero, Tamayo,4.
Marquina, Prim, 11.
Martín, Santa Brígida, 3.
Monumental, Antón Martín.
Muñoz-Seca : Pza del Carmen, 1.
Príncipe, Tres Cruces, 10.
Reina Victoria, C. de San Jerónimo, 22.
Valle Inclán, Princesa, 3.
Zarzuela, Jovellanos, 2.

SALAS DE FIESTAS

Alazán, Castellana, 24.
Cártago, Bravo Murillo, 28.
Casablanca, Plaza del Rey, 7.
Castellana Hilton, Castellana, 55.
Club Alexandra, San Bernardo, 31.
Club Flamenco, Silva, 2.
Elefante Blanco, José Antonio, 82.
Flamingo, José Antonio, 34.
Gran Taberna Gitana, Mesonero Romanos, 15.
Lido, Alcalá, 20.
Pasapoga, José Antonio, 37.
Royal Bus, José Antonio, 43.
Teyma, Callao, 4.

TABLAOS FLAMENCOS

Arco de Cuchilleros, Cuchilleros, 17.
Corral de la Morería, Morería, 17.
El Duende, Señores de Luzón, 3.
Las Brujas, Norte, 15.
Los Canasteros, Barbieri, 10.
Los Reales, Plaza Marina Española, 4.
Torres Bermejas, Mesonero Romanos, 15.
Villa Rosa, López de Hoyos, 394.
Zambra, Ruiz de Alarcón, 7.

Cartelera en Barcelona

TEATROS

Apolo, Marqués del Duero, 59.
Alexis, Rambla de Cataluña, 90.
Barcelona, Rambla de Cataluña, 2.
Borras, Urquinaona, 9.
Capsa, Layetana, 134.
Calderón de la Barca, Ronda San Antonio, 38.
Liceo, Rambla de Capuchinos, 61.
Martin's, Paseo de Gracia, 130.
Moratín, Muntaner, 246.
Talia, Marqués del Duero, 100.
Tivoli, Caspe, 10.
Victoria, Marqués del Duero, 65.

SALAS DE FIESTAS Y CABARETS

Acapulco, Manuel Angelón, 3.
Barcelona de noche, Tapias, 5.
Bodega de Apolo, Marqués del Duero, 59.
Gambrinus, Guardia, 9.
El Molino, Vila Vilá, 93.
La Buena Sombra, Ginjol, 3.

CAFÉS CANTANTES (canto y baile flamenco)

Bodega del toro, Conde del Asalto, 103.
Las Cuevas, Gignás, 4.
Las Cuevas de Carmen Amaya, Parque de atracciones, Montjuich.
La Macarena, Nueva de San Francisco, 5.
La Venta Eritaña, Nueva de San Francisco, 2.
Los Tarantos, Plaza Real, 17.
Rincón Bohemio, Plaza Calvo Sotelo, 8.

Les grands cinémas, très nombreux, sont faciles à découvrir (impressionnants panneaux publicitaires) dans les principales artères de Madrid (Gran Vía, Plaza del Callao...) et de Barcelone (Ramblas, Plaza de Cataluña, Paseo de Gracia...). Les journaux donnent quotidiennement la liste des films qu'ils projettent.

La course de taureaux

La corrida est devenue la *fiesta nacional* même dans les régions qui n'ont pas de tradition taurine. Elle est régie par des règles strictes, à commencer par celle de l'heure annoncée sur le *cartel* (affiche), ... seul cas où l'horaire soit vraiment respecté ! Il faut assister au moins une fois à ce spectacle, haut en couleurs.

Petit lexique

* **Corrida de toros** : corrida réglementaire *(formal)* et complète où les *matadores de toros,* chefs des équipes, *cuadrillas,* ont reçu l'investiture *(tomado la alternativa)* conférée par un aîné, et où les taureaux remplissent certaines conditions. Conditions d'âge : *3 años y 4 hierbas* (4 printemps), au moins. Conditions de poids (500 kilos en moyenne) et de physique (aucun défaut).

* **Novilladas** : c'est une course avec les taureaux plus jeunes **(novillos)** et pouvant présenter des défauts d'armure *(cuernos, pitones, cornamenta).* Les toreros qui interviennent ne sont que des *novilleros.*

* **Becerrada** : course sans picadors où des toreros débutants affrontent des taurillons jeunes ou défectueux. Ce ne sont pas les plus faciles !

* **Capea** : les jeunes « toréent » sur la place du village.

* **Plaza de toros** : nom donné aux arènes. Le centre est appelé *ruedo, coso* ou *redondel.* Les gradins découverts sont les *tendidos,* au-dessus desquels se situent les *gradas cubiertas,* protégées par les *palcos* (loges). On paie parfois fort cher une place à l'ombre *(de sombra),* beaucoup moins un billet populaire *(de sol).*

* **Torero** (et non « toréador »), on dit aussi *el diestro* ou *el espada.*

* **Estribo** : marche-pied le long de la barrière *(talanquera),* qui peut ainsi être franchie en cas de difficulté. Le picador effectue son travail près de la barrière... qui lui permet de soutenir éventuellement la charge du taureau.

* **Burladero** : chicane permettant de passer dans l'arène ou... de s'en échapper.

Les phases de la corrida

La corrida commence par le classique *paseo de las cuadrillas,* précédées de *los alguacilillos,* en costume ancien (époque de Philippe IV).

* **Prologue** : on « reçoit » la bête avec le *capote* à l'aide de passes spectaculaires *(verónicas)* qui tendent à stabiliser un peu le taureau, suivant qu'il se montre fougueux *(bravo, brioso)* ou nonchalant *(manso, apático).* Suivent les trois phases ou *suertes* (appelées aussi *tercios).*

* **Suerte de varas** : au milieu des clameurs *(bronca)* du « respetable » público, qui supporte mal le châtiment *(castigo)* excessif, les taureaux doivent recevoir trois *varas* (ou *puyas)* coups de pique de cette phase sanglante mais nécessaire pour réduire leur puissance.

* **Suerte de banderillas** : les trois paires sont placées par le matador lui-même ou par ses *peones* au cours de cette phase.

* **Suerte de matar** : un *clarinazo* annonce l'affrontement final de l'homme et du taureau (offert au cours du *brindis* (dédicace) à un personnage

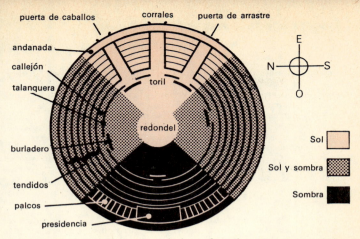

puerta de caballos — corrales — puerta de arrastre
andanada
callejón
talanquera
toril
redondel
burladero
tendidos
palcos
presidencia

E
N — — S
O

Sol
Sol y sombra
Sombra

important ou au public). Muni de la *muleta,* il commence son action, *faena,* en général par des *pases naturales* (pieds joints, du côté gauche). Suivant la qualité et l'enchaînement des passes, il y aura applaudissements, *aplausos, olés* et musique de la fanfare *(banda)* ou protestations *(protestas)* du public. Une seule estocade peut suffire pour la mise à mort *(el estoque* doit s'enfoncer entre les deux omoplates) ou être complétée par le *descabello* (coup de grâce au cervelet) donné par le *diestro* avec la *espada cruceta* et si l'animal est à terre, par un *peón,* avec la *puntilla* ou *cachete.* S'il a été brillant, le torero fera le tour de l'arène en montrant les trophées que le président lui accorde (oreilles, queue). Sinon, il y a *bronca.*

Lors de l'*arrastre por las mulillas,* les taureaux peuvent être applaudis ou sifflés *(abucheados)* suivant leur comportement et leur *bravura.* Chaque lidia des six taureaux (deux par matador) dure au maximum 20 minutes. Après 3 *avisos,* un torero — affront suprême - n'a plus le droit de tuer la bête.

Matadores de toros célebres

Acuñaciones españolas, S.A. a frappé une collection de médailles en or (de 22 *quilates,* carats) à l'effigie de célèbres *matadores* et *rejoneadores* (sur la face : *anverso*). Le revers *(reverso)* représente la *suerte* où le torero s'est le plus distingué. En voici la liste :
José Delgado « Pepe-hillo » (1754-1801) con el lance de frente por detrás.
Pedro Romero (1754-1839) citando a recibir.
Francisco Montes « Paquito » (1805-1851) salto a la garrocha.
Rafael Molina « Lagartijo » (1841-1900) larga capote espalda.
Salvador Sánchez « Frascuelo » (1842-1898) estocada al volapié.
Rafael Guerra « Guerrita » (1862-1941) banderilleando.
Rafael Gómez « El Gallo » (1882-1960) cite en silla.
Rodolfo Gaona (1888) gaonera.
José Gómez « Joselito » (1895-1920) pase ayudado.
Juan Belmonte (1892-1962) media verónica.
Domingo Ortega (1906) trincherazo.
Manuel Mejías « Bienvenida » (1912-1938) chicuelina.
Manuel Rodríguez « Manolete » (1917-1947) manoletina.
Antonio Mejías « Bienvenida » (1922) cite para pase cambiado.
Luis Miguel Domínguín (1926) larga cambiada.
Manuel Benítez « El Cordobés » (1936) un derechazo.

123

La course de taureaux

Les grandes corridas

En mars, celles des fallas de Valence *(San José)* ; en avril, feria de Séville ; en mai, San Isidro à Madrid et feria de Cordoue, Corpus Christi à Grenade et Tolède ; en juillet, San Fermín à Pampelune ; en août, feria de Bilbao et Semana Grande de San Sebastián ; en septembre, Fiestas de la Merced, à Barcelone (la goyesca d'août se fait en habits d'époque), ferias de Valladolid et Salamanque ; en octobre, fiestas del Pilar à Saragosse.

N.B. A la feria de Séville de 1977 qui ouvre la « temporada », les grandes vedettes ont été Curro Romero, Manolo Arruza, Manili. Les grands toreros du jour sont, en outre : Niño de la Capea, Paquirri, Calatraveño, Alcalde, Andrés Vázquez, Paula etc. *Ganaderías célebres :* Miura, Bohorquez, Marqués de Domecq, Ramón Sánchez, Carlos Urquijo, etc.

El rejoneo

Le *rejoneo,* combat du taureau à cheval est remis à la mode depuis quelques années. C'est la forme ancienne du toreo puisque autrefois seuls les nobles chevaliers combattaient le taureau à cheval.

Le *rejoneo* dont les bases ont été fixées en 1923 par A. Cañero, se caractérise par la monte à cheval avec des étriers courts, en costume andalou *(campero)*, avec un *rejón* (1,60 m) terminé par un fer de lance. Après la pose de *rejones* courts, ornés de fleurs et de *banderillas* sur le *morrillo,* a lieu la mise à mort avec le *rejón de muerte.* En cas d'échec, le *rejoneador* peut descendre de cheval et estoquer la bête à l'épée.

Jusqu'en 1974 ce fut la seule forme de *toreo* autorisée pour les femmes. Une chilienne, *Conchita Cintrón,* a marqué de son adresse ce *toreo* où l'attention des spectateurs est captivée par la vituosité des cavaliers. Les *rejoneadores* ou *caballeros en plaza* travaillent parfois *al alimón* (à deux).

N.B. Réglementairement, les cornes sont limées et arrondies à l'extrémité afin d'éviter des blessures graves au cheval. Cette pratique, *el afeitado,* est interdite pour la course normale.

Rejoneadores famosos :

- *Antonio Cañero* (1885-1952) célebre por sus banderillas a dos manos.
- *Simão da Veiga* (1903-1959) especialista del rejón de castigo.
- *Álvaro Domecq* (1917) con sus famosos adornos.
- *Ángel Peralta* (1926) muy apreciado en la suerte de la rosa.

A los toros[1]

Hablan dos estudiantes franceses Sylvie y Jean con dos amigos españoles, Elena y Paco.

Sylvie - No he podido resistir[2] la tentación de ir a los toros[1] pero me muero de miedo.

Paco - Yo creo que te gustará. Es un espectáculo muy pintoresco y alegre. Tiene mucho colorido.

Elena - Eso lo dices tú, pero yo no acabo de[3] acostumbrarme a esos puyazos[4] que se dan a una res indefensa[5].

Jean - ¡Vamos, no me seas exagerada! Que yo por nada del mundo me pondría ante los pitones[6] de un toro.

S. ¿Es verdad que antes se toreaba sólo a pie?

E. ¡Claro! Y ahora son cada día más numerosas[7] las corridas con rejoneadores, que a mí es lo que[8] más me gusta.

P. ¡Y sin embargo se ve correr[9] la sangre también!

J. Yo asistí ya a esa clase de toreo y reconozco que es muy espectacular.

E. Sí, pero Paco te dirá que nada vale el duelo[10] del hombre con la fiera[11], ese «ballet» trágico que siempre termina con la muerte del animal.

P. ¡Mujer! Bien sabes que el drama puede andar rondando[12] también para el torero. El espada «se juega el tipo»[13]. ¡No mata con el desenfado de un matarife[14] sino según unas reglas de arte!

S. Me asustáis todavía más con esa discusión tan seria.

J. A mí también me ha entrado un escalofrío[15].

P. Un día le preguntaron a Manolete[16] que por qué estaba siempre tan serio. Y ¿sabéis lo que contestó?

E. ¡A ver el chiste[17] que nos va a soltar!

P. Manolete contestó que ¡ «más serio está el toro»!

Sueltan todos la carcajada[18].

---

1. *(fam.)* ir a los toros.
2. remarquer la construction de **resistir** (el ataque, el asalto).
3. (litt. : je ne finis pas.) Je n'arrive pas.
4. de **puya** (pique). Le suffixe **-azo** indique «un coup de» (**codazo, martillazo...**).
5. une bête sans défense.
6. **cuernos.**
7. de plus en plus nombreuses.
8. c'est ce qui...
9. couler (pour un liquide). - 10. duel.
11. bête sauvage.
12. rôder. **Andar** a une valeur d'auxiliaire (+ gérondif).
13. *(fam.)* «risque sa peau».
14. l'aplomb d'un boucher.
15. frisson.
16. Voir p. 123.
17. plaisanterie, bon mot.
18. éclatent de rire.

Football

C'est de loin le sport le plus populaire en Espagne. Les grands clubs espagnols - Real Madrid, Atlético de Bilbao, Barcelona... - ont une réputation internationale.

Le Real Madrid et son président

Président du Real Madrid depuis 1943, à une époque où ce club n'avait pas son prestige actuel, Santiago Bernabéu a pressenti le développement de ce sport dans son pays. C'est lui qui a eu l'idée de construire le stade de 125 000 places, qui porte son nom, grâce à l'émission d'obligations. C'est lui qui a engagé les grands joueurs qui ont fait le renom du Real : Alfredo di Stéfano (en 1953-1954), le « crack argentino » et Francisco Gento. Il permit aussi à son équipe de décrocher cinq coupes d'Europe consécutives et de battre en 1960, au cours d'une rencontre mémorable, le « Peñarol » de Montevideo.

Plus tard d'autres joueurs émérites vinrent défendre les couleurs du Real : le Hongrois Ferenc Puskas, le Français Raymond Kopa, le Brésilien Waldyr (« Didí ») Pereira et l'Uruguayen José Emilio Santamaría.

Pequeño léxico del aficionado al fútbol

Ailier : extremo, ala
Arrêt (du jeu) : detención
Arrêt : parada
Arrière : defensa (m.), zaguero
Attaque (l') : la ofensiva, el ataque
Avant : delantero (**-centre** : centro)
Avance : ventaja (la)

Balle : pelota ; **ballon** : balón, « esférico »
Barre transversale : larguero (m.)
Blessé : lesionado
Boiter : renquear, cojear
Bloquer : bloquear
Buts (les) : la meta, la portería
But (marqué) : un gol, un tanto
Buteur : goleador

Cage : portería
Charger : cargar (**charge** : carga)
Coéquipier : compañero
Contrôler (le ballon) : hacerse con...
Corner : saque de esquina, córner
Coup d'envoi : saque del centro
Coup de pied : patada
Coup franc : golpe franco
Coup de réparation : golpe de castigo
Culotte : calzones

Dégager : despejar (arrière) ; hacer el saque de puerta (gardien)
Dégagement : saque
Demi : medio
Dribler : regatear

Entraînement : entrenamiento
Équipe : equipo (m.). - **équipier** : jugador

Faute : falta
Forme (être en...) : estar en forma
Football : fútbol (**footballeur** : futbolista)

Gardien de but : portero, guardameta
Gradins : gradería (f. s.)

Hors jeu : fuera de juego

Inter : interior

Joueur : jugador
Juge de touche : juez de línea

Ligne de touche : línea de banda
Ligne de but : línea de gol

Maillot : camiseta
Match : encuentro, partido, match
Match nul : empate ; **faire...** : empatar
Match retour : partido de vuelta
Mi-temps (repos) : descanso
    1re, 2e **mi-temps** : 1er, 2do tiempo

Penalty : penalty, castigo
Places : localidades
Poteau : poste
Prolongation : prórroga

Rester sur la touche : quedarse en la banda
Recette : entradas (f. pl.)
Remise en jeu : saque

Shoot : voir « tir » ; **shooter** : chutar
Sifflet : pito
Supporter : hincha
Surface de réparation : área de castigo

Tableau d'affichage : marcador
Terrain : campo
Tête : cabeza
Tir : tiro, disparo, chut
Tirer au but : tirar a gol
Tirer au sort : sortear
Touche : salida fuera de banda

Les quinielas

Pour jouer aux *quinielas* (concours de pronostics) on utilise une grille *(boleto)* spéciale, revêtue d'un timbre fiscal correspondant au nombre des paris engagés (4 ou 8).

Si on prévoit la victoire de la première des deux équipes désignées sur la ligne choisie, on surcharge le signe **1**. On pronostique le match nul en surchargeant le signe **x**, et la victoire de la seconde équipe en surchargeant le **2**.

Pour jouer « gagnant et placé » (pronostic à deux résultats possibles), il suffit de surcharger deux signes, à son choix. Qui veut éviter de se compromettre peut pronostiquer les trois résultats. Il suffit alors de surcharger les trois signes : **1, x, 2.**

On peut ainsi engager soit quatre paris soit huit. Une *tabla de premios* indique les rapports possibles en cas de succès complet *(sin fallo)* ou partiel. Un mode d'emploi détaillé figure au verso de chaque *boleto* dont le joueur conserve la fiche *Clave D* sur laquelle un carbone reporte ses paris.

« Centra Velázquez, recoge Amancio, rechaza el portero y Mas se hace con la pelota... »

La Ciudad Deportiva de Madrid

Situada a tres kilómetros al norte del Estadio, se inauguró hace una década. Cuenta con cinco piscinas, veinte pistas de tenis, un pabellón de baloncesto[1], y cuatro campos de fútbol.

Dicha[2] ciudad alberga[3] también la única pista de hielo[4] de Madrid, utilizada a diario por más de mil patinadores.

El conjunto de baloncesto cuenta en su haber[5] con cuatro Copas de Europa y es el indiscutible campeón de España.

Además los equipos de balonvolea[6] y atletismo son los actuales campeones nacionales.

Los turistas pueden admirar en su Museo las 2 100 copas de oro y de plata, trofeos ganados[7] por los atletas del Real Madrid.

---

1. terrain couvert de basket-ball.
2. la dite, = cette.
3. abrite. - 4. patinoire.
5. à son crédit, à son actif.
6. volley-ball.
7. trophées remportés.

La pelote basque

Quelle que soit son origine - fort ancienne selon certains, simple survivance locale du « jeu de Paume » selon d'autres -, la « pelote » est incontestablement le sport basque par excellence, celui que l'on pratique de l'école maternelle à la soixantaine et parfois fort au-delà. Il faut remarquer cependant que l'aire du jeu de pelote dépasse largement la zone de la langue « *Éuskara* ».

On « joue à la pelote », selon l'expression consacrée, non seulement dans les « Vascongadas », mais aussi en France, en Navarre, en Vieille Castille et en Aragon et d'une manière générale dans tous les pays où l'on trouve des Basques : Amérique latine, sud et ouest des États-Unis, Afrique du Nord, Philippines, etc.

La pelote basque se pratique sous des formes très diverses :

* En « place libre », c'est-à-dire en fronton en plein air avec une variante, le fronton « espagnol », qui comporte un « mur à gauche » formant angle droit avec le mur de face. Les formes de jeu en place libre sont multiples : à main nue, *a pala* (ou *palita*), *a pala ancha,* parties qui opposent en 21 points des équipes de deux joueurs. Les frontons en « place libre » permettent également les jeux au *Chistera,* appelés « petit gant » - Yoko Garbi, ou « grand gant ».

D'autres jeux connaissent également un grand succès : le *rebot,* que seuls les « vrais » Basques peuvent apprécier et la *Cesta punta,* d'origine basco-argentine.

* Jeu en trinquet *(Trinquete),* c'est-à-dire fronton enclos dans un rectangle couvert à quatre murs, avec galeries grillagées - car le *pelotazo* égaré est dangereux - dans lequel on joue à main nue ou à *pala (palita* ou *ancha).* Le nombre des joueurs varie selon le type de jeu.

* En bons héritiers des Ibères, les Basques adorent les défis et sous leur forme plus moderne, les paris. Ces derniers sont soit clandestins, de spectateur à spectateur, à l'occasion d'un grand match, soit officiels dans les frontons couverts des grandes villes (Barcelona, Madrid, Palma, Tánger, etc.).

Si ces derniers, contrôlés quoique bien hasardeux (les équipes opposées sont *contratadas* par les impresarios du fronton) n'entraînent pas de gros risques, les paris clandestins peuvent atteindre, par contre, des chiffres énormes, compte tenu des possibilités des parieurs : par exemple, une paire de bœufs, cinquante brebis, etc.

Quoi qu'il en soit, la pelote basque est un sport « complet », faisant appel à tous les muscles de ceux qui la pratiquent et constitue pour le touriste un spectacle haut en couleur.

Iñigo - Eh, gabachito de mi alma[1] ¿ te gustaría ver un partido de pelota?
François - Me ilusiona mucho[2]. Pero no sé si voy a entender algo.
I. Ven conmigo, te explicaré.

....

F. Pero si todos van vestidos igual[3] ¿ cómo distinguir?
I. Fíjate : hay tres con fajín[4] rojo, los « colorados », y otros tres con fajín azul. Además todos los conocen.
F. ¿ Van mezclados los dos equipos?
I. Natural[5]. Todos están cara al frontón[6]. Los cuatro más cercanos[7] a él son los delanteros de ambos equipos[8]. A media cancha[9] está el zaguero del equipo al que le toca el saque[10]. Y allá, en el fondo, el del otro bando.
F. ¿ Qué hace allí, tan lejos?
I. Ya lo vas a ver. Mira cómo da el saque el delantero rojo.
F. ¡ Vaya saque! Cómo vuela la pelota por el aire.
I. ¿ Comprendes ahora por qué se situaba tan lejos el zaguero?
F. ¿ Podrá recoger la pelota? ¿ Y cómo la va a devolver?
I. Recoger, la recogerá[11]. Ya lo ves. Pero a la fuerza[12] se limita a devolverla lo mejor que pueda. Es precisamente lo que trata de lograr el bando contrario. Así va a dar un rebote flojo[13], y eso le favorece. Mira bien lo que va a pasar.
F. ¡ Ay!
I. ¿ Qué « recorte », eh? ¡ Fulminante[14]!
F. ¡ Hombre!
I. ¡ Qué bien! ¿ Has visto cómo lo ha recogido el delantero azul?
F. ¿ Cómo se puede lograr esto[15]?
I. Reaccionando con la mayor prontitud, pero sobre todo gracias a la « vista »[16] con que se ha sabido colocar de antemano[17].
F. ¿ De modo que es suyo el tanto[18]?
I. No, que ha habido « falta ». La pelota ha rebotado fuera de la raya[19]. El tanto es de los colorados.
F. ¿ Y ahora, qué pasa? ¿ Qué está cantando ése?
I. Está pregonando los tantos en vascuence[20]. « Uno a cero. »
F. ¿ Y así?
I. Así hasta que un equipo haya ganado 50 tantos. ¿ Deporte de hombres, no?

1. Mon cher petit gavache (français).
2. m'intéresse beaucoup.
3. Ils sont tous habillés de la même façon.
4. une ceinture (de soie ou de flanelle).
5. Nature(llement).
6. face au fronton.
7. les quatre plus proches.
8. des deux équipes.
9. Au milieu du terrain.
10. de l'équipe à qui revient le coup d'envoi.
11. Pour ce qui est de la reprendre, il la reprendra.
12. par force.
13. elle va rebondir mollement.
14. un « recorte » foudroyant (coup rasant presque imparable).
15. Comment peut-on y arriver?
16. le « coup d'œil ».
17. se placer à l'avance.
18. Il a gagné le point.
19. a rebondi hors des limites.
20. il crie les points en langue basque (un pregonero : un crieur public).

* *

Así se habla

Ambos equipos.
Les deux équipes.

Ambos zagueros.
Les deux arrières.

Con ambas manos.
Des deux mains.

¿ Es suyo el tanto?
Le point est-il pour lui?

No, el tanto es de los colorados.
Non, le point est pour les rouges.

Autres sports

* **Le cyclisme,** *ciclismo ;* la « Vuelta » (a España) et el « Tour » (de France) ont révélé de nombreux champions, *campeones,* excellents grimpeurs (Bahamontes, Ocaña, Fuente...). Le campeonato del mundo a eu lieu en 1973 à San Sebastián (pruebas de pista) et sur le circuit de Montjuich (Barcelona).

* **Le tennis.** Ce sport se développe de plus en plus en Espagne, comme l'atteste la valeur de plusieurs *tenistas* espagnols (Santana, Gisbert, Orantes). De nombreux courts, *campos* ou *canchas,* existent dans toutes les stations estivales.
LOCATION D'UN COURT : S'adresser au bureau du club ou à l'hôtel et choisir le matin avant 10 h et l'après-midi après 17 h, si vous êtes dans une région assez chaude. On peut louer des *raquetas* et acheter des *pelotas* (balles) sur place.
N.B. Vous pouvez pratiquer le *tenis de mesa* un peu partout, aussi bien en plein air que dans les salles de jeux, *salones de juegos.*

* **Le golf.** La plupart des clubs de golf datent de ces vingt dernières années. Les plus anciens sont ceux de Las Palmas (Gran Canaria), de San Sebastián et du *Real Automóvil Club de España,* à 28 km de Madrid, sur la N. 1. Les terrains sont tous installés dans des sites d'une grande beauté, près des villes : Madrid, Pamplona, Zaragoza, Pontevedra, Vigo, Santander, Bilbao, San Sebastián, Gijón, La Coruña, Zarauz, Barcelona, Gerona, Puigcerdá, Castellón, Valencia, Marbella, Málaga, Sevilla, Palma de Mallorca, Santa Cruz de Tenerife et Las Palmas (Gran Canaria).
. Les conditions techniques de ces *campos* sont remarquables ; certains ont été retenus pour y disputer plusieurs épreuves internationales classiques (trophée Eisenhower, Canada Cup, etc.).
Une brochure, *Le golf en Espagne,* établie par la *Federación Española de Golf* et distribuée gratuitement par le M.I.T., fournit tous renseignements utiles sur les clubs : adresse, téléphone, emplacement, nombre de trous (9-18 *hoyos*), longueur du parcours, *recorrido* (de 5 à 6 000 m), prestations (bar, restaurants, piscine...).
Le droit d'accès au terrain est réduit de moitié les jours ouvrables. Le tarif des « caddies » dépend du nombre de trous et de la catégorie du terrain. On peut louer des clubs (*palos*) et des chariots. *Llevar un golpe de ventaja* (avoir un coup d'avance), *quedar empatados* (faire match nul).
N.B. Le *mini-golf* est pratiqué dans toutes les stations. Certains terrains offrent, outre l'originalité des pistes, un cadre de verdure très agréable.

Sports d'hiver : deportes de la nieve

Il existe d'excellentes pistes naturelles pour le ski et de nombreuses stations de sports d'hiver dotées d'installations modernes :
- **Pyrénées** : La Molina (1 436-2 537 m), Masella (1 100-1 600 m), Nuria (1 900-3 000 m), Baqueira (1 500-2 500 m), San Joan de l'Erm (1 950-2 150 m), Super-Espot (1 500-2 500 m), Candanchu (1 500-2 240 m), Cerler Benasque (1 500-2 900 m), El Formigal (1 500-2 400 m), Panticosa (1 200-1 900 m).
- **Cordillère cantabrique** : Pajares (1 400-2 100 m), Alto Campoo-Reinosa (1 600-2 200 m).
- **Sierra de Guadarrama** : Navacerrada (1 700-2 230 m), Valcotos (1 800-2 300 m).
- **Sierra Nevada** : (1 900-3 450 m).

PUERTO DE PAJARES
SAN ISIDRO
MARAÑA
LEITARIEGO
EMILIANO
M. Cantábricos
REINOSA
ALTO
CAMPOO
BURGUETE
ISABA
CANDANCHU
EL FORMIGAL
SALLENT DE G.
PANTICOSA
CELER-BENASQUE
Pirineos
SALARDÚ-BAQUEIRAS-BERET
SUPER-ESPOT
LLESUY
SANT JOAN DE L'ERM
TOSSA DE DAS
NURIA
LA MOLINA
CAMPRODÓN
RASOS
DE PEGUERA
Barcelona
PORT DEL COMPTE
Y DEL VERT
Guadarrama
LA PINILLA
NAVACERRADA
COTOS
SIERRA DE GREDOS
Madrid
SIERRA NEVADA

MINI-LEXIQUE

Nevar : neiger
La escarcha : le givre
Avalancha, alud : avalanche
Copo : flocon
Derretirse : fondre
Nieves perpetuas : neiges éternelles
La ventisca : bourrasque
Nevada : chute de neige
Desnevar : déneiger
El quitanieves : le chasse-neige
La pista de descenso : la piste de descente

El trazado : le tracé
El abeto : le sapin
El recorrido : le parcours
El telesquí : le téléski
El telecabina : la télécabine
La bañera : la baignoire
La helada : le verglas
El desnivel : la dénivellation
El telesilla : le télésiège
El teleférico : le téléphérique
El slalom (especial), (gigante) : le slalom spécial, géant
La combinada : le combiné
La puerta : la porte
El salto : le saut
El esquí : le ski
El esquiador : le skieur
El trineo : la luge, le traîneau

D'autres encore

ALPINISME : montañismo
Spéléologie : espeleología

ATHLÉTISME : atletismo
Un athlète : un atleta
Battre un record : batir un récord (una marca)
Saut à la perche : salto con pértiga
Course de fond : carrera de fondo
Course de vitesse : carrera de velocidad
Un coureur : un corredor
Le lancement du marteau : el lanzamiento de martillo
Le lancement du poids : el lanzamiento de peso
Le javelot : la jabalina
Le saut en longueur : la longitud
L'épreuve du 100 m haies : la prueba de 100 m vallas

COURSES AUTOMOBILES : carreras de automóviles

MOTOCYCLISME : motorismo
Faire le meilleur temps : marcar el mejor tiempo

BASKET-BALL : baloncesto
Le terrain : la cancha.
Une partie : un partido, un encuentro
Le tableau d'affichage : el marcador
Gagner par le score de 104 à 83 : hacerse con el triunfo de tanteo de 104-83

LA BOXE : el boxeo
Un boxeur : un boxeador
Envoyer au tapis : tirar a la lona
Arrêter le combat au 2e round : parar la pelea en el segundo asalto
Gagner par KO technique : vencer por KO T (técnico)

ÉQUITATION : hipismo
Club hippique : hípica, centro hípico
Manège : picadero

ESCRIME : esgrima
Fleuret : florete
Épée : espada
Sabre : sable

HOCKEY SUR GLACE : hockey sobre patines
Tournoi : torneo

Autres sports

Sports nautiques

NATATION : natación
Un nageur : un nadador
La brasse : la braza
La brasse-papillon : la braza mariposa

Le crawl : el crol
Établir un nouveau record du monde : establecer una nueva plusmarca mundial

En mer si vous êtes un bon *aficionado* (véritable amateur) les pêcheurs espagnols seront heureux de vous emmener pêcher la bonite, *bonito,* en Méditerranée.

* **Pêche sous-marine,** *caza submarina, escafandrismo, aletas* (palmes) *de bucear, máscara.* Attention ! el escafandrismo, avec bouteilles, est interdit.

* **Voile** : tous les ports ont un *Club náutico.* Si vous êtres régatier, participez aux *regatas de balandros* organisées lors des fêtes.

MINI-LEXIQUE DE LA VOILE

LE VOILIER : el velero
Les agrès : la jarcia
L'ancre : el ancla
La barre : la caña
La bôme : la botavara
Le bordé : la borda
Un «bout» : un cabo
La coque : el casco
La drisse : la driza
La dérive : la orza
L'écoute : la escota
L'étrave : la roda
L'étai : el estay
Le gouvernail : el timón
Le gréement : el aparejo
Les haubans : los obenques
Une manille : un grillete
Le mât : el palo ; mástil ; árbol
Le pont : la cubierta
La poupe : la popa
La proue : la proa
La quille : la quilla
La ralingue : la relinga
La vergue : la verga
La voile : la vela
La voilure : el velamen

LA NAVIGATION : navegando

A bâbord : a babor
A tribord : a estribor
Abattre : abatir
Aborder : abordar
A la dérive : al garrete
Ancré : anclado
Amener : arriar
Appareiller : zarpar
Arriver : arribar
Cap (sur) : rumbo (a)
Changer de route : abatir el rumbo
Chavirer : zozobrar
Corriger le cap : enmendar el rumbo
Couler : hundirse
Empanner : ponerse en facha

Faire voile vers... : navegar rumbo a...
Filer une amarre : arriar de una amarra
Filer x nœuds : marchar a x nudos
Gagner au vent : barloventear
Gîter : escorar
Hisser : izar
Jeter l'ancre : echar anclas
Larguer : soltar ; largar
Lofer : orzar
Louvoyer : voltejear ; dar bordadas
Mettre à la voile : hacerse a la vela
Mille marin : milla marina
Mollir : aflojar
Mouiller : surgir ; fondear
Mouillé : surto ; fondeado
Mouillage : fondeadero
Naviguer : navegar
- **vent debout** : con viento por la proa
- **vent contraire** : con viento contrario
- **au plus près** : en bolina
- **au près** : cerrado
- **près et plein** : en bolina franca
- **largue** : con viento largo
- **vent de travers** : con viento a la cuadra
- **vent arrière** : con viento en popa
Route : rumbo
Tirer un bord : dar una bordada
Virer : virar
- **vent arrière** : por redondo
- **vent devant** : por avante

LA FORCE DU VENT

Calme (plat) : calma (chicha)
Brise folle : ventolina
Bonne brise : brisa clara
Forte brise : brisa parda
Brise carabinée : brisota
Frais : viento fresco
Grand frais : viento frescachón
Coup de vent : ventarrón
Tempête : temporal
Ouragan : huracán

Las regatas de traineras

- Para regatear[1], manejar bien el remo, el saber más que la fuerza.
- Pero fuerte hay que ser ¿no?
- Forzudos, no[2]. Saber, eso sí. Ya ha habido chicos muy fuertotes[3] que no sabían remar, Hay que tener bien los pulmones[4] y el brazo y la mano.
- ¿Y para saber...?
- Para saber, pues, remar. Entrenamiento.
  Y Antonio me contó que éste hay que hacerlo con rigor y medida. El viaje de ida y vuelta[5]; es decir, la regata, repetirla unos quince días antes de la prueba[6] cada jornada. Como me parecían pocos días en todo el año, se lo indiqué.
- Hay que ir a pescar. Ya se pierden esos días. Pero más no se puede[7].
- Para ir a regatear ¿qué se precisa?
- ¡Hombre, la trainera! ¿Qué se va a precisar[8]?
- ¿De qué es la trainera « Pinchán »?
- De okoumé[9]; otras veces, de pino; las costillas[10] - y me señalaba éstas - son de acacia.
- ¿Pesará lo suyo[11]?
- Trescientos quince kilos.
- ¿Y los remos[12]?
- Tienen cuatro metros, son de madera de haya[13] y pesan nueve kilos.
- ¿Cuántos van[14] en la trainera?
- Trece y el patrón; además hay tres suplentes[15].
- ¿Si un remo se rompe...?
- Pues el hombre al agua; pero rápido para quitar peso; el remo va primero y después el remero, y a veces es duro para éste, con la fatiga, volver a nado[16].
- ¿El uniforme del remero?
- Un jersey; cada tripulación[17] lo lleva de un color; un pantalón cortito, y esto es todo. Luego, a la mar.

in Ferias y fiestas de España

1. courir (ramer) en régates de baleinières.
2. Puissants, non.
3. *(fam.)* costauds.
4. Avoir de bons poumons...
5. le parcours, aller et retour.
6. avant l'épreuve.
7. On ne peut pas faire plus.
8. De quoi voulez-vous qu'on ait besoin?
9. En okoumé (bois exotique).
10. Les membrures.
11. Elle doit peser un bon poids?
12. Et les avirons?
13. Ils sont en bois de hêtre.
14. Et ils sont combien...?
15. remplaçants.
16. revenir à la nage.
17. Chaque équipage.

¡Salta, hombre! ¡No vale la pena hundirse con un fuera borda!

La chasse

Le gibier abonde encore dans de nombreuses régions d'Espagne dont les *serranías*, en particulier, sont le paradis des chasseurs. Le permis *(licencia)* délivré par la Direction générale de la Sûreté, est naturellement nécessaire. En outre, pour certaines espèces de gros gibier un permis spécial est exigé, sans parler de l'obligation d'acquitter certains droits.

* Le gros gibier *(caza mayor)* : On peut chasser l'ours *(oso)* et le sanglier *(jabalí)* dans les Asturies, comme le chamois *(gamuza)* qu'on rencontre aussi dans les Pyrénées et le León. Le cerf *(ciervo)*, le chevreuil *(corzo)*, le daim *(gamo)*, le bouquetin *(cabra montés)* et encore le sanglier peuplent les vastes réserves d'Andalousie.

* Le petit gibier *(caza menor)*, qu'il soit à poil *(de pelo)* ou à plume *(de pluma)* est particulièrement abondant. Les immenses *pinares* (pinèdes) sont peuplées de lapins de garenne *(gazapos de monte)*. On trouve du lièvre *(la liebre)*, de la perdrix *(perdiz)*, de la bécasse *(becada* ou *chocha)* dans toutes les régions. La palombe *(paloma torcaz)* a de forts passages en Navarre, au Pays basque et dans la Montaña de Santander. Le gibier aquatique *(aves acuáticas)* se cantonne plutôt dans le delta de l'Èbre (Tortosa), vers Tarragone, sur la *Albufera* (lagune) de Valencia et dans la *marisma* andalouse.

* Périodes de chasse

GROS GIBIER : du 12 octobre au 3e dimanche de février (ours, bouquetin, chevreuil, chamois : du 2e dimanche de septembre au 1er novembre).

PETIT GIBIER : du 1er dimanche d'octobre au 1er dimanche de février. Le printemps et l'été sont périodes *de veda* (fermeture).

Un bon exemple des terrains de chasse espagnols est offert par la Sierra de Cazorla (2 000 m) située en Andalousie du Nord à une centaine de kilomètres de Jaén. A partir du Parador Nacional situé en pleine sierra, le service du *Patrimonio Forestal* y organise de grandes battues *(ojeos)* pour lesquelles il met à la disposition des chasseurs, les jeeps, les chevaux, les rabatteurs *(ojeadores)* et les chiens nécessaires.

La pêche

Les rivières espagnoles sont généralement très poissonneuses. On retiendra que les Asturies et la Montaña ont été le berceau de la pêche sportive de la truite et qu'on y a inventé l'usage de la mouche artificielle (des spécialistes y fabriquent encore des leurres *(cebos artificiales)* que se disputent les champions). Ces deux régions sont toujours le paradis des pêcheurs.

N.B. L'emploi du filet *(red)* est interdit pour le saumon *(salmón)*, la truite *(trucha)*, le black bass et le brochet *(lucio)*. Il n'est autorisé qu'à certaines époques (indiquées pour chaque espèce) pour la lamproie *(lamprea)*, les ciprins *(ciprínidos)* et l'alose *(alosa* ou *sábalo)*. Le pêcheur ne peut retenir que le poisson dont la taille est supérieure au minimum autorisé : 8 cm pour la *boga* (chevesne), 15 cm pour la tanche *(tenca)*, 18 cm pour la carpe *(carpa)* et le barbeau *(barbo)*, 19 cm pour la truite, 20 cm pour l'alose et l'anguille *(anguila)*, 25 cm pour la lamproie, 40 cm pour le brochet, 55 cm pour le saumon, 70 cm pour l'esturgeon mâle *(esturión macho)* et 110 cm pour sa femelle *(hembra)*.

¡Vámonos de cacería[1]!

Luis - *(Llamando a la puerta[2] del cuarto de dormir de François.)* Paco... Ce[3]
¡ Paco ! Ya es hora. ¿No me oyes ?

François - *(despertando)* ¿ Qué hay ? ¿ Qué pasa ?

L. ¿ Qué ha de pasar ? Ya es hora de madrugar[4] ¡so remolón[5] ! ¿No oyes a los perros ladrando en el patio ?

F. ¡Ay Dios ! ¡Ya voy ! ¡Que me esperen !

L. ¡Aprisa[6] ! Aprisa, hombre, que ya es tarde.

F. Ya voy, dentro de diez minutos.

L. No te olvides de nada, ni de la escopeta, ni de la canana, ni de la bota[7]...

F. Descuida. Ya voy.

Un cuarto de hora después, abajo.

F. ¡Listo[8], señores !

Luis y demás - ¡Ole[9] ! que ya apareció el rey de los remolones.

Le dan el desayuno.

L. Trágate[10] esto y vamos. Ea, señores, a los coches.

F. ¿ Dónde estarán los perros ?

L. En el maletero. ¿No los oyes ? Con el barullo que están armando[11]... ¡Todavía no estás despierto, caray[12] !

F. Pero si es de noche[13]...

L. Mejor que mejor[14], que tenemos que llegar a los puestos antes del amanecer.

Todos - ¡Vamos ! ¡Vamos !

X. ¡ Buena suerte ! A ver si volvéis con el morral vacío[15].

L. Cállate, aguafiestas[16]. Al que va a cazar caza mayor no le sirve el morral más que para llevar la merienda[17]. ¡Andando !

1. partons à la (en) chasse.
2. Frappant à la porte.
3. Hep !
4. C'est l'heure de se lever (tôt).
5. Espèce de lambin, de tire-au-flanc.
6. Vite, vite !
7. ton fusil, ta cartouchière, ta gourde.
8. (Me voilà) prêt !
9. Bravo !
10. Avale-moi ça.
11. Avec le vacarme qu'ils font !
12. Sapristi !
13. Mais il fait nuit !
14. Tant mieux.
15. ... bredouilles.
16. Trouble-fête.
17. son casse-croûte.

Postes et télécommunications

Dans les grandes villes (Madrid, Barcelone...) vous trouverez un *Palacio de telecomunicaciones* à l'architecture somptueuse. Dans les petites villes, bourgades ou villages, vous aurez toujours la possibilité d'effectuer vos opérations postales dans les plus modestes *casas de Correos.*

Les bureaux sont ouverts de 9 h à 13 h et de 15 h à 18 h. Il faut prendre garde, cependant, à l'horaire d'été adopté dans certaines localités.

Les timbres se vendent à tous les guichets ; vous en obtiendrez également par les distributeurs automatiques, dans les gares, les stations de métro, etc., et, de façon plus courante, au bureau de tabac *(estanco, tabacalera* ou *expendeduría)* du coin.

Il est donc inutile de vous rendre au bureau de poste pour un simple affranchissement : tous les renseignements voulus vous seront donnés à l'*estanco* le plus proche. Il vous suffira de demander : *¿ Cuál es el franqueo de una carta* (= lettre), (ou *de una postal* = carte postale) *para Francia ?* : Quel est l'affranchissement, etc.

Dans certains cas, votre courrier peut être acheminé, soit par avion, soit par chemin de fer, à des tarifs différents.

Les timbres espagnols sont très beaux et très variés (reproductions de tableaux, de monuments, de costumes régionaux, etc.). Des guichets spécialisés dans la vente des *Sellos de colección* sont ouverts aux philatélistes dans les postes centrales des grandes villes.

La poste restante *(Lista de Correos* ou *Lista)*

Si vous n'avez pas de domicile fixe, demandez à vos correspondants de vous écrire de la façon suivante :

DUPONT François, Lista de Correos, ROSAS (Gerona).
- Le nom doit être écrit en lettres capitales. Évitez de le faire précéder de « Madame » ou « Monsieur »... ; ainsi votre lettre ne risquera pas d'être classée à la lettre M, prise pour votre initiale !
- Nom de la localité.
- Nom de la province entre parenthèses.

N.B. Si vous vous faites adresser votre courrier à la *Lista* dans une grande ville, faites préciser : *Casa central de Correos.*

N'oubliez pas de prendre votre passeport pour vous présenter au guichet.

Envois recommandés
(Envíos certificados ou *Certificados)*

Il convient de demander au guichet *(taquilla, ventanilla)* correspondant l'imprimé nécessaire. Dire par exemple :

* Por favor ¿ me da usted un impreso (ou un formulario) para una carta certificada (ou para un paquete certificado) ?
S'il vous plaît, voulez-vous me donner un imprimé (un formulaire) pour une lettre recommandée (ou pour un paquet recommandé) ?

* ¿ Cuál es la tarifa de franqueo para ... ? (Madrid, Francia, etc.)
Quel est le tarif d'affranchissement pour ... ?

* Valor declarado : Valeur déclarée.

* Envío contra reembolso : Envoi contre remboursement.

```
CORREO AEREO
AIR MAIL
```

Les mandats (Giros postales)

De France en Espagne et vice-versa, la réglementation diffère : il vaut mieux, ici et là, obtenir les renseignements voulus au guichet spécialisé.

MATRIZ	TALON	ORDEN DE PAGO	G-1	RESGUARDO

GIRO POSTAL N.°

Importe [2]
Pesetas [3] .... Cts.
Origen [4]
Páguese a D. [5]
residente en [6]
calle [7]
Remite D. [8]
calle [7] .... n.°
Fecha [9]
El Remitente.

GIRO POSTAL N.°
Importe [2]
Origen [4]
Remite D. [8]
calle [7] .... n.°

GIRO POSTAL N.°
IMPORTE (en cifras) Ptas........... Cts.
Pesetas [3] .... Cts
Oficina expedidora:
Oficina pagadora:
Páguese a D. [5]
residente en [6]
calle [7] .... n.°
Fecha [9]

GIRO POSTAL N.°
Importe
Derechos.
Total.
Destino:

el remitente llenará sólo los epígrafes en tinta negra. [1]   Los epígrafes en tinta roja los llenará la oficina de Correos.

1. L'expéditeur ne remplira que les alinéas prévus et à l'encre noire.
2. Montant, en chiffres.
3. Montant, en lettres.
4. Origine (ville d').
5. Payez à l'ordre de M... (faire suivre du nom du destinataire en capitales).
6. demeurant à ... (faire suivre du nom de la ville).
7. rue ... (à remplacer, le cas échéant, par **Plaza** (place), **Avenida** (avenue) ou **Paseo** (cours).

Postes et télécommunications

El telegrama

Il comprend, comme en France, les parties suivantes :
- Destinataire *(destinatario)*, avec l'adresse *(las señas ; el destino)*, et, éventuellement, *el teléfono y télex*.
- Texte *(texto)*.
- Les noms et adresse de l'expéditeur *(señas del remitente, nombre y domicilio)*. Ceux-ci, non taxés, sont obligatoires, afin de permettre de signaler à l'intéressé tout incident dans la transmission. Les erreurs commises « *no dan lugar a indemnización de ningún género* ».

Un double est délivré avec l'indication du montant *(el importe)* en pesetas.

✱ **Services spéciaux** : les plus courants sont *urgente* (priorité de transmission), *respuesta pagada*, réponse payée (préciser le montant mis à la disposition du correspondant *corresponsal*), ou le nombre de mots qui en permet le calcul, *acuse de recibo* (on vous préviendra de la date et de l'heure de la remise par le service de *reparto* « distribution »), *teléfono o télex* (communication gratuite dans ce cas « *sin perjuicio de la ulterior entrega* ») ; la mention *día* (pour éviter de déranger la nuit) ou *noche* (remise à toute heure du jour ou de la nuit), *abierto* (pour permettre à tout membre de la famille d'en prendre connaissance, *de enterarse de su contenido*).

✱ **Réception d'un télégramme en Espagne** : le port est gratuit *(porte gratuito)*. On donne un pourboire *(propina)* suivant le trajet... et les étages !

EL EXPEDIDOR DEBE RELLENAR ESTE IMPRESO, EXCEPTO LOS RECUADROS EN TINTA ROJA   T. G.-1.-EGSA

INS O N.° MARCACION	SERIAL		INDICACIONES TRANSMISION
LINEA PILOTO		TELEGRAMA	

N.° _____ Pal. _____ día _____ hora _____ | Ptas. _____

INDICACIONES: | DESTINATARIO: _____
SEÑAS: _____
TELEFONO: _____ TELEX: _____
DESTINO: _____

TEXTO: _____

| SEÑAS DEL EXPEDIDOR | NOMBRE: _____ | TFNO.: _____ |
| | DOMICILIO: _____ | POBLACION: _____ |

A-5 UNE 1011.-(148 × 210)   IMPORTANTE.—La hoja adjunta sirve de recibo y copia.

En la oficina de correos[1]

Suzanne *(al empleado)* - Por favor, déme dos sellos de a ocho y cuatro de a cinco. ¿Hay que pagar una tasa[2] si se manda la carta[3] por via aérea?

Empleado - Sí. Según el peso.

S. ¿Y para enviar un paquete?

E.1 Vaya usted enfrente, donde ponen[4] « Paquetes postales ».

S. *(al segundo empleado)* - ¿Me hace el favor de pesarme este paquete?

Empleado 2 - Quinientos cincuenta gramos.¿ Lo manda usted certificado[5]?

S. ¿Resulta mucho más caro?

E.2 Casi el doble. ¿Es algo de mucho valor?

S. Son unos libros que le mando a una amiga. ¿Qué me aconseja usted?

E.2 Yo le aconsejo que los mande como un paquete corriente.

S. ¿Tardarán mucho[6] en llegar?

E.2 Puede que lleguen[7] dentro de cuatro o cinco días. ¿Los quiere usted mandar por exprés?

S. No. No corre prisa[8]. ¿Cuánto le debo?

E.2 Son cincuenta pesetas. No se olvide de rellenar[9] esta etiqueta para la aduana. Basta con[10] indicar lo que contiene el paquete y pegarla encima[11].

1. le bureau de poste.
2. Une taxe.
3. Si on expédie la lettre.
4. où on lit : ...
5. recommandé.
6. mettront-ils longtemps?
7. Il est possible qu'ils arrivent...
8. Ce n'est pas pressé.
9. remplir.
10. Il suffit de ...
11. la coller dessus.

Locutions

- Le prix

  Dos sellos de a ocho (pesetas) y cuatro (sellos) de a cinco (pesetas).
  Deux timbres à huit (pésètes) et quatre (timbrès) à cinq (pésètes).
  ¿A cómo son? : Combien valent-ils? . - **A ocho** : Huit pésètes.

- Le conseil

  Yo le aconsejo que lo mande : Je vous conseille de l'envoyer.
  Le aconsejaba que lo mandase : Il lui conseillait de l'envoyer.

- Double construction : **No se olvide de rellenar = No se le olvide rellenar.**

- **Basta con indicar...** : Il suffit d'indiquer...
  Me basta y me sobra : J'en ai assez et même trop.

Le téléphone

Le réseau téléphonique *(teléfono)* est très développé et possède dans les grandes villes des installations modernes perfectionnées, mais les Espagnols adorent téléphoner, et ils sont souvent très... éloquents. Ce n'est pas pour rien que la communication est appelée « *conferencia telefónica* » !

Il faut attendre parfois longuement pour obtenir *una llamada telefónica* avec la France. Mais la communication est, en général, de bonne qualité technique et d'un prix relativement modique. Un conseil : téléphonez de préférence dès l'ouverture (8 h ou 9 h du matin).

La unidad de conversación est de 3 minutes, comme en France. Dans les cabines publiques *(cabinas* ou *locutorios)* on ne peut avoir de liaisons interurbaines. Il faut s'adresser à un *centro telefónico* (central téléphonique) qui, en Espagne, est indépendant de *la Oficina de Correos* (La Compagnie des Téléphones est une compagnie privée).

Le nombre des *centros automáticos* (compte par *impulsos periódicos)* ne cesse de s'accroître, mais dans les villages *celebrar una conferencia* constitue encore parfois une aventure assez pittoresque.

De plus en plus, on peut obtenir l'étranger sans l'intermédiaire d'un central. De même, pour avoir un numéro en Espagne, il suffit en France de composer le 19, puis le 34 et le numéro national de l'abonné. (Consultez les pages vertes de votre annuaire.)

Quelques conseils

* Quand vous devez fournir un numéro ... *Quisiera el* (numéro) *en* (la ville, le pays). Le chiffre zéro se dit : *cero.* (V. p. 6 N. B.)

* Quand la communication est établie, la téléphoniste *(telefonista* ou *operadora)* vous dit : *Póngase* = Prenez l'appareil.

* Quand vous lancez un appel, si vous êtes le premier à parler, il vous faut dire : *Oiga* (= écoutez), *X* (vous déclinez votre nom), *al habla* (= un tel à l'appareil), et enchaîner : *Quisiera hablar con el señor... por favor* (Je voudrais parler à M..., s'il vous plaît).

Si vous connaissez votre interlocuteur, il vaut mieux le désigner par **son prénom précédé de don**. C'est la forme de courtoisie. Un Espagnol n'est jamais très satisfait de s'entendre appeler *señor García* par exemple. Dites : *don Antonio,* si tel est son prénom, et *don Antonio García,* s'il y a lieu de préciser.

* Pour répondre à un appel on utilise le mot *Diga* (= dites, parlez).

Quelques locutions à connaître

- **La guía de teléfonos** : l'annuaire des téléphones.
- **Telefonear** : téléphoner.
- **Llamar por teléfono** : appeler au téléphone.
- **Dar un telefonazo** *(fam.)* : passer un coup de fil.
- **Conferencias interurbanas** : communications interurbaines.
- **Un centro telefónico** : un central téléphonique.

* **La Telefónica** : Le siège de la Compagnie des Téléphones.
Cet édifice madrilène de quatorze étages, un des premiers gratte-ciel de la capitale, se trouve sur la Gran Vía (Avda de José Antonio), près de l'angle de la rue de Fuencarral et du carrefour dit « Red de San Luis ». La porte et la tour sont inspirées du style baroque madrilène.

140

Al habla con Paris

Telefonista - ¿A quién le toca[1] ahora?
Sylvie - A mí, señorita. Quisiera este número en París *(le enseña[2] un papel con el número).*
T. Bien. Tendrá que esperar un momento.
Mujer *(saliendo de la cabina)* - ¡Señorita! Pero si no se oye nada en ese aparato, a no ser un zumbido[3] que me taladra los oídos[4]. ¿Está Vd. segura de que mi Carmen le ha contestado?
T. Vuelva Vd. en seguida a la cabina. El zumbido ese es el tono[5]. De prisa[6], que ya le están hablando...
M. ¡Madre mía de mi alma[7]! Ya voy ¡Carmencita!

Al cabo de un cuarto de hora.

S. Por favor, señorita ¿no se le ha olvidado mi número, verdad?
T. ¡Qué va[8]! Si lo he pedido ya dos veces. Lo que pasa es que en París, según me han dicho, los circuitos no funcionan bien y en abriendo las oficinas[9], se atascan que es una barbaridad[10].
S. Y yo que he venido tempranito[11] justamente para no tener que esperar mucho.
T. Claro. Es una pena[12] quedarse aquí en vez de aprovechar el sol de nuestra España. Diga[13]... Ya está, señorita. Cabina 2. Póngase[14] y hable en voz alta...

1. A qui le tour?
2. Elle lui montre.
3. Sauf un bourdonnement.
4. qui me casse les oreilles.
5. c'est la tonalité.
6. Vite!
7. *(pop.)* Ah, mon Dieu!
8. Pensez-vous!
9. dès l'ouverture des bureaux.
10. Il y a des embouteillages affreux.
11. très tôt.
12. Il est dommage de.
13. Allo!
14. Prenez l'appareil, la communication.

Léxico guía de la conferencia internacional

- Para comunicarse automáticamente con Francia, Bélgica, Suiza...
  Pour obtenir une communication automatique :
- Marcar el prefijo.
  Composer le préfixe.
- Obtener el segundo tono.
  Attendre la seconde tonalité.
- Marcar el indicativo del país.
  Composer l'indicatif du pays.
- Marcar el indicativo provincial.
  Composer l'indicatif interurbain (ou de la zone automatique).
- Y luego el número del abonado.
  Et enfin le numéro de l'abonné.

LLAMADA DE RECLAMACIÓN.

¡Llevo seis horas repitiéndole que me han contado cuatro minutos de más, en el mes pasado!

141

Pour vous, Madame

Si vous avez besoin de grouper vos achats, sachez que l'Espagne possède aussi des chaînes de grands magasins : dans les villes, vous trouverez toujours une succursale des « *Galerías Preciados* », du « *Corte Inglés* » ou encore de « *Sears* » et de « *Sepú* » : vous n'aurez qu'à choisir le rayon *(sección)* qui vous convient.

* Si vous aimez la haute couture *(alta costura)*, vous aurez le choix entre la mode... française (les grands couturiers français ont souvent des « *boutiques* » en Espagne) et espagnole. A Madrid, en flânant le long de la Castellana ou de la Gran Vía, vous admirerez (et essayerez !) les dernières créations. A Barcelone, vous pourrez aller chez *Pertegaz*, Avda Generalísimo Franco, 580, spécialiste de haute couture « jeune », ou chez *Pedro Rodríguez*, Paseo de Gracia, 8-10, qui passe pour être le Dior espagnol.

* Le prêt-à-porter (prononcer prête à portère) connaît aussi une grande vogue... et les prix sont moins élevés qu'en France.
Au Pays basque ou à Barcelone, vous pourrez vous laisser séduire par les vêtements de daim : vestes *(chaquetas de ante)*, ensembles *(conjuntos dos piezas)*, manteaux *(abrigos)*... mais sachez que tous ces articles doivent être déclarés à la douane ! Les droits sont élevés et les douaniers sont experts à reconnaître la veste de daim française ou espagnole, en examinant l'envers du bouton !

RAPPEL	**La jupe me va bien** : Me sienta bien la falda.
	Cette robe vous va mal : Este vestido no la favorece.
	Cette robe est trop juste : Me ciñe demasiado.
	Cette robe est trop large : Me es muy ancha.

* Si vous êtes « in », « out », « camp », « teen-ager », etc., vous serez également satisfaite en furetant dans les « *boutiques* » (mot espagnol) des grandes villes. La « *boutique* » (boutíqué) a pour équivalent la bien française « shop » ; vous y trouverez toutes sortes d'articles d'une facture très moderne et, bien souvent, des sacs de cuir, des robes de soie imprimée ou des bijoux fantaisie. Ce sont, pour la plupart, des établissements élégants où les prix sont parfois élevés : pour vous en convaincre, allez donc (à Barcelone) chez *Loewe* (Paseo de Gracia, 35) qui est un peu l'équivalent de Hermès pour l'Espagne ou chez « *Dique Flotante* », Paseo de Gracia, 103.

* La chaussure est aussi un article intéressant. L'élégance et la qualité espagnoles sont connues.

RAPPEL	**Je chausse du 36** : Calzo un 36.
	La pointure : Los puntos.

* Si vous avez besoin de produits de beauté *(artículos de belleza)*, entrez dans une « *perfumería* », parfumerie, et demandez :

une eau de Cologne : una Colonia	**un stick déodorant** : una barra desodorante ; desodorante en vaporizador
un bain moussant : un gel espumoso	
une savonnette : una pastilla de jabón	**une huile de bain** : aceite de baño
un savon de toilette : un jabón de tocador	

* Pour votre maquillage *(maquillaje)* :

un pot de crème de beauté : un tarro de crema de belleza	**du fard à paupières** : polvos para párpados
un tube de lait hydratant : un tubo de crema fluida hidratante	**un eye-liner** : eye-liner
	un mascara : máscara para pestañas
un démaquillant : un desmaquillador	**un rouge à lèvres** : un colorete
un crayon : un lápiz para ojos	**de la poudre de riz** : polvos de arroz

142

* Des parfums : il existe d'excellents parfums espagnols, moins chers que leurs homologues français. Parmi les meilleurs : *Diagonal* de « Pertegaz » ; *Tabú* de « Dana » ; *Joya, Maja, Orgía, Embrujo, Promesa, Maderas del Oriente* de « Myrurgia ».

N.B. L'eau de Cologne française est fabriquée sur place, sous licence et revient moins cher.

* Pour le salon de coiffure *(peluquería)*, cf. p. 152.

* Vous pouvez également vous attarder dans les bijouteries *(joyerías)*. Votre retard risque d'être important car l'orfèvrerie et la bijouterie espagnoles sont très réputées. Nous ne reviendrons pas ici sur les spécialités locales que vous trouverez dans nos études régionales.

Sachez, cependant, qu'il est intéressant d'acheter de l'argent en Espagne car son titre y est plus élevé que dans certains autres pays... et qu'une main-d'œuvre moins bien payée permet des prix de vente avantageux. Attention toutefois : un achat important se fait dans une bijouterie accréditée, ayant pignon sur rue ! Méfiez-vous des vendeurs ambulants qui ne vendent que de la pacotille *(oropel)* et surtout, des individus qui vous proposent la montre en or ou le bracelet qu'ils tiennent soigneusement dans leur poche !

L'or doit être poinçonné *(oro de ley contrastado)* ; le carat *(el quilate)*.

* **Bijoux** *(joyas)*

un collier : un collar, una gargantilla	**une broche** : un broche, un imperdible
des boucles d'oreilles : pendientes, zarcillos	**un bracelet** : una pulsera, un brazalete

L'ensemble de ces bijoux constitue la parure *(aderezo)*. Il existe le *medio aderezo* comprenant les boucles d'oreilles et la broche.

une bague : una sortija	**c'est un faux diamant** : es un culo de vaso
monter un diamant en relief : montar al aire un diamante	**la montre bracelet** : el reloj de pulsera

Pierres *(piedras)*

le rubis : el rubí	**le jais** : el azabache
le saphir : el zafiro	**la topaze (d'Espagne)** : el topacio (de Salamanca)
l'émeraude : la esmeralda	**la turquoise** : la turquesa
l'agate : el ágata	
l'onyx : el ónice	

* **Pour habiller vos enfants**

Dans les grands magasins, demandez la *planta juvenil* ou, en tout lieu, la *sección de confecciones para niños.*
Quelques exemples :

pour votre fillette	**pour votre fils**
une robe en velours de coton : un vestidito en rasos de algodón	**pantalons unis** : pantalones lisos
...en piqué de coton : en piqués de algodon	**chemises à carreaux** : camisas a cuadros
jupes et chemisiers : faldas y blusas	
une jaquette : un chaquetón	
un sweater : un suéter	

N.B. Les shorts se disent de préférence *shorts* pour le sexe féminin et *pantalones cortos* pour les jeunes garçons.

Vos achats en Espagne

Le tourisme étant intimement lié à l'industrie du « souvenir », vous trouverez, en tous lieux, le plus grand choix de poteries, fers forgés, armes, poupées, etc. Nous ne vous conseillons pas ces grands « bazars touristiques » où l'esthétique et la qualité sont souvent douteuses !

Dans un pays où l'artisanat est si riche, il vaut mieux flâner dans les petites boutiques, à la recherche de la spécialité de la région : vous aurez ainsi la satisfaction de voir parfois à l'ouvrage le potier ou le souffleur de verre. A toutes fins utiles, nous vous recommandons :

* La verrerie catalane et baléare ; vous pourrez voir souffler le verre au Pueblo español de Barcelone.
* La faïence de Manises (7 km à l'ouest de Valence), réputée depuis le XIVe siècle, dont les reflets dorés sont, paraît-il, d'origine persane.
* La céramique de Manises (aux motifs d'origine végétale mêlés d'inscriptions arabes) et de Talavera (à dessins jaunes et bleus : visitez à l'ouest de la ville la *fábrica del Carmen*).
* Le cuir andalou et, tout particulièrement, cordouan (cuirs repoussés).
* L'orfèvrerie de Tolède (aciers gravés et damasquinés).
* Les broderies de Lagartera et Oropesa ou des Canaries (cf. p. 99).
* Les mantilles de Grenade et d'Almagro.
* Le fer forgé de Mallorca et de Cuenca.

Ce tableau est bien loin d'être exhaustif ! Vous trouverez d'autres indications dans nos études régionales et vous découvrirez vous-même les grandes richesses de l'artisanat local.

Les douaniers français autorisent facilement le passage, sans droits, de ces articles d'artisanat... pour autant qu'ils n'aient pas une grande valeur marchande. Sachez, également, que vous avez le droit de rapporter une cartouche de cigarettes (200 unités) et une bouteille de boisson alcoolisée.

* Si vous en avez la possibilité, revenez en France par l'Andorre, petite principauté pyrénéenne aux belles vallées et aux villages pittoresques, dont l'un des attraits (et non des moindres !) est de proposer généreusement une essence moitié moins chère qu'en France ainsi que du matériel photo, des transistors, des vestes de daim... hors taxes !

François, vagando[1] por el supermercado, topa con[2] doña Mercedes.

Mercedes - ¡Hola, don Paco, usted aquí! ¿De compras, a lo que parece?

François - Sí, señora : comprando algo de comer para ir de gira al campo[3].

M. Pues yo, mire, a enterarme de los precios y ver cómo marcha eso. No es oro todo lo que reluce[4]. Más me gustan las tiendas de mi barrio[5].

F. ¿Aunque le cobren más[6] que aquí?

M. Está todavía por averiguar la carestía[7] de unos y la baratura[7] de otros.

F. Pero ¿no le molesta a usted tener que esperar que la atiendan mientras están regateando y charlando[8]?

M. ¡Qué va! El mejor rato[9] del día. Se aprovecha la oportunidad para echar un párrafo[10] con las vecinas...

F. ¡Ya caigo[11]! Por eso hay aquí más extranjeras que españolas.

M. Por eso, precisamente. A las españolas, que nos den lo acostumbrado[12]. « Más vale lo malo conocido que lo bueno por conocer. »

F. De gustos y colores... Y los tenderos ¿qué dicen?

M. Se quejan de la competencia desleal[13] que se les hace.

F. ¡Tanto como eso! ¡Qué exageración!

M. Puede ser que lo sea. Pero yo no sé. A mí me da mala espina[14] esto de comprarlo todo envuelto en celofán, y tanta lata[15] y tanto género extranjero[15]. Y tampoco me gusta eso de tener que pagarlo todo al contado[16]. A mí me fían[17], que no soy ninguna ladrona[18]. *(Dirigiéndose a un dependiente)* : ¿Jamón serrano[19], tiene? ¿Y garbanzos[20]?

Dependiente - No, señora. Aquí sólo se despachan cosas finas. Tenemos jamón de York, marca inglesa garantizada, y guisantes[21] extra, franceses.

M. ¿Y de pescado[22]?

D. Si quiere usted pescado congelado, hay lo mejorcito de Suecia y Noruega.

M. ¡Ay, Jesús[23]! ¡Como si aquí no tuviéramos todo eso a manta[24]! Claro que como ninguno es profeta en su país... Para mí, donde está el bacalao nuestro, que se quite Suecia entera[25].

1. errant à travers.
2. tombe sur... (rencontre).
3. aller faire une partie de campagne.
4. Tout ce qui brille...
5. les boutiques de mon quartier.
6. vous font payer plus cher.
7. la cherté..., le bon marché...
8. sont là à marchander à bavarder.
9. le meilleur moment.
10. faire un bout de causette.
11. Ah! J'y suis! (Je comprends!)
12. ce dont nous avons l'habitude.
13. concurrence déloyale.
14. ne me dit rien qui vaille.
15. et toutes ces conserves et toutes ces marchandises étrangères!
16. payer comptant.
17. on me fait crédit.
18. Je ne suis pas une voleuse, moi.
19. jambon de campagne (litt. : montagne).
20. des pois chiches.
21. des petits pois.
22. Et comme poisson?
23. Ah, mon Dieu!
24. à foison.
25. Devant notre morue, la Suède entière peut tirer son chapeau!

* *

Protestando

¡No soy ninguna ladrona! : Je ne suis pas (je n'ai rien d') une voleuse, moi!
¿Por quién me toman? : Pour qui me prend-on?

Comprarlo todo...   **Pagarlo todo al contado.**
Acheter tout...   Payer tout comptant.

Yo lo compro todo fiado y lo pago todo cuando quiero.
Moi, j'achète tout à crédit et je paie tout quand je le veux.

Le rayon de l'habillement

Acheter : comprar
Achalandé : surtido (v. surtir)
Aller (bien, mal) : sentar (bien, mal)
Article : género
Assortiment : surtido

Bas : medias
Batiste : batista
Bouton : botón
Boutonné : abotonado
Brodé : bordado (a mano, a máquina)
Broderie : bordado

Caisse : caja
Caissière : cajera
Caleçon : calzoncillo
Cardigan : rebeca
Ceinture : pretina; **- pour les bas :** liguero; **- corset :** faja
Chaussures : calzado
Chemisier : blusa; **robe-chemisier :** traje camisero
Chemise : camisa; **- de nuit :** camisón
Chemise-veste : playera
Choix : surtido
Col : cuello
Coloris : colorido
Collant : leotardo
Confection : ropa hecha, confección
Costume : traje
Court : corto
Cretonne : cretona
Crêpe : crespón
Crochet (au) : punto de ganchillo (de)
Culotte : bragas

Daim : ante
Dentelle : randa (à l'aiguille ou tissée); encaje (au fuseau)
Deux-pièces : dos piezas
Doublure : forro
Drap : paño **(de lit) :** sábana

Envers : (al) revés
Endroit : (al) derecho
Essayage : prueba
Essayer : probarse
Étalage : escaparate
Étroit : estrecho

Fermeture éclair : cremallera
Fil : hilo
Foulard : pañuelo
Fourrure : pieles

Gabardine : gabardina
Gaine : faja
Gants : guantes **(de toilette :** manopla)
Garniture : guarnición
Gilet de corps : camiseta **(de costume :** chaleco)
Grand(e) : alto(a)

Habillement : prendas de vestir

Jersey : jersey
Jours : calados; **à jours :** calado
Jupe : falda
Juste : estrecho, justo

Large : ancho; **long :** largo

Manteau : abrigo
Mercerie : mercería
Mi-laine : mezclado
Mince : delgado(a)
Mouchoir : pañuelo
Mousseline : muselina

Nappe : mantel
Nylon : nylon, nilón *ou* nailón

Paire : par (m.)
Pantalon : pantalones
Pantoufle : zapatilla
Pardessus : gabán
Percale : percal
Petit(e) : bajo(a)
Pied-de-poule : pata de gallo
Piqué : piqué
Pli (de pantalon) : raya; **(de jupe) :** tabla; **faux ... :** arruga
Plissé : tableado, plisado
Popeline : popelín

Raccourcir : acortar
Rayure : raya, lista
Rayé : listado
Rayon : sección, departamento
Rayonne : rayón, rayona
Rétrécir : encogerse
Revers (du col) : solapa; **- du pantalon :** vuelta
Robe : vestido
Robe de chambre : bata

Satin : raso, satén
Serviette (de table) : servilleta; **- de toilette :** toalla
Slip : slip
Soie : seda (natural, artificial)
Soldes : saldos; **en ... :** saldado
Souliers : zapatos
Soutien-gorge : sostén, sujetador

Taille : talla; **(ceinture :** talle)
Tergal : tergal
Tissu : tejido; **- éponge :** felpa
Tricot : género de punto
Tricoté : de punto
Tulle : tul

Va (cela me) : me sienta
Velours (à côtes) : pana (rayada); **- de soie :** terciopelo
Vendeuse : dependienta
Veste : chaqueta
Veston : americana
Vitrine : muestra, escaparate

Saldos y quema[1] general

Vendedor - ¿ La están atendiendo a usted, señora[2] ?

Señora - Necesito una rebeca[3], y ando buscando bragas[4], braguitas para la nena[5].

V.¿ Para esta niña tan mona[6] ?

S. Precisamente. Y un mono[7] para el niño.

V. Todo ello[8], lo encuentra usted en el piso segundo. Aquí tiene el ascensor. Pregunte por la sección de saldos[9]. Hay precios de quema. Verá usted qué gangas[10]. Tenemos un surtido[11] enorme de géneros de punto[12] y ropa interior[13]. Y, para esta mujercita[14] y su hermanito, vaya donde ponen : « Pulgarcito. » Sección de ropa para niño[15].

V.¿ Le sienta bien, verdad[16] ?

S. A mi ver, le viene un poco corto[17]. ¿ No tienen otra talla mayor ?

V. Sí, señora. A ver este trajecito, esta chaquetita[18], este pantaloncito, como de hombre.

S. Le viene bastante ancho y un poco largo de piernas[19].

V. Descuide usted. En creciendo un tanto[20], le va a sentar como pintado[21].

S. Pero no me gusta ese rojo tan chillón[22]. El rojo no le favorece[23]...

V. Tenemos otros coloridos : amarillo, azul, rosa... que visten mucho.

1. Soldes et liquidation.
2. On s'occupe de vous, Madame ?
3. un cardigan.
4. une culotte.
5. cette petite fille.
6. si mignonne.
7. une salopette.
8. tout cela.
9. Demandez le rayon des soldes.
10. occasions, affaires.
11. un choix, un assortiment.
12. de tricots.
13. linge de corps (ropa blanca = linge de maison).
14. cette petite bonne femme et son petit frère.
15. « Le Petit Poucet », vêtements d'enfants.
16. Cela lui va bien, n'est-ce pas ?
17. A mon avis, c'est un peu court pour lui.
18. petit costume, petite veste.
19. large... long de jambes.
20. Dès qu'il aura un peu grandi...
21. comme un gant.
22. criard. - 23. ne lui va (convient) pas.

La santé

* **Vous allez bien** : *No hay problema.* A la question *¿ Cómo está usted ?* ou *¿ Qué tal va ?* vous répondrez : *Estoy muy bien ; mi familia también ; Gozamos de perfecta salud*, etc., sans oublier : *Gracias, y usted ¿ cómo sigue ?*

* **Êtes-vous souffrant ?** Si on vous demande : *¿ Qué le pasa ? Le encuentro pálido(a).* Vous pourrez répondre à vos connaissances et amis : *No me siento bien ; me duele la cabeza*, etc.

* **Soins** : Pour les petits ennuis de santé (constipation : *estreñimiento ;* petit rhume : *resfriado ;* rhume de cerveau : *constipado…*) il suffira de voir un pharmacien (cf. p. 150). En cas de maladie, vous vous adresserez à l'un des médecins *(médicos)* de la ville, du *Consultorio médico* ou *quirúrgico*.
  Le régime de la Sécurité sociale n'est pas le même qu'en France : les soins sont payants pour l'étranger et les honoraires sont libres, comme pour l'Espagnol qui ne s'adresse pas au médecin de son quartier. Le tarif des piqûres *(inyecciones)* varie selon que vous les faites faire par un médecin ou par un *practicante* ou *auxiliar medical*, sorte d'infirmier de grade supérieur spécialisé dans ce genre de soins.
  En cas d'urgence, adressez-vous à la *Guardia Civil*, qui alertera le service d'ambulance *(ambulancia)* ou vous accompagnera à la clinique *(clínica)* ou à l'hôpital *(casa de socorro)* le plus proche, ou au prochain *« puesto de Cruz Roja »* (permanence jour et nuit, assurant les premiers soins, *la primera cura*, même chirurgicaux *en el quirófano*). Le personnel comprend des recrues appartenant à la *« Federación de salvamento y socorrismo »* et qui effectuent ainsi leur service militaire. Garder les ordonnances et les factures pour le remboursement en France.

* **Les maladies contagieuses** : La rougeole : *el sarampión ;* la rubéole : *la rubéola ;* la coqueluche : *la tos ferina ;* les oreillons : *adenitis ;* la scarla-tine : *la escarlatina ;* la varicelle : *viruelas locas ;* la variole : *las viruelas ;* la fièvre typhoïde : *el tifus* (ne vous affolez pas !).

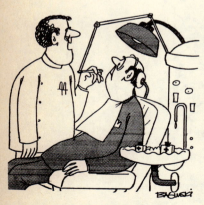

* **El dentista** : Si une dent vous fait souffrir, sachez lui dire : *Me duele este diente* (dent de devant), *esta muela* (molaire) ; lui demander de vous l'extraire : *Quiero que me la saque ;* ou de l'obturer : *Que me la empaste.*
  Il vous répondra : *Le pondré amalgama :* Je vais vous faire un « plombage » ; *Más vale conser-varla :* Il vaut mieux la garder ; ou, au contraire : *Mejor es sacarla :* Il est préférable de l'extraire, etc.

Refrán : *Al enfermo que es de vida, el agua le es medicina.*

Abra la boca y diga ¡ay!

En attendant le médecin

Repérez dans le vocabulaire ci-dessous les termes ou expressions dont vous risquez d'avoir besoin :

La poitrine : el pecho
Les côtes : las costillas
Les poumons : los pulmones
Le ventre : el vientre ; *(fam.)* la barriga
Le foie : el hígado
Les reins : los riñones
Le dos : la espalda ; *(fam.)* los lomos
Les hanches : las caderas
L'épaule : el hombro
Le bras : el brazo
Le coude : el codo
L'avant-bras : el antebrazo
Le poignet : la muñeca
Le pouls : el pulso
La paume : la palma
Les doigts : los dedos
Les phalanges : las falanges
Les articulations : las coyunturas
La jambe : la pierna
La cuisse : el muslo
Le genou : la rodilla
Le mollet : la pantorrilla
Le tibia : la espinilla
La cheville : el tobillo
Son teint est très pâle : Su tez está muy pálida.
Il a des boutons : Le han salido granos.
Il a de la fièvre : Tiene calentura. **Une grosse fièvre** : un calenturón.
Il a la grippe : Padece gripe.
Il a attrapé un rhume : Se ha resfriado ; ha cogido un resfriado **(refroidissement)**; un catarro **(gros rhume).**
J'éternue : Estornudo. **Je tousse** : toso. **Des quintes de toux** : ataques de tos.
Je me mouche sans arrêt : Me sueno sin cesar.

J'ai mal à la tête : Me duele la cabeza.
J'ai la migraine : Tengo jaqueca.
J'ai mal à la gorge : Tengo dolor de garganta.
J'ai un torticolis : Me he torcido el cuello ; tengo un(a) tortícolis.
Je respire mal : Me cuesta respirar.
Je suffoque : Me ahogo.
Mon cœur bat fort : Me golpea el corazón.
J'ai des palpitations : Me palpita mucho el corazón.
Mon cœur me fait mal : Me duele el corazón.
J'ai eu des vertiges, un étourdissement : He tenido mareos, un vértigo.
J'ai maigri : He adelgazado.
J'ai mal à l'estomac : Me duele el estómago.
J'ai mal au ventre : Me duele la barriga.
J'ai des nausées, mal au cœur : Me entran ganas de vomitar, náuseas.
J'ai des coliques : Tengo cólicos.
Je me suis foulé, cassé, le poignet : Me he torcido, roto, la muñeca.
Il s'est foulé le pied : Se ha torcido (dislocado) el pie.
Il a attrapé une entorse : Se ha hecho un esguince.
J'ai mal aux jambes : Me duelen las piernas.
Une blessure : una herida
Une plaie (ouverte) : una llaga (abierta)
Une brûlure : una quemadura
Une piqûre : una picadura
Une contusion, un «bleu» : una contusión, un «cardenal»
Un infarctus : un infarto

Attention !

Est-ce grave ? : ¿ Es grave ?
Est-il(elle) gravement malade, Docteur ? : ¿ Está grave, Doctor ?

Conseils

Ne pas consommer l'eau du robinet. L'eau minérale est relativement bon marché. Se munir d'une petite trousse. C'est une précaution utile à tout voyageur.

La santé

Chez le pharmacien *(En la farmacia)*

Vous trouverez, *en la farmacia* (encore appelée *botica* dans les villages) quelques médicaments pour les petits ennuis courants : piqûres d'insectes, maux de tête, plaies *(heridas)*, insomnies *(insomnios)*, etc.

Le *farmacéutico* espagnol parle généralement français. Il vous délivrera des remèdes ordinaires *(medicinas)* sans ordonnance *(receta)*, qu'il s'agisse de quelque somnifère léger, de comprimés d'aspirine *(tabletas de aspirina)*, d'un laxatif *(laxante)*, de *compresas de manzanilla* (camomille), ou de *un frasco de colirio* (collyre). Certains remèdes sont les mêmes qu'en France *(optalidón, mogadón...)*.

Il vous conseillera également sur le choix des produits de beauté, des objets de toilette, des crèmes anti-solaires de toutes marques. Certains produits espagnols, à base d'huile d'olive et de citron, sont salissants, mais peu onéreux et fort efficaces pour obtenir, sans risque de coup de soleil *(insolación)*, un rapide *bronceado*.

Dans les petites villes, l'heure de fermeture est assez tardive (de 20 h à 21 h) ce que vous apprécierez à l'occasion.

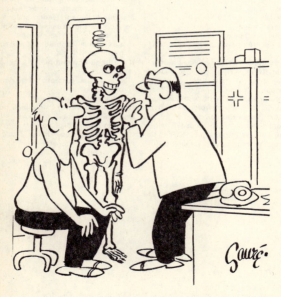

Tiene usted una gran aortaminosis.

La visita del médico

François, encamado[1]; el médico.

Médico - ¿Qué tal[2] hoy nuestro enfermo[3]?

François - Bastante aliviado[4], Doctor, a lo que parece.

M. ¿Le pusieron las inyecciones[5]?

F. Sí, señor. Me las puso anoche el practicante[6].

M. ¿Le sigue doliendo la garganta[7]?

F. Apenas, ya se acabó esto, por lo visto.

M. ¿Cómo respira? A ver... *(le ausculta)* ¿Y de temperatura?

F. Me parece que afloja[8]. 38 grados de calentura[9], nada más.

M. Bien. Ya no hay cuidado[10]. Esto se arregla en pocos días.

F. Mejor, que lo pasé bastante mal[11].

M. Sí. Me preocupó mucho. Eso de las anginas y pulmonía, en Madrid... Pero, gracias a Dios, no faltan los remedios.

F. Todavía me siento poco fuerte.

M. ¿Sí? Habrá que tomar un reconstituyente. Ya se lo recetaré[12].

F. ¿Puedo comer?

M. Sí, tiene Vd. que alimentarse. Pero no salga usted a la calle antes de dos o tres días. Y cuidado con resfriarse.

F. Ya estoy escarmentado[13]. En lo sucesivo[14], evitaré las corrientes[15].

M. Más vale no descuidarse. Y no olvidar el refrán : « El aire de Madrid es un aire tan sutil...

F. ...que mata a un hombre y no apaga un candil. » Ya ve usted que estoy enterado[16].

M. Mejor así. Adiós. Que se alivie[17].

F. Adiós. Muchas gracias, Doctor.

1. au lit.
2. Comment va...?
3. malade.
4. Bien mieux.
5. Vous a-t-on fait vos piqûres?
6. l'infirmier... hier au soir.
7. Avez-vous toujours mal à la gorge?
8. elle baisse.
9. de fièvre.
10. Il n'y a plus de danger (litt. : de souci à se faire).
11. J'ai été assez mal en point.
12. Je vous le prescrirai.
13. Je suis échaudé.
14. A l'avenir.
15. les courants d'air.
16. Je suis au courant.
17. Meilleure santé.

Frases típicas

Eso de las anginas... : Ces histoires d'angine...
¿Y de temperatura? : Et la température?
Ya se acabó : C'est fini.
Mejor (Mejor así ; Mejor que mejor) : Tant mieux!
Esto se arregla... : Cela va s'arranger...

● Un avis précieux :
Cuidado con resfriarse :
Gare aux refroidissements! (litt. : Attention à **ne pas** se refroidir).
¡Cuidado con las pulmonías! : Gare aux pneumonies (à Madrid).

Les services

Chez le coiffeur : *En la peluquería*

A la mode anglaise, certaines *peluquerías (para señoras o caballeros)* arborent l'enseigne traditionnelle du temps des *barberos* : le cylindre à stries blanches et rouges. Mêmes horaires que chez les autres commerçants : ouverture à 9 h et à 15 h. Les prix sont très variables, suivant la *categoría*; les pourboires *(propinas)* sont du même ordre qu'en France.

SEÑORAS

Corte, champú : coupe, shampooing
Marcar y ondular o « **mise en plis** » : mise en plis
Marcar con rulos grandes, medianos, pequeños
Permanente : permanente
Sujetar el cabello : maintenir
Con dos peinetas : peignes
Coloración : teinture ; **colorar** : teindre

Descolorar : décolorer
Reavivar el color : raviver la...
Retoques : des retouches, des « reprises »
El vello : le duvet
Un mechón : une mèche
Un mechón descolorado : décoloré
Un mechón rizado : ondulé
Ir bien peinada : être bien coiffée
Una peluca : une perruque

CABALLEROS

Corte simple : coupe simple
Corte a navaja : au rasoir
Lavado de pelo : shampooing
Afeitado : coupe de barbe

Toalla caliente : serviette chaude
Champú al aceite : shampooing à l'huile
Fricción : friction
Con colonia : à l'eau de Cologne

SALÓN DE BELLEZA : institut de beauté

Maquillaje
Eye-liner marrón
Delimitar las pestañas : dessiner les sourcils
Recubrir el párpado : couvrir la paupière
Con un fard gris-verde
Poner un fard tostado : brun
Un fard oscuro, claro, de color azul celeste, rosa...

Leche demaquilladora : lait démaquillant
Un quita-esmalte : un dissolvant
Depilación : épilation
A la cera : à la cire
Depilarse las cejas : se faire épiler les sourcils
La visagista : l'esthéticienne
La manicura : la manucure
Masaje (facial)

ESTILOS DE PEINADOS Y CORTES DE PELO : coiffures et coupes de cheveux

POUR DAMES :
Muy corto : très courts (on sous-entend « pelo », au singulier)
Bastante corto : assez courts
« Crepado »
Con grandes ondas : à grandes ondulations
Hacerse un moño : porter un chignon
Gastar coleta : porter une « queue de cheval »
Arreglarse el cabello : se coiffer
Un lazo : un ruban

POUR HOMMES :
Bastante largo : assez long
Por la nuca : sur la nuque
Peinado hacia delante : rejetés en avant (**hacia atrás** : en arrière)
Con la raya a la derecha : avec la raie à droite
Con la raya a la izquierda : avec la raie à gauche
Con las patillas bajas : avec les favoris longs

Le cordonnier : *El zapatero remendón*

¿**Podría usted arreglarme este zapato** ? : Pourriez-vous me réparer ce soulier ?
¿**Podría usted ponerme una media suela** ? : Pourriez-vous me faire un ressemelage ?
¿**Podría usted clavarme este tacón** ? :

Pourriez-vous clouer ce talon ?
Se me ha roto la correa de una sandalia : J'ai cassé la courroie d'une de mes sandales.
¿**Tendría usted un par de cordones** ? : Auriez-vous une paire de lacets ?

En la peluquería

Sylvie - Hola, buenas tardes.
Peluquero - Buenas tardes, señorita.¿ Qué deseaba usted[1] ?
S. Me quería lavar la cabeza y hacerme un peinado[2].¿ Cuándo puedo venir ?
P. Pues mañana por la tarde, a las cuatro, si le conviene...
S. Perfectamente. Hasta mañana.
P. Hasta mañana, señorita. Servidor.

Al día siguiente, a las cuatro.

P. Bueno ¿ qué hacemos ?
S. Lo primero, un lavado[3]. Luego me recorta un poco el flequillo[4] y me peina a lo « garçón ».
P. ¿ No gasta usted moño[5], verdad ?
S. No, nunca. A mí no me sienta.
P. ¿ Le hago una permanente ?
S. No, nada más marcar y ondular[6] un poco. Si puede usted quitarme el vello[7] de la nuca...
P. Ahora mismo. Así ¿ no ?
S. Queda bien, gracias[8]...

1. Vous désirez ? - 2. Un coup de peigne.
3. Un shampooing. - 4. ma « frange ».
5. Vous ne portez pas de chignon ?
6. rien qu'une mise en plis.
7. le duvet, les poils follets.
8. Bien. C'est bon.

¡ Recuérdame que he de comprar crema para las arrugas !

Chez le teinturier : En la tintorería

Nettoyage à sec : limpieza a seco
Enlever une tache : quitar una mancha
Teindre : teñir (**en bleu** : de azul)
¿Me haría usted el favor de limpiar (nettoyer) **y planchar** (repasser) **este traje** (costume) **; este vestido** (robe) **para pasado mañana ?** (pour après demain ?).

Chez la blanchisseuse : En la lavandería

Lavado : lavage
Planchado : repassage
Ropa (blanca) : linge
Sábanas : draps
Fundas de almohada : taies d'oreiller
Mantel y servilletas : nappe et serviettes de table
Paños de cocina : torchons de cuisine
Toallas : serviettes de toilette
Camisas : chemises
Blusas : corsages

Pantalones (pl.) : pantalon
Falda : jupe
Pañuelos : mouchoirs
Calcetines : chaussettes
Pijama : pyjama
Vestido : robe
Camiseta : gilet de corps
Jersey : pull-over
Las entregas se abonan al contado : les livraisons sont réglées au comptant

La presse espagnole

Vous trouverez dans les kiosques *(quioscos)* ou dans les librairies, les journaux *(periódicos)* et revues *(revistas)* d'Espagne aussi bien que de votre pays (sauf certaines publications qui sont interdites ou périodiquement censurées). Des livres dans toutes les langues sont également proposés aux clients, même chez les petits commerçants.

En Espagne, il sort chaque jour plus de 100 quotidiens, avec un tirage *(tirada)* moyen de 3 000 000 d'exemplaires. Les hebdomadaires *(semanarios)* et revues techniques ou spécialisées dépassent la centaine. Plus de 10 000 ouvrages sont édités tous les ans. Plusieurs prix couronnent les meilleurs romans : Nadal, Prix national de littérature, Índice, Fastenrath, Café Gijón, Planeta...

Le nombre de pages des quotidiens est beaucoup plus élevé qu'en France. Le numéro du dimanche de *la Vanguardia,* le grand quotidien de Barcelone, a plus de 80 pages, grand format, avec un supplément en couleurs.

JOURNAUX QUOTIDIENS (DIARIOS)

ABC (tendance monarchiste).
Arriba (phalangiste).
Diario 16 (groupe des 16)
La Gaceta del Norte (Bilbao).
La Vanguardia (Barcelona).

Pueblo, porte-parole du gouvernement.
Ya, milieux catholiques.
Journaux du soir :
Informaciones (Madrid).
Tele/exprés (Barcelona).

REVUES, PÉRIODIQUES

Actualidad económica, hebd. (SARPE).
Cambio 16, hebd.
Desarrollo, hebd. du dimanche.
Destino, hebd. inform.
Dossier mundo, bimestriel.
Economía mundial, hebd. spécialisé.
España hoy, en plusieurs langues.
Gaceta ilustrada, hebd. information.

La actualidad española, hebd. information.
La Codorniz, hebd. humoristique.
Meridiano dos mil, mensuel.
Mundo, hebd. (La Vanguardia, Barcelona).
Mundo económico, mensuel.
Posible, hebd. inf.
Sábado gráfico, hebd.
Triunfo, hebd.

PRESSE FÉMININE ET FAMILIALE

Ama, bimensuel, classes moyennes.
Belleza y moda, mensuel, bourgeoisie.
Blanco y negro, hebd. reportages.
El hogar y la moda, bimensuel.
Garbo, hebd. actualités et TV.
Lecturas, hebd. avec programmes TV.

Miss, hebd. avec programmes TV.
Hola, hebd. avec programmes TV.
Mundo cristiano, mensuel (SARPE).
Teleradio, hebd. programmes radio-TV.
Telva, bimensuel, mode (SARPE).
Teresa, mensuel, luxueux, TV.

ARTS ET LITTÉRATURE

El ciervo, mensuel (Barcelona).
Estafeta literaria, bimensuel.
Fotogramas, hebd. cinéma et TV.

Mundo hispánico, mensuel, luxueux, articles sur l'Amérique latine.
Revista de Occidente, mensuel.

EXPRESSION POLITIQUE ET INTELLECTUELLE

Cuadernos para el diálogo, mensuel, tendance démocratie chrétienne.
Cuadernos de ruedo ibérico (B.P. 168.08 - Paris), bimestriel, non diffusé en Espagne.

SPORTS : A.S., hebd. ; El mundo deportivo, quot. ; Marca, quot. (football), etc.

POUR LES JEUNES (TEBEOS) : Tío vivo ; Pulgarcito ; Mundo joven ; T.B.O.

¿ Qué de nuevo ?

Don Justo - Ya habrán llegado los periódicos[1].

Hipólito - Sí, aquí están el *ABC* y *la Vanguardia* española.

D. J. ¿ Qué de nuevo ?

H.   Lo de siempre[2]. Se reseñan por lo menudo[3] los partidos de fútbol, y se celebra la victoria de nuestro equipo nacional en Alemania. Un titular en primera plana reza[4] : « Sin noticias de[5] una niña desaparecida de su domicilio. »

D. J. ¿ Y de las noticias internacionales ?

H.   ¡ No me diga[6] ! ¡ Cómo andan las cosas ! El mundo está hecho un asco[7]. Si no, fíjese : catástrofes, accidentes del tráfico, incendios, inundaciones, atracos[8] y robos[9]. Escuche usted esto : París, 6. Francia paralizada por la huelga[10] general. Se anuncian medidas draconianas para frenar la inflación. Beirut, 6. Clima de guerra en Oriente próximo[11]. La Haya, 6. Holanda critica la utilización del petróleo como arma.

D. J. Vaya por Dios[12]. ¿ A dónde vamos a parar[13] ?

1. les journaux (diario = quotidien, semanario = hebdomadaire).
2. Toujours la même chanson.
3. On rend compte par le menu.
4. Un gros titre en première page dit : ...
5. Pas de nouvelles de ...
6. Ne m'en parlez pas !
7. est écœurant !
8. hold-up. - 9. vols.
10. la grève.
11. le Proche-Orient.
12. Ah, Seigneur = Eh bien ! (exprime l'impuissance accablée).
13. Comment cela va-t-il finir ?

Radio

Il existe plusieurs centaines d'émetteurs d'ondes moyennes. Le voyageur sera étonné de découvrir des stations comme Figueras (20 000 habitants).

Grandes chaînes

- La radio d'État comprend *Radio Nacional* sans publicité et *Radio Peninsular* avec publicité.
- L'Église dirige une grande chaîne, la COPE (Commission épiscopale). La plus importante des chaînes privées est la *Sociedad Española de Radiodifusión* (SER).

L'État garde cependant le monopole de l'information et les stations privées ont intérêt à ne pas l'oublier sous peine d'encourir de fortes amendes *(multas)*.

Les petites stations mettent leur antenne à la disposition de Radio-France, centre émetteur installé à Palma de Majorque, pour lui permettre de diffuser en français des nouvelles à l'intention des touristes francophones de la côte méditerranéenne.

Les Catalans ont obtenu l'autorisation d'avoir des émissions dans leur langue vernaculaire. Sur la côte méditerranéenne, vous entendrez la *Emisora del Nordeste, Radio Peninsular, Radio Barcelona, Radio España de Barcelona, Radio Juventud* et *La voz de Cataluña.*

Radio-France existe en Espagne *(Radio popular)* et diffuse depuis Palma de Majorque (Seminario, 4) sur 318 m O.M. et 49 m O.C. (23 h à 24 h), un programme destiné aux touristes de langue française et comportant : prévisions météorologiques, informations, musique, jeux, radioguidage, messages personnels.

Téléphonez vos messages au : (9-71) 22-47-53 et 22-56-41 - Télex 68.522, Rapop E.

Pour les touristes de la côte atlantique, la diffusion se fait à 10 h 20 et 20 h 30, sur 215 m O.M. ou 88,4 m M.ZH.

Télévision   *La televisión pronto llegará...* (chanson populaire).

Passionnés de télévision, les Espagnols trouvent sur leur petit écran *(la pantalla)* les mêmes feuilletons *(seriales)* américains et les mêmes films que les Français, interrompus parfois par des annonces publicitaires, car la TVE *(Televisión española)* est commerciale depuis très longtemps. En 1967, l'Espagne produisait déjà plus de 500 000 téléviseurs *(televisores).*

Il existe actuellement deux chaînes *(cadenas)* ayant, chacune, des émissions en noir et en couleur. La seconde est appelée U.H.F. On y suit avec le plus grand intérêt les actualités sportives aussi bien *los Juegos olímpicos* (Méjico, Munich...) que la *Vuelta ciclista a España* ou *el « Tour »*. En dehors de la retransmission en direct, la *Primera cadena* présente chaque jour un *resumen de la etapa* à 21 h 30 en semaine et à 22 h le dimanche. *¡No faltaba más!*

Les programmes paraissent dans tous les quotidiens importants (voir liste, p. 154) et les revues spécialisées (*Tele-radio,* etc.) en vente dans n'importe quel *estanco* (v. p. 40).

1.º Cadena ▬▬▬

14,00: Programa regional.
14,31: Gente.
15,00: Telediario.
15,35: ¿Quién es...?
16,05: El caballero de azul.
«Mensajeros de la muerte». Dos individuos cometen una serie de atracos, casi consecutivos, en la Zona 42 de la ciudad, la Zona precisamente del oficial Morgan, estos robos, van siempre acompañados de una tremenda violencia en la persona de la víctima, dándose la circunstancia de que los así despojados pertenecen al mundo del Hampa, ya que son apostadores, traficantes de drogas, etcétera.
16,55: Suite para dos guitarras, Kaufmann.
Dúo de guitarras Pujadas-Labrouve.
19,31: Avance informativo.
19,35: Un globo, dos globos, tres globos.
«¡Abrete Sésamo!». Dibujos animados. Costa Bárbara: «La ficha de Dawson». Los descendientes de los líderes confederados llegan a un hotel de Costa Bárbara con el fin de celebrar una reunión secreta y crear una nueva nación como identificación un trozo de una carta de poker que, estando completa, significaria la presencia de todos y cada uno de los miembros. Esta identificación es también la contraseña para la salida de un gran cargamento de oro.
21,00: Telediario.
21,35: Tensión.
«Pesadilla de una noche de verano». Annie, joven de 17 años, es asesinada en el bosque de un pequeño pueblo inglés. Cinco años más tarde, su tío, único familiar de la muchacha, contrata a un investigador privado para que reúna pruebas contra la persona que, según se cree en el pueblo, es el asesino.
23,30: Ultimas noticias.
23,45: Poesía e imagen.

2.º Cadena ▬▬▬

19,46: Dibujos animados.
«Gulp».
20,00: Redacción de noche.
21,00: La ruta de los descubridores.
«El Lago de las Victorias Regias». Especies vegetales del Brasil y sus propiedades desfilan ante nosotros en un paseo por las selvas en busca del Lago de las Misteriosas Leyendas, el lago encantado al que los indios tienen temor por creer que está embrujado.
21,30: Cine Club.
«La Isla misteriosa». Director: Lucien Hubbard.Intérpretes: Lloyd Hugbes, Lionel Barrymore, Jane Daly, Harry Gibbon. El submarino del profesor Dakkar, tras conseguir burlar el bloqueo de los que pretendian apoderarse de él, emprende la misión científica para la que ha sido construido: explorar los fondos marinos. En su tarea, el profesor y su ayudante Mikolai, hacen un descubrimiento sorprendente: una ciudad sumida en la zona abisal, habitada por unos seres antropomorfos cuya estructura es esclusivamente vegetal. Dakkar y su ayudante, provistos de escafandras que gozan de total autonomía, se arriesgan a establecer contacto con aquellos extraños seres.
23,00: Jazz vivo.

El programa televisivo

N.B. Le dimanche le programme commence à 9 h 45 sur la 1re chaîne. A 10 h 15, on retransmet d'une cathédrale *El día del Señor y Santa Misa*, puis un concert ou des actualités sportives.

Les informations sont données à 15 h, 22 h et 0 h 15. Un programme de variétés « Tarde para todos » remplit l'après-midi jusqu'au *telediario :* film, chansons, football, course de taureaux, dessins animés, *dibujos animados o cine de animación,* etc. Vers 22 h 30 est présenté un film « en première de télévision » *(Estrenos TV).*

Sur la 2e chaîne, le programme débute à 19 h 45. Le *telediario* (journal télévisé) est diffusé plus tard, 22 h.

Audience de la TVE

Dans certaines régions du sud-ouest de la France, Pyrénées Orientales, Aude, Pyrénées Atlantiques, Gironde) on peut capter les deux chaînes espagnoles (moyennant un supplément d'installation). Le programme est annoncé dans les pages locales des journaux.

La couleur existe sur les deux chaînes ibériques. Les Espagnols ont prévu l'installation d'un puissant relais *(un potente relé)* au sommet du *Monte perdido* (3 000 m), permettant à tout le Sud-Ouest français de capter les émissions de la TVE dans de bonnes conditions.

N.B. En Espagne, on reçoit la 1re et la 2e chaîne françaises dans le Nord (jusqu'à Santander), le Nord-Est et le Nord-Ouest.

Vocabulaire radio-télé

La emisora : la station émettrice
La estación de radio : la station de radio
Los telefilms americanos : les téléfilms américains
Un espacio televisado : un espace télévisé
Una adaptación televisual : une adaptation télévisée
Las emisiones deportivas : les émissions sportives
El comentarista, el locutor, el animador : le speaker
Los telespectadores o televidentes, los radio-oyentes : télespectateurs et auditeurs
Con arreglo al siguiente reparto... : suivant la distribution...
Las cámaras de TV : les caméras de TV
La reposición : la reprise
Sintoniza Radio... : vous êtes à l'écoute de Radio...

Un peu d'histoire

Hitos esenciales de la historia de España.

1500 a. J.-C.   Viven los Iberos en las cuevas : Altamira (Santander).
Siglos XI-VI a. J.-C.   Fenicios y Griegos fundan puertos (Ampurias).
Siglo V a. J.-C.   Sitio de Sagunto por *Aníbal*.

Los Romanos

Desde 200 a. J.-C.   *Hispania,* tras : sito de Numancia (Soria) (133 a. J.-C.).
hasta 409 d. J.-C.   Romanización : lengua, religión y civilización (Acue-
ductos : Segovia, Tarragona, Mérida ; teatros, templos, puentes,
arcos.)

Los Godos

409-711   Fundan un Imperio (capital : Toledo) de tipo monárquico electivo.
Adoptan la lengua romance y la religión católica.

Los Árabes

711-1492   Los Moros, al mando de *Tarik* derrotan al rey godo Don Rodrigo y
se apoderan de la península, fundando a Córdoba, segunda mezquita
del mundo y primera Universidad del Occidente.
Dura el califato de Córdoba hasta 1031.
800   Resiste el norte (Vence *Pelayo* en Covadonga, Asturias).

y la Reconquista

1084   Allí se inicia la progresiva Reconquista. Se fundan pequeños reinos :
Asturias, León, Castilla, Navarra...
1085   Alfonso V toma a Toledo.
1094   *Ruy Díaz de Bivar* (El Cid Campeador) se apodera de Valencia.
1212   Las Navas de Tolosa : decisiva victoria sobre los Almohades.
1492   Toma de Granada, último baluarte moro, por los Reyes Católicos :
Isabel de Castilla y *Fernando* de Aragón.
Unidad territorial y religiosa : expulsión de los Judíos.
El mismo año, descubrimiento de América por Cristóbal Colón.

Casa de Austria

1517   El « Siglo de Oro » se abre con *Carlos I°* (Charles Quint).
Política de hegemonía : Pavía - Saco de Roma - Toma de Túnez -
Conquista de Méjico : *Hernán Cortés ;* del Perú : *Francisco Pizarro ;*
de Chile : *Almagro,* etc.
1556   *Felipe II* heredero del imperio « donde no se pone el sol ».
1561   Madrid, capital de España.
Éxitos : San Quintín (1557), Lepanto contra los Turcos (1571).
Fracasos : Levantamiento de los Países Bajos (1572) ; Desastre de la
Invencible Armada mandada contra los Ingleses (1588). Decadencia
de la vida económica. *Felipe III* (expulsión de los Moriscos), *Felipe IV*
(Rocroi - Tratados de Wesfalia : independencia de los Países Bajos -
Tratado de los Pirineos : cede a Francia el Artois, la Cerdeña, el
Rosellón - Sublevación e independencia de Portugal : derrota de
Villaviciosa), *Carlos II* (Tratados de Aquisgrán : Aix-la-Chapelle, 1668,
Nimega y Ryswick ; pérdida del Franco-Condado y la parte occidental
de Flandes), Carlos II queda sin descendencia.

Ocupa el trono un francés : *el Duque de Anjou* ¡después de dos siglos de lucha contra Francia!

Los Borbones

1700	El nieto de Luis XIV toma el nombre de *Felipe V*. Le sucederán sus dos hijos : *Fernando VI, Carlos III* y su nieto, *Carlos IV*. Pronto domina la influencia francesa, y Carlos III gobierna con un «despotismo ilustrado» (éclairé).
1767	Expulsión de los Jesuitas de España, Francia y Portugal.
1805	Trafalgar : *Nelson* derrota a los franceses y españoles aliados.
1808	Motín de Aranjuez debido a la impopularidad del rey y su favorito *Godoy*. Carlos IV abdica en su hijo mayor : *Fernando VII*. Napoleón les obliga a abdicar (entrevista de Bayona) y pone a su hermano *José* en el trono, después de invadir a España.
2 y 3 de mayo	Levantamiento de Madrid contra las tropas francesas y represión.
1809	Sitio de Zaragoza (50 000 muertos). Capitulación de *Dupont* en Bailén.
1814	Salen de España las tropas francesas.
1825	Pérdida de las principales colonias americanas.
1833-1839	La abolición de la Ley Sálica por Fernando VII (para que reine su hija Isabel) y las pretensiones al trono de su hermano Don Carlos originan la primera guerra carlista entre los partidarios de la regenta *María Cristina* y los absolutistas. La termina el Convenio de Vergara.
1840	La regencia pasa, con una serie de «pronunciamientos», a manos del general *Espartero* (progresista), *Narváez* (moderado). Siguen los motines bajo *Isabel II* hasta la revolución de 1868.
1871	Después del gobierno provisional de los generales *Serrano y Prim* (asesinado éste en 1870), las Cortes ofrecen la corona a *Amadeo de Saboya*, quien, ante las luchas entre carlistas, alfonsinos y republicanos, tiene que abdicar.
1873-1874	La proclamación de la República provoca una nueva guerra carlista.
	El pronunciamiento del general *Martínez Campos* lleva al trono a *Alfonso XII*. Período tranquilo de Restauración.
1898	El tratado de París le quita a España sus últimas colonias (Cuba, Puerto Rico y Filipinas).
1902	Es declarado mayor de edad *Alfonso XIII*.
1923	Pronunciamiento del general *Primo de Rivera*.
14 de abril 1931	Proclamación de la República por *Alcalá Zamora*. Se retira Alfonso XIII, aunque sin abdicar.
Febrero de 1936	Victoria electoral del Frente Popular. Asesinato de *Calvo Sotelo* y pronunciamiento del general *Franco* (18 de julio de 1936).
1936-1939	La guerra civil (un millón de muertos), se termina con el triunfo de los franquistas (1ero de abril de 1939).
1939	Dictadura personal de Franco.
1954	Primer Plan de desarrollo.
1969	Elige Franco a su sucesor : el príncipe *Juan Carlos de Borbón*, Príncipe de Asturias, nieto de Alfonso XIII.
1973	Asesinato del almirante Carrero Blanco, presidente del Gobierno.
1975	(2-11) autonomía de Sahara.
	(20-11) muerte de Franco.
	(23-11) Juan Carlos Iº, rey de España.
1977	(15-6) Elecciones generales a Cortes.
	(9) Autonomía de Cataluña.
	(24-11) España, vigésimo miembro del Consejo de Europa.
1978	Año de la nueva Constitución, autonomía del país vasco.

Calas de literatura

Siglo XII : *El Cantar de Mio Cid* (1140) poema épico que celebra al héroe nacional.
El « Mester de Juglaría », epopeyas populares anónimas : Los Siete Infantes de Lara ; Bernardo del Carpio ; El Sitio de Zamora...

Siglo XIII : El « Mester de clerecía », poesía culta. Su más famoso poeta : *Gonzalo de Berceo* (Milagros de la Virgen ; Vidas de santos).
Aparición del teatro (Auto de los Reyes Magos), y de la poesía lírica, Cantigas de Santa María del rey Alfonso X el Sabio.

Siglo XIV : *D. Juan Manuel* escribe El Conde Lucanor, libro de ejemplos o apólogos. *Juan Ruiz,* Arcipreste de Hita compone El libro de Buen Amor.

Siglo XV : *Iñigo López de Mendoza,* Marqués de Santillana (Sonetos ; Serranillas...) ; *Juan de Mena* y *Jorge Manrique* son los principales poetas.
Aparece la « romance » anónimo, de carácter épico y narrativo, en octosílabos asonantados, que se recita y canta.
Prosa : El Corbacho, de *Alfonso Martínez de Toledo* ; el Amadís de Gaula (1492) de *Garcí Rodríguez de Montalván,* primera novela de caballerías y La Celestina (1499) de *Fernando de Rojas,* tragicomedia de fama mundial.
Teatro : Autos de *Juan del Encina.*

Siglo de Oro : *Garcilaso de la Vega* (Sonetos y Églogas).
Prosa didáctica y moral : *Antonio de Guevara* (Menosprecio de Corte...) ; *Juan de Valdés* (Diálogo de la lengua).
Historia : *Bartolomé de Las Casas* ; *F. López de Gómara* ; *Bernal Díaz del Castillo* y *Hurtado de Mendoza.*
Teatro : *Bartolomé de Torres Naharro* y *Gil Vicente.*
Poesía : *Fray Luis de León* ; *Fernando de Herrera* ; *Góngora* ; *Quevedo* y *Lope de Vega* son los más destacados poetas.
Prosa : Novela pastoril : la Diana de *Montemayor.*
Aparece la « novela picaresca », cuyo precursor es el « Lazarillo de Tormes ». La « Vida del Pícaro Guzmán de Alfarache » de *Mateo Alemán,* « La pícara Justina » de *F. López de Úbeda,* la « Vida del Buscón » de *Quevedo,* la « Vida del escudero Marcos de Obregón » de *Vicente Espinel...*
Cervantes escribe « Don Quijote de la Mancha » (1605 y 1615), las « Novelas ejemplares », el « Persiles »...
Abundan los místicos : *Luis de Granada* ; *Santa Teresa de Jesús* ; *Fray Luis de León* ; *San Juan de la Cruz...*
Moralistas : *Baltasar Gracián* (El héroe, El Discreto, El Criticón...).
Historiadores : *Juan de Mariana* ; *Antonio de Solís...*
Teatro : es el género más popular, con *Lope de Rueda, Juan de la Cueva, Guillén de Castro, Cervantes, Tirso de Molina, Juan Ruiz de Alarcón, Francisco de Rojas, Agustín Moreto, Lope de Vega,* el más fecundo de todos, y *Calderón de la Barca.*

Siglo XVIII : Influencia francesa.
Poesía : *Nicolás Fernández de Moratín,* los fabulistas *Iriarte* y *Samaniego,* el anacreóntico *Juan Meléndez Valdés, Forner* y *Quintana.*
Prosa : despierta el espíritu crítico con *Feijoo* y *Cadalso* (Cartas Marruecas). Sigue la tradición picaresca con *Torres de Villaroel,* y la satírica con *F. de la Isla...*
Teatro : rivalizan « rancios » y « galicistas ». Son famosos los Sainetes de *Ramón de la Cruz* y las comedias de *Leandro Fernández de Moratín.*

Siglo XIX : Éxito del romanticismo, considerado como vuelta a la tradición.

Lírica : destaca *Espronceda*. Sus émulos : *José Zorrilla* con su «Don Juan Tenorio» y el *Duque de Rivas* triunfan en el drama romántico, introducido por *Martínez de la Rosa*.

En la comedia, sobresale *Bretón de los Herreros*. *M. J. de Larra* descuella en la sátira social y política.

Entre los líricos domina *G. A. Bécquer* (Rimas)...

En el teatro, se impone *Echegaray* (premio Nobel). Se desarrolla la corriente costumbrista con *Fernán Caballero, Antonio de Trueba, Pedro Antonio de Alarcón, José María de Pereda* y *Juan Valera;* se acentúa el colorido realista en las obras de *Emilia de Pardo Bazán* y *Benito Pérez Galdós. A. Palacio Valdés* se aparta del naturalismo.

Siglo XX : Merecen especial interés los grandes prosistas de la llamada «Generación del 98» : *Pío Baroja, José Martínez Ruiz* (Azorín), *Ramiro de Maeztu, Miguel de Unamuno*, así como los estilistas *Ramón del Valle Inclán, Ramón Pérez de Ayala, Gabriel Miró, Ricardo León* y el humorista *R. Gómez de la Serna*.

Los neo-realistas *R. J. Sénder, J. A. Zunzunegui* y *S. Juan Arbó* son testigos valederos de la vida española de los tiempos cercanos a la guerra civil.

Se desarrolla esta corriente novelística con los escritores de la posguerra, tanto los exiliados al extranjero : *Max Aub, Arturo Barea, José Corrales Egea...* como los que se quedan en España : *Camilo José Cela, Carmen Laforet, Luis Martín Santos...*

Representan la forma tradicional del verismo español *Ignacio Agustí, Ignacio Aldecoa, Fernández de la Reguera, J. M. Gironella...*

Le dan un aspecto más crítico autores como *J. Goytisolo, A. López Salinas, R. Sánchez Ferlosio, Luis Romero, Jesús Fernández Santos* y *F. J. de Alcántara.*

La preocupación por lo social y los problemas de la emigración son base de las obras de *A. María de Lera* y *J. López Pacheco.* Novela sicológica : *Carmen Martín Gaite, Dolores Medio* y *Miguel Delibes.* Novela policíaca : *García Pavón.*

Poesía : Dos insignes poetas de mundial nombradía : *Antonio Machado* y *Juan Ramón Jiménez* (premio Nobel), dominan la primera mitad del siglo.

Pero desde 1920 se dan a conocer los del llamado «Grupo del 27» : *Gerardo Diego, Emilio Prados, Dámaso Alonso, M. Altolaguirre, Vicente Aleixandre (premio Nobel 1977), Cernuda, Pedro Salinas,* el malogrado *F. García Lorca, Jorge Guillén* y *Rafael Alberti,* todavía en plena producción poética.

A partir de 1933 aparece otra «generación» de notables poetas con : *Victoriano Cremer* y el desdichado *Miguel Hernández.* Entre ellos, destacan *Carlos Bousoño, Gabriel Celaya, Carmen Conde, Ángel Crespo, Gloria Fuertes, Ramón de Garciasol, José Hierro, Leopoldo de Luis, Blas de Otero...*

Teatro : *Ramón del Valle Inclán, Jacinto Benavente* (premio Nobel).

Serafín y Joaquín Alvarez Quintero y *Carlos Arniches* triunfan en el «género chico» con *Pedro Muñoz Seca.*

Poco antes de la guerra civil dan obras notables los poetas *Miguel Hernández, Rafael Alberti* y *F. García Lorca,* creador con *P. Salinas* del grupo teatral de «La Barraca».

A partir de 1950 se dan a conocer varios dramaturgos de categoría : *C. Buero Vallejo, A. Sastre,* y *Lauro Olmo...* y los de la novísima generación : *Gala, Bellido, Martínez Mediero* y *Ruibal,* autores de obras de crítica social.

La musique

On connaît l'originalité et le caractère de la musique populaire espagnole, de ces *coplas* et *cantares* (« las músicas magas de mi tierra », disait Antonio Machado), qui sont l'accompagnement obligé des joies, des peines et des travaux.

Qui n'a entendu parler du « *cante jondo* » (le chant profond) andalou, quitte à avoir peine à en distinguer les formes les plus caractéristiques : *caña, siguiriya, soleares, polo, debla, martinete...* ?

Le touriste n'entend plus guère d'ailleurs que sa forme abâtardie, le « *cante flamenco* », spécialité des gitanos, abondants producteurs et consommateurs de *bulerías, alegrías, sevillanas, malagueñas...*

Il aura aussi l'occasion d'écouter les saisissantes *saetas* qu'on chante aux arrêts des *pasos* des processions de la Semaine sainte.

En dehors de l'Andalousie, la vraie musique populaire, bien plus accessible au Français, est restée extrêmement vivante. On joue, on chante, on danse la *sardana* en Catalogne, la *jota* en Aragon, le *fandango* au Pays basque, les *canciones de ronda* dans la « Montaña » de Santander, la charmante *alborada* en Asturies, le piquant *alalá* et la gracieuse *muiñeira* en Galice, la *parranda* à Murcie, etc. De belles *nanas* ou *canciones de cuna* (berceuses), traditionnelles pour la plupart, de gracieux *villancicos* (noëls) figurent au répertoire de toutes les femmes espagnoles, sans parler des *tunas*, chansons d'étudiants, au rythme entraînant.

La musique savante, profondément originale aussi, a été composée par de grands maîtres, depuis le Père Victoria et Antonio de Cabezón (le « Bach » espagnol) jusqu'aux compositeurs d'hier : Pedrell, Albéniz, Granados, Turina, Nin, Manuel de Falla... ou d'aujourd'hui : Maurice Ohana, Luis de Pablo et Bernaola.

On connaît les grands instrumentistes : les guitaristes Narciso Yepes, Andrés Segovia, le harpiste Nicanor Zabaleta. Le violoncelliste virtuose et chef d'orchestre inspiré Pablo Casals (mort en 1973) a justement connu une renommée mondiale.

La guitare espagnole *(guitarra)*

C'est l'instrument le plus employé dans le folklore espagnol et on sait les effets passionnés qu'en tirent certains exécutants, notamment en Andalousie.

Le jeu de la guitare repose sur le *punteo* qui consiste à pincer les cordes pour élaborer la mélodie et sur le *rasgueo* où les doigts balaient plusieurs cordes à la fois pour produire des accords plaqués (notes simultanées) ou arpégés (notes successives). Il existe une grande variété de *rasgueados* selon la position et le mouvement des doigts.

L'absence d'intermédiaire entre l'exécutant et les cordes (le médiator, *la púa,* n'est utilisé que dans les ensembles de musique moderne) entraîne des effets harmoniques que ne permet aucun autre instrument.

Empieza el llanto
de la guitarra...
....
¡ Oh guitarra !
Corazón malherido
por cinco espadas.

F. García Lorca

Le cinéma espagnol a d'abord été une activité artisanale.

* Le cinéma muet : Les réalisateurs, sans moyens techniques suffisants et sans débouchés, s'expatrient en Italie ou en France.

1897, **Dorotea**, de Fructuoso Gelabert - 1905, **Los Guajos del Parque** (Les Gandins du Parc) de Segundo de Chomón.

Le caractère national apparaît bientôt, mais la technique est toujours hésitante et l'on fait souvent appel aux étrangers.

1910, **Cristóbal Colón**, du Français Gérard Bourgeois - 1913, **Sangre y Sol** (Arènes sanglantes) du Français Max André - 1915, **El nocturno de Chopin**, de Fructuoso Gelabert — 1921, **La Verbena de la Paloma**, de José Buchs - 1923, **Pour toute la vie** (en France) de Benito Perojo - 1928, **Los claveles de la Virgen**, de Florián Rey - 1929, **La Aldea Maldita**, de Florián Rey, sa plus belle réussite.

* Les débuts du parlant : De nouveaux metteurs en scène, comme Francisco Elías orientent le cinéma espagnol vers cet humour à froid qui le caractérise encore bien souvent aujourd'hui.

Dans un style un peu différent, c'est aussi la première époque du grand Buñuel. Luis Buñuel, né en 1900 à Calanda (province de Teruel), très profondément attaché aux valeurs et à la société espagnoles, était déjà un solitaire. Lié au surréalisme, dont il fut le premier représentant au cinéma, assistant de Jean Epstein. Il réalisa :

1928, **Un chien andalou**, de Luis Buñuel et S. Dalí - 1930, **L'Âge d'or**, de Luis Buñuel et S. Dalí - 1932, **Las Hurdes** (Terre sans pain), de Luis Buñuel ; **El último día de Pompeyo**, de F. Elías.

* Après la guerre civile : le cinéma espagnol n'existe plus. Il faudra attendre la création de « l'École de cinéma de Madrid ».

1951, **La señora de Fátima**, de Rafael Gil ; **Esa pareja feliz**, de J. A. Bardem et Berlanga - 1952, **¡Bienvenido Míster Marshall!**, de Berlanga et Bardem - 1953, **Cómicos**, de J. A. Bardem - 1955, **Muerte de un ciclista**, triomphe de Bardem ; **Marcelino pan y vino**, de Ladislao Vajda - 1956, **Calle Mayor**, de Bardem ; **Calabuch**, de Berlanga - 1960, **El cochecito**, de Marco Ferreri ; **El verdugo**, de Berlanga - 1964, **Les Planos mécaniques**, de Bardem.

* L'exil et le retour de Buñuel : C'est au Mexique et en France que Buñuel va réaliser la plus grande partie de sa production. Signalons, pour mémoire, quelques-uns de ses chefs-d'œuvre :

1950, **Los Olvidados** (Pitié pour eux) - 1953, **La ilusión viaja en tranvía** - 1955, **La vie criminelle d'Archibald de la Cruz** ; **Cela s'appelle l'aurore** - 1956, **La mort en ce jardin** - 1958, **Nazarín** - 1959, **La fièvre monte à El Pao** - 1961, **Viridiana** - 1962, **L'Ange exterminateur** - 1963, **Journal d'une femme de chambre** (France) ; **La voie lactée** - 1967, **Belle de jour** - 1970, **Tristana** (Espagne) - 1972, **Le charme discret de la bourgeoisie** - 1974, **Le fantôme de la liberté** - 1977, **Cet obscur objet du désir**.

* Le cinéma actuel : Certains réalisateurs sont parvenus à se faire connaître, comme Basilio Martín Patino *(Nueve cartas a Berta)*, Vicente Aranda, Ricardo Franco *(Pascual Duarte)* ou Carlos Saura. Voici quelques-uns des films de ce dernier :

1958, **Cuenca** (documentaire) - 1965, La Caza - 1967, **Pipermint helado** - 1970, **El jardín de las delicias** - 1973, **Ana et les loups** (festival de Cannes - 1974, **Ma cousine Angélique** - 1975, **Cria cuervos**. - 1977, **Elisa**, vida mía.

D'autres cinéastes : Víctor Erice, Manuel Gutiérrez, Miguel Picazo *(La tía Tula)*, Angelino Fons, Gonzalo Suárez *(Aoom)*, Rafael Azcona (collaborateur de Saura et de Ferreri), Jacinto Esteva, Pedro Olea, le Sévillan Manuel Summers, n'ont pas atteint la réputation de Saura, ni de F. Arrabal *(Viva la muerte ; j'irai comme un cheval fou)*.

Villes d'art, monuments, châteaux...

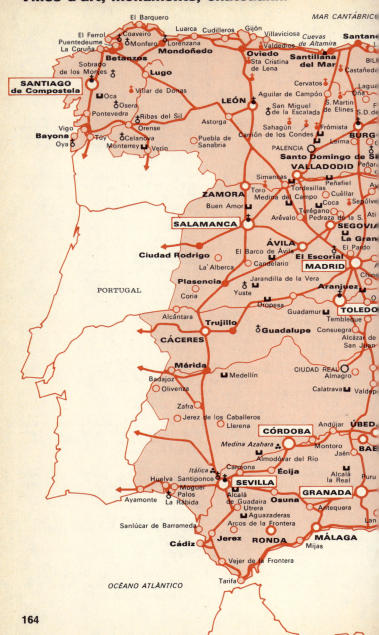

Pasajes
Fuenterrabía
SAN SEBASTIÁN
FRANCE
San Ignacio de Loyola
Salvatierra
Gaceo
PAMPLONA
toria
stella
Olite
Leyre
Jaca
Sangüesa
Tahull
rada
Torres
del Río
Sos del Rey
Católico
S. Juan de la Peña
OGROÑO
La Oliva
Loarre
Roda de Isabena
Seo de Urgel
Besalú
Ampurias
Millan de la Cogolla
Huesca
Alquezar
Solsona
Ripoll
as
Tudela
Cardona
Vich
GERONA
añazor
Numancia
Veruela
Sigena
Balaguer
SORIA
Tarazona
ZARAGOZA
Lérida
Tarrasa
rgo de Osma
S. Cugat del Vallès
BARCELONA
langa de Duero
Calatayud
Poblet
Santes Creus
Sta Maria de Huerta
Sitges
Medinaceli
Daroca
TARRAGONA
Siguenza
Alcañiz
huega
Molina de Aragón
Tortosa
Valderrobres
dalajara
Morella
Albarracín
Cantavieja
Peñiscola
Henares
Teruel
Cuenca
CASTELLÓN
Alcudia
Ucles
Segorbe
Valldemosa
Capdepera
oboso
Sagunto
PALMA
Cura
Alarcón
El Puig
Bellver
S. Salvador
monte
VALENCIA
npo de Criptana
Baleares
amasilla
ALBACETE
Almansa
Játiva
ares
Gandía
Carlos del Valle
Villena
Castell de Guadalest
IBIZA
Alcáraz
Altea
Benidorm
acarillo
Alicante
Caravaca
Elche
Murcia
Orihuela
Lorca
CARTAGENA
adix
Calahorra
Mojácar
Níjar
Almería
MAR MEDITERRÁNEO

○ grands centres
◑ archéologiques et touristiques

● villes ou villages
○ intéressants

⊔ châteaux

☦ cathédrales

⚲ monastères

⚲ églises

100 km

Arte

ARCHITECTURE

Préhistoire Vestiges préhistoriques. Murs cyclopéens de Tarragona.

Antiquité
VIe-Ve s. av. J.-C. **Art phénicien** : sarcophage anthropoïde de Punta de la Vac. (musée archéol. de Cádiz).

Art grec : mur cyclopéen, port, ruines, mosaïques à Ampuria. (Gerona) et collections des musées de Gerona et de Barcelona.

VIe-IIe s. av. J.-C. **Art ibérique** :

Ier s. av. J.-C. **Art hispano-romain** : aqueduc de Segovia, pont, théâtre de
IIe s. apr. J.-C. Mérida, murailles, cirque, arc de triomphe, nécropole... de Tarragona, « villas » : Ampurias, Tarragona, Mérida.

Ve-VIIIe s. **Art wisigothique** : San Juan de Baños (Palencia) ; Santa Comb. de Bande (Orense) ; San Pedro de la Nave (Zamora).

Moyen Âge
VIIIe-IXe s. **Art asturien et préroman** : Santa María de Naranco (Oviedo) San Miguel de Lillo (Oviedo) ; Santillana del Mar...

VIIIe-XVIe s. **Art arabe : (pur, mozárabe et mudéjar)** : Alcazaba de Granad (Xe s.) ; mosquée de Córdoba (Xe et XIe s.) ; Giralda de Sevill (XIIe s.) ; palais de l'Alhambra et jardins du Generalife de Granad (XIVe s.) ; l'Alcázar (XIVe s.) et la Casa de Pilatos (XIVe s.) d Sevilla, le cloître de Guadalupe (XIVe s.), la synagogue mudéjar d Santa María la Blanca à Toledo.

XIe-XIIIe s. **Art roman** : Remparts d'Ávila, monastère et cloître de Sant Domingo de Silos (Burgos), monastère de Poblet (Cataluña) cathédrales de Jaca, de Santiago de Compostela, collégiale e cloître de Santillana del Mar (Santander), églises de Segovia.

Art gothique : de style franco-espagnol : cathédrales de Burgos León, Toledo ; de style catalan : cathédrales et cloîtres d Barcelona, Gerona et Palma de Mallorca ; de style flamboyant chapelle royale de Granada, cloître de San Juan de los Reyes Toledo, cathédrale de Sevilla, chartreuse de Miraflores (Burgos)..

Renaissance
XVIe s. **Style plateresque** : San Juan de los Reyes (chœur) à Toled université de Salamanca, colegio de San Gregorio et église Sa Pablo de Valladolid, monastère de San Marcos de León, façade d l'université d'Alcalá (1550), du musée Santa Cruz de Toled (1554), de la cathédrale d'Astorga.
Réaction : style « herreriano » : le sévère palais-monastère de E Escorial (1584), la cathédrale de Valladolid...

Baroque
Style « churrigueresco » (de J. Churriguera, 1665-1725) : Pan teón de los Reyes de El Escorial, façade de la Merced à Murcia Plaza Mayor et intérieur de la cathédrale de Salamanca, palais du marquis de Dos Aguas de Valencia.

Néo-classicisme
XIXe s. Cathédrales de Cádiz, Las Palmas, Puerta de Alcalá, palais Royal musée du Prado à Madrid.

Moderne
XXe s. **Antonio Gaudí** (1852-1926) : la Sagrada Familia, la Pedrera, le maisons del Paseo de Gracia, le Parque Güell, à Barcelona ; l palais épiscopal d'Astorga.
Luis Domenech : le Palacio de la Música à Barcelona, le Palacio de Telecomunicaciones à Madrid.

SCULPTURE	PEINTURE
	Peintures rupestres d'Altamira.
os toros de Guisando (Ávila), la ama de Elche (buste).	
tatuettes du Cerro de los Santos (Albacete).	Mosaïques d'Ampurias.
êtes de taureaux en bronze, ijoux... au musée arch. national e Madrid. Statues de Mérida.	Mosaïques et fresques : Ampurias, Tarragona, Mérida, Pamplona...
	Céramiques « azulejos » (carreaux de faïence) de Manises (Valencia) et Mallorca.
culptures de la Puerta de las laterías de la cathédrale de antiago de Compostela, du cloître de Santo Domingo de Silos... órtico de la Gloria de la cathédrale de Santiago de Compostela 168) ; tombeaux des Rois atholiques à Granada...	León : fresques de l'église et du « panteón » de San Isidoro. Barcelona : musée d'Art ancien ; fresques de célèbres églises pyrénéennes. École hispano-flamande : **F. Gallego**, musée de Salamanca, **Pedro de Córdoba**, cathédrale-mosquée de Córdoba.
a sculpture sur bois polychrome alla policromada) : **Alonso erruguete, Juan de Juni, Gregorio Hernández** à Valladolid et our l'école sévillane : **J. Martinez Montañés, Alonso Cano, edro de Mena** (Málaga).	Musées de Barcelona, Madrid, Sevilla, Valencia. **El Greco** (1548-1625) à Toledo : Entierro del Conde de Orgaz à Santo Tomé, musée de Santa Cruz... École de Valence : **F. Ribalta** et **José Ribera** au musée de Valencia... École de Séville : **F. Herrera** au musée de Sevilla, **F. Zurbarán** au monastère de Guadalupe... École de Séville-Madrid : **Diego Velázquez** au Prado, Madrid, **E. Murillo** au musée de Sevilla...
ombreux « pasos » (groupes culptés des processions) de rancisco Salcillo à Murcia.	**Francisco Goya** (1746-1828), musée du Prado, San Francisco de la Florida, Madrid.
ombreux monuments à Madrid.	**Madrazo, Fortuny**, le Catalan **Santiago Rusiñol**...
lariano Benlliure, Julio Antoio, Victorio Macho, Chillida. culptures, aux musées d'Art oderne de Madrid et de Barcena.	Madrid, Barcelona : **Joaquín Sorolla, Pedro Romero, Ignacio Zuloaga, Gutiérrez Solana, Joan Miró, Salvador Dalí, Picasso**. Bilbao : **Vázquez Díaz**. Córdoba : **J. Beltrán, Pedro Romero**. Cathédrale de Vich : fresques de **José María Sert**...

L'économie espagnole

Notre propos n'est pas de donner ici un exposé exhaustif des aspects de l'économie espagnole. Cet ouvrage, essentiellement touristique, ne s'y prête pas ! Il s'agit simplement pour nous, et pour vous, de démystifier, voire de démythifier.

Trop nombreux sont encore ceux qui imaginent l'Espagne comme un pays d'économie arriérée, vivant de la cueillette des olives et de quelques produits d'une terre aride. C'est méconnaître le « miracle espagnol » !

Le renouveau économique de l'Espagne est récent : il remonte à 1960. Pour la première fois, les échanges ont été alors libéralisés, le secteur secondaire développé, atteignant le tiers de la population active. Les villes ont rapidement grandi : une Espagne moderne naissait, résolument ouverte aux techniques européennes internationales.

Le premier résultat a été l'élévation du niveau de vie (le taux d'accroissement du revenu national place l'Espagne dans le groupe de tête des pays de l'O.C.D.E.) ; le second fut la rapide augmentation de la production (entre 1960 et 1966, le nombre de voitures fabriquées en Espagne a été multiplié par 6, celui des réfrigérateurs par 14). Ce développement a été facilité par le tourisme, les envois de fonds des émigrés (près de 2 millions de personnes) et les investissements étrangers.

L'agriculture

Ce secteur de la vie économique ne mobilise plus que le cinquième de la population active et ne fournit que le quart des exportations. C'est pourtant l'agriculture qui, dès 1960, a été favorisée ! L'un des buts essentiels fut de transformer les terres sèches (secanos) en terres irriguées (regadíos) pour atténuer les disparités régionales (richesse des huertas du Levante, pauvreté de l'Andalousie ou de l'Extrémadoure) ; le gouvernement entreprit une politique de grands travaux de captage des cours d'eau et de construction de barrages (pantanos ou represas) : de 1940 à 1970, l'Espagne a construit 360 barrages, soit un par mois pendant 30 ans, ce qui représente un rythme unique au monde. Certains sont gigantesques : le barrage d'Alcántara (1972) est le plus grand de toute l'Europe occidentale, avec sa réserve d'eau de 3 162 millions de mètres cubes, ses 10 000 hectares de surface et ses 915 000 kilowats de puissance.

Aujourd'hui, avec ses 516 grands barrages, l'Espagne peut régulariser le cours de bon nombre de rivières aux crues abondantes et aux étiages très bas. De nombreux secanos sont maintenant irrigués par l'eau des lacs de retenue (embalses) et l'énergie électrique a une grosse part dans le développement de l'industrie. Le barrage d'Aldeadávila a une production annuelle de 240 millions de kilowats-heure.

Le problème essentiel de l'agriculture espagnole, non encore résolu, est celui de la répartition de la propriété. Dans le Sud, les terres appartiennent à un petit nombre de riches propriétaires qui, pour la plupart, vivent à Madrid. Ces latifundios sont très étendus : 62 % des propriétés rurales espagnoles ont plus de 50 hectares et appartiennent à moins de 2 % des propriétaires. Dans le Nord, au contraire, surtout en Galice, ce sont les exploitations trop petites (minifundios) qui constituent un obstacle au développement de la production.

Le grand nombre des salariés agricoles (peones) et leur sous-emploi sont à l'origine de migrations massives vers les villes ou l'étranger.

L'industrie

✳ Les mines : La production de *charbon* n'est pas négligeable (près de 16 millions de tonnes) et couvre la moitié des besoins nationaux. Les principaux gisements se trouvent dans les Asturies. Malheureusement la qualité est médiocre (trop grande teneur en soufre). Parmi les produits miniers non combustibles, il faut retenir le *fer* (16 %) du revenu industriel), le *plomb* (14 %) et les pyrites de fer et de cuivre (14 %).

Ces mines sont en grande partie entre les mains de sociétés étrangères : la Société Royale Asturienne des Mines, belge, et la Société Peñarroya, française, contrôlent une bonne partie de l'extraction du plomb et du zinc ; la Société du Rio Tinto, celle du cuivre à Huelva. Seules les mines de mercure d'Almadén sont propriété de l'État.

✳ L'énergie : A l'énergie hydro-électrique, il faut ajouter l'énergie thermique, localisée surtout à Madrid, dans les ports et dans les bassins houillers : la production de l'État (Instituto Nacional de Industria) y est majoritaire. Les principales réalisations de l'I.N.I. sont les centrales thermiques d'Avilès, de Puertollano, de Ponferrada, de Puentes, de García Rodríguez.

L'énergie nucléaire, enfin, se développe de plus en plus, grâce à l'uranium local : centrales de Zorita de los Canes, sur le Tage, de Santa María de Garona, sur l'Èbre et de Vandellos, en Catalogne.

✳ La sidérurgie : est en grand progrès depuis plus de dix ans grâce aux trois grandes sociétés :

- *Altos Hornos de Vizcaya,* qui est passée sous le contrôle de la United Steel.
- L'Union des Sidérurgies Asturiennes (I.N.S.A.), financée par l'État et les crédits étrangers, allemands surtout.
- La E.N.S.I.D.E.S.A., sous le contrôle de l'État.

✳ La métallurgie de transformation : Les constructions navales (chantiers de Bilbao, Cadix, La Corogne, Carthagène) spécialisées dans la construction des pétroliers, font de l'Espagne le 4e des constructeurs mondiaux (avant la France : 6e).

L'industrie automobile : C'est le secteur « voitures de tourisme » qui connaît la plus grande expansion. Il est né en 1953 avec la Société S.E.A.T. (2/3 à l'I.N.I. et 1/3 à Fiat), qui contrôle aujourd'hui la moitié de la production espagnole. Renault et Citroën se sont établis plus tard, ainsi que Chrysler qui a racheté la Société Barreiros.

Pour les véhicules utilitaires, Pegaso précède largement cette dernière marque, et Berliet.

✳ Le textile : a fait en partie la richesse de la Catalogne. Très tôt spécialisée dans les filés et tissus de coton, l'industrie catalane assure toujours à l'Espagne une place très honorable. L'industrie lainière, moins importante, est aussi concentrée en Catalogne (Sabadell et Tarrasa). Le grave problème est que le coton est presque exclusivement fourni par l'agriculture espagnole, à des prix supérieurs aux cours mondiaux.

✳ Industrie du bâtiment : De grandes entreprises, aux structures modernes, financées par des capitaux espagnols et étrangers, ont lancé de vastes plans de construction. Madrid en a largement profité !

L'économie espagnole

* Nous ne saurions conclure ce bref exposé de l'économie espagnole sans insister sur *l'industrie de la pêche* qui, appuyée sur la construction de chalutiers de grande capacité dotés d'installations frigorifiques, fait de l'Espagne le premier producteur européen et l'un des premiers producteurs mondiaux.

L'Espagne et le Marché Commun

Le changement de régime politique en Espagne était un préalable indispensable à son entrée dans le Marché commun. Le libéralisme du roi Juan Carlos et de son ministre A. Suárez a levé la difficulté : l'Espagne s'est orientée vers une monarchie « à l'Anglaise », mais les problèmes économiques posés par sa candidature (28 juillet 1977), n'en sont pas moins très importants.

L'introduction dans la Communauté de vins, fruits et légumes espagnols perturberait gravement les régions méditerranéennes de la France et de l'Italie. En outre, la jeune industrie de l'Espagne la classe au 10º rang dans le monde et sa production dans ce secteur (textiles, sidérurgie, appareils ménagers) couvre 70 % de ses exportations vers les Neuf. De plus le traité de Rome faisant obligation d'égaliser les conditions de vie et de travail des pays membres, il faudrait que Madrid consentît un effort suffisant pour que les travailleurs agricoles et industriels bénéficient d'un niveau de vie comparable à celui des travailleurs de la Communauté.

Tableau statistique (1976)

Population : 35 970 000 h. - Superficie : 504 750 km^2. - Densité : 71,26.

Agriculture

Production[1]	1972	1976	France 1976
Bananes, plátanos	340	337	
Blé, trigo	6 200	4 110	16 089
Huile, aceite de oliva[2]	402	479	2
Maïs, maíz	3 420	1 566	5 636
Oranges, naranjas	2 204	1 702	
Orge, cebada	5 264	5 162	8 220
P. de terre, patatas	4 892	5 615	7 220
Riz, arroz	381	392	37
Sucre, azúcar	789	9 311	24 041
Vin, vino[2]	24 340	24 750	71 810
Bovins, bovinos[3]	4 302	4 410	24 536
Ovins, ovinos	18 804	15 745	10 960
Porcins, porcinos		8 583	12 216
Laine, lana[1]	35	30	22,1

Industrie

Production	1972	1976	France 1976
Aluminium, aluminio[1]	130	209	2 315
Automobiles, turismos[3]	470	754	3 523
Houille, hulla	10 562	10 483	21 888
Ciment, cemento	17 203	25 291	32 000
construc. navale[4], construcción naval	940	1 617	1 195
Coton, algodón	60	71	245
cuivre, cobre	83	113	
Électr.[5] hydraul., electricidad hidráulica	34 502	90 595	47 488
Fer, hierro	3 703	3 800	13 554
Fonte, colado	5 604	6 952	19 024
Acier, acero	8 123	10 910	23 220
Plomb, plomo	70	67	21
Zinc, cinc	88	83	35
Pétrole, petróleo		1 982	1 057
Uranium (t. mét.), uranio		185	1 870
Pêche, pesca		1 533	806

Tourisme (turismo) : 35 millions de touristes en 1977.

1. en milliers de tonnes métriques - 2. en milliers d'hectolitres - 3. en milliers de têtes et d'unités - 4. en milliers de tonneaux - 5. en milliers de kWh.

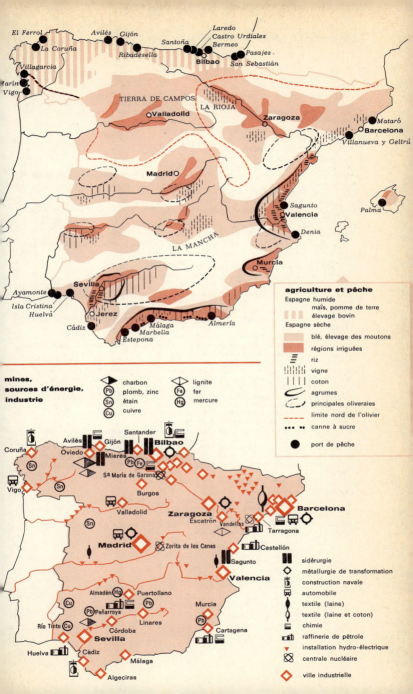

agriculture et pêche

Espagne humide
- maïs, pomme de terre
- élevage bovin

Espagne sèche
- blé, élevage des moutons
- régions irriguées
- riz
- vigne
- coton
- agrumes
- principales oliveraies
- limite nord de l'olivier
- canne à sucre
- port de pêche

mines, sources d'énergie, industrie

- charbon
- Pb plomb, zinc
- Sn étain
- Cu cuivre
- lignite
- Fe fer
- Hg mercure

- sidérurgie
- métallurgie de transformation
- construction navale
- automobile
- textile (laine)
- textile (laine et coton)
- chimie
- raffinerie de pétrole
- installation hydro-électrique
- centrale nucléaire
- ville industrielle

Calendario de fiestas

légales et régionales (F = jour férié)

F - 1er janvier : Año nuevo.
F - 6 janvier : Los Santos Reyes : c'est à cette date que les enfants reçoivent jouets et cadeaux. A Madrid, spectaculaire défilé de **los Reyes Magos** à dos de chameau.
17 janvier : San Antonio : bénédiction des animaux domestiques. Barcelone : cavalcade de « Tres Tombs ».
Février : Salon de la mode espagnole à Barcelone.
5 février : Santa Agueda, Ségovie.
F - 19 mars : San José, Fallas de Valencia (v. p. 72).
Pâques : Semana Santa (v. p. 94).
Avril : Feria de Séville (v. p. 95).
   Feria de Jerez de la Frontera (célèbre fête du cheval, avec concours de dressage et d'attelage).
30 avril : Romería à Andújar.
F - 1er mai : Fête du travail.
2 mai : L'Indépendance nationale (anniversaire du soulèvement de 1808 contre les troupes de Napoléon).
15 mai : La San Isidro de Madrid (douze grandes corridas).
   Ferias à Cordoue et festival des **patios** cordouans.
F - juin : Día del Corpus (Fête-Dieu), le jeudi après la Trinité, surtout célébré à Barcelone, Valence, Tolède, Grenade, Séville et Cadix.
F - Ascension.
Pentecôte : Séville : Romería del Rocío (v. p. 95).
24 juin : San Juan : feux de joie **(hogueras),** danses.
F - 29 juin : San Pedro y San Pablo (à Burgos...).
7 juillet : La San Fermín de Pampelune (Pamplona) avec le célèbre **encierro** (lâcher de « toros » dans les rues).
F - 18 juillet : Fête nationale : anniversaire de la victoire franquiste.
F - 22-25 juillet : Saint-Jacques, patron de l'Espagne, **Santiago** (Compostela) : **desfile, bailes...**
31 juillet : San Iñigo (Ignace) à Loyola, au Pays basque.
F - 15 août : Asunción : grandes manifestations à San Sebastián (régates de « **traineras** », v. p. 133 ; compétitions sportives, corridas, etc.).
   A **la Alberca** (Salamanca), village d'origine morisque, déclaré monument national : représentation de la **Loa,** pièce laudative musicale en costume folklorique.
   A **Elche,** représentation du curieux et médiéval Mystère, en langue limousine.
25 août : San Ildefonso (La Granja, Segovie).
21 septembre : Ferias mayores de San Mateo (Saint-Mathieu) à Valladolid.
23 septembre : Santa Tecla : patronne de Tarragone.
24 septembre : Nuestra Señora de la Merced (patronne de Barcelone).
   Festival internacional de la canción mediterránea.
8-15 octobre : Santa Teresa de Ávila : fêtes typiques de **la Ofrenda,** le 1er et 2e dimanche d'octobre.
11-18 octobre : Fêtes de **la Virgen del Pilar,** Saragosse : processions, défilés de masques, concours de **jotas,** courses de taureaux. Foire-exposition, **Feria nacional de muestras.**
F - 12 octobre : Fiesta de la raza, ou de **la Hispanidad,** dans tous les pays de langue espagnole.
F - 1er novembre : Todos los Santos (la Toussaint).
F - 8 décembre : Immaculée Conception.
F - 25 décembre : Fiestas de Navidad. Nuit de Noël : **Nochebuena.**
28 décembre : La Inocentada (fête des Innocents) : jour des farces innocentes (cf. le 1er avril en France).
31 décembre : Nochevieja : Madrid, Puerta del Sol : on s'y rend pour manger les 12 grains de raisins aux 12 coups de minuit.

Adresses utiles

Ambassades et représentations consulaires espagnoles dans les pays de langue française

FRANCE

Embajada en París :
Cancilleria, 13, av. George-V (8e), Tél. : 359-29-33, 29-34 et 46-32. Télex : 28689 Ambespa París.
Bureau commercial : 27, av. George-V (8e), Tél. : 225-20-10, 63-18 et 33-92. Adr. tél. : Ofcomes. Télex : 65179 Ofcomes.
Bureau culturel : 11, av. Marceau (16e), Tél. : 720-70-79.
Consulado General en Bayona : Cancillería, 9, rue Thiers, Tél. : 25-03-91 et 25-38-91.
Consulado en Hendaya : Cancillería, 18, bd Leclerc, Tél. : 26-72-00 et 20-07-81.
Consulado General en Burdeos (Bordeaux) : Cancillería, 29, cours Xavier-Arnozan, Tél. : 29-11-41, 44-55-24 et 26-67-89.
Consulado General en Estrasburgo (Strasbourg) : Cancillería, 10, quai Kléber, Tél. : 32-04-95.
Consulado General en Lyon : Cancillería, 31, rue Mazenod, Tél. : 60-97-93 et 60-82-93.
Consulado General en Marsella : Cancillería, 38, rue Édouard-Delanglade, Tél. : 37-60-07.
Consulado en Montpellier : Cancillería, Villa Harmonie, 72, av. de Lodève, Tél. : 58-52-33.
Consulado en Nîmes : Cancillería, 25, bd Talabot, Tél. : 67-86-37.
Consulado en Lille : Cancillería, 188, rue Colbert, Tél. : 57-36-69, 57-70-05 et 57-70-06.
Consulado en Metz : Cancillería, 32, av. de la Liberté, Tél. : 30-36-94.
Consulado General en Pau : Cancillería, 6, pl. Royale, Tél. : 27-32-40.
Consulado General en Perpiñán : Cancillería, 8, rue Franklin, Tél. : 34-33-78.
Consulado General en Tolosa : Cancillería, 14, rue Sainte-Anne, Tél. : 52-05-50.

On trouvera l'adresse des ambassades et consulats en Espagne dans la liste suivante : **Adresses utiles à ...** (p. 174).

BELGIQUE (BÉLGICA)

Embajada en Bruselas (Bruxelles) :
Cancillería, 19, rue de la Science, Tél. : 11-73-90. Télex : 22092 Embaespana Brux.
Bureau (oficina) commercial : 29, bd du Régent, Tél. : 11-99-90 et 11-99-91. Dir. Tél. : Ofcomes.
Oficina Laboral : 17, rue de l'Industrie, Tél. : 11-52-54.
Consulado General en Amberes : Cancillería, 14, Longue rue d'Argile, Tél. : 32-71-41.
Consulado en Bruselas : Cancillería, 19, rue de la Science, Tél. : 11-73-90 et 11-73-99.

LUXEMBOURG (LUXEMBURGO)

Embajada en Luxemburgo : Cancillería, 7, rue Philippe II, Tél. : 40-255.

SUISSE (SUIZA)

Embajada en Berna :
Cancillería, Brunnadernstrasse, 43, Tél. : 44-04-12 et 44-04-13. Adr. tél. : Hispaniabern. Télex : 32521 Hispaniabern.
Cancillería consular, Relaciones Culturales y Prensa : Kalcheggweg, 24, Tél. : 44-41-42. Adr. tél. : Legispania.
Oficina comercial : Effingerstrasse, 4, Tél. : 25-21-71 et 25-21-72. Adr. tél. : Ofcomes.
Oficina Laboral : Blumensteinstrasse, 2, Tél. : 23-44-10.
Consulado General en Ginebra : Cancillería, 2, rue Bartholoni, Tél. : 25-02-42, 25-02-43 et 25-02-44.
Consulado General en Zurich : Cancillería, Stampfenbachstr. no 85.

Adresses utiles à :

Albacete : Inf. tour. : Avda Rodríguez Acosta, 3, Tél. : 21-33-12.
Algeciras : Inf. tour. : Muelle, Tél. : 67-17-61.
   Comp. de navigation : « Aucona », J. Santacana, 20, Tél. : 67-14-14.
Alcudia : Comp. de navigation : « Aucona », Lazareto, 1, Tél. : 222.
Alicante : Inf. tour. : Explanada de España, 2, Tél. : 21-22-85.
   Agence consulaire de France : San Fernando, 42.
   Air France : 45. Rambla Méndez Muñez. 5e étag., Tél. : 21-47-46.
   Automóvil Club : San Fernando, 2 dº (= bis), Tél. : 21-40-61.
   Comp. aérienne : Iberia : Paseo de Soto, 9, Tél. : 32-66-22.
   Police : Comisaría : Pascual Pérez, 33, Tél. : 21-13-13.
   Poste de secours : José Antonio, 1, Tél. : 21-72-00.
   RENFE Información : Explanada de España, 1, Tél. : 21-13-03.
   Comp. de navigation : « Aucona », Explanada España, 2, Tél. 21-18-52.
Almería : Inf. tour. : Generalisimo, 1, Tél. : 21-21-46.
   Consulat de France : Avda R. Vivar Téllez.
   Autocares de línea : Avda Calvo Sotelo, 27, Tél. : 22-10-11.
   Comp. aérienne : Iberia : Condeofalia, 30, Tél. : 23-00-34.
   Comp. de navigation : « Aucona », Parque José Antonio, 26, Tél. : 21-40-52.
   Poste de secours : Alcalde Muñoz, 6, Tél. : 21-57-80.
   Télégr. téléphonés : « Teleben », Tél. : 21-44-44.
Aranjuez : Inf. tour. : Pza Santiago Rusiñol, Tél. : 891-04-27.
Arrecife : Inf. tour., Tél. : 860.
   Comp. aérienne : Iberia : Avda Gal Franco, 5, Tél. : 81-03-50.
   Comp. de navigation : « Aucona », Carretera del Muelle, Tél. : 81-10-19.
Astorga : Inf. tour. : Bajos del Ayuntamiento (mairie), Tél. : 947.
Ávila : Inf. tour. : Pza de la Catedral, 4, Tél. : 21-13-87.

Badajoz : Inf. tour. : Pasaje de San Juan, 2, Tél. : 22-27-63.
Baeza : Inf. tour. : Pza Pópulo, Tél. : 444.
Barcelona : Inf. tour. : Avda José Antonio, 658, Tél. : 218-05-70.
                        Pza de Cataluña (bajos), Tél. : 221-22-45.
                        Estación de Francia. Tél. : 219-27-91.
                        Estación Marítima, Tél. : 218-93-92.
   Aeropuerto « Muntados », Tél. : 325-60-46.
   Automobiles : Citroën : Cerdeña 405, Tél. : 258-82-01.
                Peugeot : Luis Kotnick (Sabadell).
                Renault : Córcega 293, 295, H5, Tél. : 227-71-64.
                Simca : Juan Güell 207, 209, C3, Tél. : 230-01-80.
   Automóvil Club : Santaló, 8, Tél. : 217-05-00.
   Barcelonatours, départs : Ronda Universidad, 5 (billets aux bureaux des hôtels).
                       Londres, 102-104.
   Club de camping : Pza del Pino, 5, Tél. : 231-85-31.
   Consulats : de France : Paseo de Gracia, 11, Tél. : 221-15-33.
            de Belgique : Córcega, 304, Tél. : 227-07-07.
            de Suisse : Gran Vía Carlos III, 94, Tél. : 250-05-00.
   Chapelle française : Bruch, 94, Tél. : 221-60-50.
   Comp. de navigation : « Aucona » : Via Layetana, 2, Tél. : 319-82-12.
                    Messageries maritimes : Paseo de Gracia, 35.
                    Trasatlántica : Prza Medinaceli, 8.
                    Ybarra y Cía : Vía Layetana, 7, Tél. : 310-51-00.
                      Estac. Marítima Poniente.
   Comp. aériennes : Air France : Paseo de Gracia, 63, Tél. : 215-28-66.
                  Iberia : Rambla de Cataluña, 18, Tél. : 325-71-00
                        Plaza de España, Tél. : 325-60-00.
                  Panam : Mallorca, 250, Tél. : 215-20-58.
                  Sabena : Paseo de Gracia, 78, Tél. : 215-07-32.
                  Swissair : Paseo de Gracia, 44, Tél. : 215-91-00.
   État des routes, Tél. : 204-22, 47.
   Gare (Término) lignes aériennes : Pza de España, Tél. : 224-40-00.
   Hôpital des Colonies étrangères : Alegre de Dalt, 87, Tél. : 213-20-12.
   Institut français : José Antonio, 617.
   Location de voitures : « Atesa » Lauría, 46, Tél. : 232-11-17.
   Librería francesa : Rambla de Capuchinos, 55.
   Lycée français : Moyá, 4 (petit lycée : Provenza, 325).
   Objets perdus : Mayordomía de las Casas Consistoriales, Tél. : 222-32-77.
   Parkings (19 000 places) : Policía municipal, Tél. : 092.
   Police-secours (Patrullas móviles), Tél. : 091.
   Postes : Central (service permanent), Tél. : 231-65-38.
   RENFE Inf. : service téléph. permanent, Tél. : 319-55-00.
   Synagogue : Porvenir, 24, Tél. : 228-67-03.
   Télégr. téléphonés (service permanent), Tél. : 329-31-00 et 329-33-00.
Bañolas : Inf. tour. : Álvarez de Castro, 11, Tél. : 401.
Behobia : Inf. tour. : Aduana, Tél. : 61-24-31.
Benidorm : Inf. tour. : Avda Martínez Alejo, 24, Tél. : 36-13-11.

Bilbao : Inf. tour. : Rodrigo Arias, Tél. : 23-43-99.
  Comp. aérienne : Iberia : Ercilla, 17-20, Tél. : 24-10-90.
  Comp. maritime : « Aucona » : Arenal, 3, Tél. 21-13-10.
  Consulat de France : Alameda de Recalde, 44, Tél. : 13587.
Blanes : Inf. tour. : Ayuntamiento, Tél. : 33-03-48.
Burgos : Inf. tour. : Paseo del Espolón, 1, Tél. : 20-18-46.
  Agence consulaire de France : Barantes, 5.

Cáceres : Inf. tour. : Pza del General Mola, Tél. : 21-21-17.
Cádiz : Inf. tour. : Calderón de la Barca, 1 dup^{do}, Tél. : 21-13-13.
  Consulat de France : Pza José Antonio, 3.
  Comp. maritime : « Aucona » : Ramón de Carranza, 26, Tél. : 21-23-98.
  Postes et Télégraphes : Pza de Topete, s/n, Tél. : 21-18-78.
  Poste de secours Benjumea, 11, Tél. : 21-10-53.
Canfranc : Inf. tour. : Estación internacional, Tél. : 13.
                Avda Fernando el Católico, 3, Tél. : 75.
Cartagena : Inf. tour. : Pza Caudillo, Tél. : 50-23-63.
  Comp. maritime : « Aucona » : Marina española, 7, Tél. : 50-12-00.
Castellón de la Plana : Inf. tour. : Pza Mayor, Tél. : 22-40-00.
  Club nautique : Escollera Poniente, El Grao, Tél. : 22-27-64.
  Police : Comisaría : Pza María Agustina, Tél. : 22-05-16.
  Poste de secours : Pza Isabel la Católica, 29, Tél. : 21-39-44
  Postes et Télégraphes : Pza de Tetuan, Tél. : 21-47-73 et 21-45-69.
  Téléphone central : Calvo Sotelo, 45, Tél. : 004.
  RENFE Inf. : Pza de España.
  Taxis : Rey Don Jaime (Telefónica), Tél. : 21-35-42.
Ceuta : Inf. tour. : Avda del Cañonero Dato, s/n, Tél. : 51-13-79.
  Comp. maritime : « Aucona » : General Franco, 6, Tél. : 51-24-16.
Ciudadela : Comp. maritime : « Aucona » : Santa Clara, 31, Tél. : 4.
Ciudad Real : Inf. tour. : Calle Toledo, 27, Tél. : 21-28-00.
Córdoba : Inf. tour. : Avda del Gran Capitán, 13, Tél. : 22-12-05.
  Agence consulaire de France : Aixa, 10.
  Poste de secours : Góngora, 20, Tél. : 22-29-10.
Cuenca : Inf. tour. : Calderón de la Barca, 28, Tél. : 21-11-21.

Denia : Inf. tour. : Patricio Ferrándiz s/n, Tél. : 78-09-57.

El Escorial : Inf. tour. : Floridablanca, 10, Tél. : 296-07-09.
Elche : Inf. tour : Parque municipal, Tél. : 45-27-47.

Figueras : Inf. tour. : Carretera de Francia, Tél. : 24-25-71.
Fuentes de Oñoro : Inf. tour : Estación, Tél. : 19 Aduana.
                        Albergue Nacional, Tél. : 70 et 72.
Fuerteventura : Comp. aérienne : Iberia : General Linares, 15, Tél. : 16.
  Comp. maritime : « Aucona » : Martínez Escobar s/n, Tél. : 15.
  Télég. : Plazoleta del Muelle, Tél. : 31-11-67.

Gerona : Inf. tour. : Ciudadanos, 12, Tél. : 20-16-94.
            Pza de España, 1, Tél. : 20-11-33 et 20-26-79.
  Inf. hôtelière : Parque Dehesa, Tél. : 20-30-01.
  Aeropuerto intern. Gerona-Costa Brava (15 km), Tél. : 20-75-00.
  Comp. aérienne : Iberia : Marqués del Campo, 8, Tél. : 20-98-54.
  Police : Comisaría : Avda de Jaime 1ᵉ, 17, Tél. : 20-14-44.
  Poste de secours : Pza del Hospital, 5, Tél. : 20-70-93.
  RENFE : Inf. téléph. permanente, Tél. : 20-46-78.
Gijón : Inf. tour. : General Vigón, 3, Tél. : 34-11-67.
  Comp. maritime : « Aucona » : Muelle, 2, Tél. : 34-04-00.
Granada : Inf. tour. : Casa de los Tiros, 19, Pavaneras, Tél. : 22-10-22.
  Consulat de France : Carmen de los Mártires (Alhambra).
  Comp. aérienne : Iberia, Pza Isabel la Católica, 2, Tél. : 22-14-52 et 22-59-51.
  État des routes : 22-54-29.
  Poste de secours : Lepanto, 3, Tél. : 22-12-63.
Guadalajara : Inf. tour. : Travesía de Beladiez, 1, Tél. : 21-16-30.

Huelva : Inf. tour. : Gran Vía, 3, Tél. : 21-52-53.
  Poste de secours : 18 de Julio, 25, Tél. : 21-49-44.
Huesca : Inf. tour. : Coso Alto, 35, Tél. : 21-25-83.

Ibiza : Inf. tour. : Vara del Rey, 13, Tél. : 31-19-40.
  Hertz : aeropuerto, Tél. : 30-05-42.
  Comp. aériennes : Aviaco, B. V. Ramón, 2, Tél. : 31-14-11.
              Air France-Iberia, Paseo Vara de Rey, 15, Tél. : 30-09-54.
  Comp. maritime : « Aucona » : Vara de Rey, 1, Tél. : 30-06-62.

Adresses utiles à :

Irún : Inf. tour : Estación del Norte, Tél. : 61-15-24.
                Puente internacional, Tél. : 61-22-22.

Jaca : Inf. tour. : Pza de Calvo Sotelo, Tél. : 36-00-98
Jaén : Inf. tour. : Arquitecto Bergés, 3, Tél. : 22-27-37.
Jerez de la Frontera : Inf. tour. : Alameda Cristina, Tél. : 34-20-37.

La Coruña : Inf. tour. : Dársena de la Marina, Tél. : 22-18-22.
   Comp. maritimes : « Aucona » : Pza de Galicia, 2 y 4, Tél. : 22-12-18.
                    Transatlantique espagnole : Avda Marina, 1, Tél. : 22-26-02.
   Comp. aérienne : Iberia-Aviaco : Cantón Pequeño 15 y 17, Tél. : 22-87-30.
   Poste de secours : Cuesta de la Palloza, Tél. : 23-02-19.
   Télégr. téléphonés : Tél. : 22-21-65.
La Escala : Inf. tour. : Ofic. municipal : Caudillo, 30, Tél. 31-01-37.
La Gomera : Comp. maritime : « Aucona » : General Franco, 41, Tél. : 477.
La Junquera : Inf. tour. : Aduana, Tél. : 57.
Laredo : Inf. tour. : Bajos Casas Consistoriales, Tél. : 60-54-92.
Las Palmas de Gran Canaria :
   Consulat de France : León y Castillo, 287, Tél. : 7342.
   Inf. tour. : Casa del Turismo, Parque Santa Catalina, Tél. : 26-46-23.
   Comp. aériennes : Air France : León y Castillo, 287, Tél. : 24-42-40
                   Aviaco, León y Castillo, 261, Tél. : 21-77-27.
                   Iberia : Alcalde Ramírez Bethencourt, 49, Tél. : 36-01-11.
                   Spantax : León y Castillo, 248, 2º, Tél. : 24-33-44.
   Comp. maritime : « Aucona » : Muelle Santa Catalina, Tél. : 26-00-70.
   Télégr. téléphonés : Avda Generalísimo Franco, 62, Tél. : 21-65-36.
León : Inf. tour. : Pza de la Catedral, 4, Tél. : 21-10-83.
Lérida : Inf. tour. : Pza Catedral, Tél. : 22-17-82.
   Poste de secours : Pasaje de Ampurdán, 12, Tél. : 22-20-00.
Lloret de Mar : Inf. tour. : Ayuntamiento, Tél. 33-47-35.
Logroño : Inf. tour. : Miguel Villanueva, 10, Tél. : 21-54-97.
Lugo : Inf. tour. : Pza de España, 27, Tél. : 21-13-61.

Madrid : Inf. tour. : Madrid-Barajas (aeropuerto), Tél. : 205-42-22.
                  Madrid-Medinaceli : Medinaceli, 2, Tél. : 222-28-30.
                  Madrid-Torre : Princesa, 1, Tél. : 241-23-25.
   Ambassades : de France (bureaux) : Villalar, 2, Tél. : 25-10-66.
               de Belgique : Padilla, 28, Tél. : 275-58-00.
               du Canada : Pza de España, 2, Tél. : 247-54.00.
               de Suisse : Núñez de Balboa, 31, Tél. : 225-44-62.
   Automobiles : Citroën : Peñuelas, 12, Tél. : 239-73-02.
               Matra Simca : Ayala, 89, Tél. : 401-20-50.
               Peugeot : Avda Toreros, 6-8, Tél. : 255-84-33.
               Renault : Paseo Extremadura, 47, Tél. : 464-48-25.
   Casa de Velázquez : Ciudad Universitaria, Tél. : 243-36-05.
   Comp. aériennes : Air France : Avda José Antonio, 53, Tél. : 247-20-00.
                  Aviaco : Meudes, 51, Tél. : 234-36-00.
                  Iberia : Pza Cánovas, 4, Tél. : 261-85-00.
                  Panam : Avda José Antonio, 88, Tél. : 247-63-10.
                  Sabena : Avda José Antonio, 88, Tél. : 241-89-05.
                  Swissair : Avda José Antonio, 84, Tél. : 247-92-07.
   Comp. maritimes : « Aucona » : Alcalá, 63, Tél. : 225-61-10.
                 Ybarra : Avda José Antonio, 8, Tél. : 222-91-70.
   Consulat général de France : Alfonso XII, 42, Tél. : 39-14-04.
   Église française (San Luis de los Franceses) : Tres Cruces, 10.
   État des routes (Tele-Ruta) : Tél. : 250-50-05.
   Hôtels : v. Inf. tour. et Medinaceli, 2, Tél. : 222-28-30.
   Institut français : Marqués de la Ensenada, 10, Tél. : 419-56-00.
   Livres : Librería Franco-Española : Avda José Antonio, 54.
            Dossat : Pza de Santa Ana.
            Fernando Fé : Puerta del Sol, 15.
   Lycée français : Avda Madroños, Tél. : 200-09-40.
   Météo : Tél. : 244-11-01.
   Poste de secours : Don Ramón de la Cruz, 93, Tél. : 256-02-00.
   Postes et Télégraphes : Pza de la Cibeles.
   Télégr. téléphonés : Cibeles, Tél. : 241-81-00.
   Touring Club de España : Claudio Coello, 69, Tél. : 226-85-06.
Mahón : Inf. tour. : Arco de San Roque, General Goded, 25, Tél. : 35-13-10.
   Aeropuerto de San Luis, Tél. : 36-15-77.
   Club nautique, Tél. : 35-10-09.
   Comp. aérienne : Aviaco : Dr Orfila, 9, Tél. : 36-09-75.
   Comp. maritime : « Aucona » : General Goded, 27, Tél. : 35-10-79.
   Hertz : aeropuerto, Tél. : 36-45-34.
   Soins d'urgence : Tél. : 35-11-77.

Málaga : Inf. tour. : Larios, 5, Tél. : 21-29-74 et 21-34-45.
Consulat de France : Paseo de Sancha, 53, Tél. : 2329.
Autocares de línea : 1. p Granada, Sevilla, Almeria et Nerja : Empresa Alsina-Grallo. Pza Quéipo de Llano, 4, Tél. : 21-25-39.
2. p Algeciras, La Línea, Torremolinos : Empresa Portillo, Córdoba, 7, Tél. : 21-77-41.
Comp. aérienne : Iberia : Molina Lario, 13, Tél. : 22-76-00.
Comp. maritime : « Aucona » : Juan Díaz, 1 y 3, Tél. : 21-43-62.
Location de voitures : « Altesa », Tél. : 38-08-67.
Poste de secours : Hospital Noble, Paseo de Reding, Tél. : 21-29-02.
Télégr. téléphonés : « Teleben », Tél. : 21-77-21.
Melilla : Inf. tour. : Pza del General Macías, 1, Tél. : 68-40-13.
Iberia : Cándido Lobera, 2, Tél. : 68-15-07.
Mérida : Inf. tour. : Teniente Coronel Asensio, 9, Tél. : 2161.
Murcia : Inf. tour. : Glorieta de España, 1, Tél. 21-37-16.

Orense : Inf. tour. : Curros Enriquez, 1, Tél. : 21-50-75.
Oviedo : Inf. tour. : Cabo Noval, 5, Tél. : 21-33-85.

Palafrugell : Inf. tour. : Calle Vilar, Tél. : 30-02-28.
Palamós : Inf. tour. : Paseo del 18 de Julio, 9, Tél. : 31-43-90.
Palencia : Inf. tour : Mayor, 153, Tél. : 3336.
Palma de Mallorca : Inf. tour. : Avda Jaime IIIº, 10, Tél. : 21-22-16.
Consulat de France : General Mola, 43.
Aeropuerto : Tél. : 26-08-03.
Hertz : Paseo Marítimo, 123, Tél. : 23-47-37.
Club nautique : Muelle de San Pedro, Tél. : 22-44-04.
Comp. aériennes : Air France : Avda Jaime III, 80, Tél. : 21-59-00.
　　　　　　　　　Iberia : Paseo Generalísimo, 10, Tél. : 21-01-40.
Comp. maritimes : « Aucona » : Paseo del Muelle, Tél. : 22-67-40.
　　　　　　　　　Ybarra : Avda de Antonio Maura, 64, Tél. : 21-53-04.
Médecin d'urgence : Paseo de Mallorca, 190, Tél. : 21-12-29.
Pamplona : Inf. tour. : Duque de Ahumada, 3, Tél. : 21-12-87.
Pasajes : Comp. maritime : « Aucona » : Almacén, 11, Tél. : 35-18-38.
Playa de Aró : Inf. tour. : Oficinas municipales, Tél. : 32-72-84.
Ponferrada : Inf. tour. : Avda José Antonio, 3, Tél. : 41-16-53.
Pontevedra : Inf. tour. : General Mola, 1, Tél. : 85-21-00.
Port-Bou : Inf. tour. : Estación Internacional, Tél. : 25-00-81.
Puerto de la Cruz : Inf. tour. : Pza de la Iglesia, Tél. : 37-19-28.
Ibéria : Avda Generalísimo, Tél. : 38-00-50.
Puigcerdá : Inf. tour. : Ayuntamiento, Tél. : 1.

Reus : Inf. tour. : San Juan, 36, Tél. : 30-10-79.
Poste de secours : Tél. : 30-17-54.
Ribadeo : Inf. tour. : Pza de España, Tél. : 451.
Ronda : Inf. tour. : Pza de España, 1, Tél. : 87-12-72.
Rosal de la Frontera : Inf. tour. : Aduana, Tél. : 38.
Rosas : Inf. tour. : Edificio Ayuntamiento, Tél. : 25-61-44.

Salamanca : Inf. tour. : Gran Vía, 11, Tél. : 21-37-30.
Consulat de France : Paseo Carmelitas, 12, Tél. : 2052.
San Feliú de Guixols : Inf. tour. : Ayuntamiento, Tél. : 32-04-12.
San Sebastián : Inf. tour. : Andía, 13, Tél. : 41-17-74.
Consulat de France : Avda de Francia, 12, Tél. : 11535.
Santa Cruz de la Palma : Aéroport de Mazo, Tél. : 31-15-40.
Comp. aérienne : Iberia, Miguel Sosvilla, 1, Tél. : 31-15-14.
Comp. maritime : « Aucona » : General Mola, 2, Tél. : 41-13-45.
Santa Cruz de Tenerife : Inf. tour. : Palacio Insular. Tél. : 24-22-27.
Consulat de France : Méndez Núñez, 37. Tél. : 5357.
Aeropuerto de los Rodeos, Tél. : 25-77-45.
Comp. aériennes : Air France : Béthencourt Alfonso, 6-8, Tél. : 24-75-90.
　　　　　　　　　Iberia : Avda de Anaga, 23, Tél. : 28-11-00.
Comp. maritime : « Aucona » : Marina, 3, Tél. : 28-78-58.
P. et T. : Pza de España, Tél. : 24-20-02.
Poste de secours : José Murphy s/n, Tél. : 24-15-02.
Santander : Inf. tour. : Juan de Herrera, 23, Tél. : 22-14-17.
Comp. maritime : « Aucona » : Paseo de Pereda, 13, Tél. : 22-72-88.
Santiago de Compostela : Inf. tour : Rúa del Villar, 43, Tél. : 58-11-32.
Santillana del Mar : Inf. tour. : Pza Ramón Pelayo, Tél. : 51.
Santo Domingo de la Calzada : Inf. tour. : Beato Hermosilla, Tél. : 248.
Segovia : Inf. tour. : Pza General Franco, 8, Tél. : 41-16-02.
Sevilla : Inf. tour. : Avda Queipo de Llano, 9, Tél. : 22-14-04.
Consulat de France : Pza Santa Cruz, 1.
Comp. aérienne : Iberia, Almirante Lobo, 2, Tél. : 22-89-01.

Adresses utiles à :

Comp. maritimes : « Aucona » : San Fernando, 9, Tél. : 21-78-05.
   Ybarra : Menéndez Pelayo, 2, Tél. : 23-23-00.
Poste de secours : Jesús, 43, Tél. : 22-47-60.
RENFE : Inf. et billets, Tél. : 23-19-18.
Télégr. téléphonés : Tél. : 22-67-91.
Sitges : Inf. tour. : San Pablo, 4, Tél. : 294-04-20.
Poste de secours. Tél : 294-02-26
Soria : Inf. tour. : Pza de Ramón y Cajal, 2, Tél. : 21-20-52.

Tánger : Comp. maritime : « Intercona » : Méjico, 39, Tél. : 32913.
Iberia : Bd Pasteur, 35, Tél. : 361-77.
Tarragona : Inf. tour. : Rambla del Generalísimo, 50, Tél. : 20-18-59.
Club nautique : Puerto, Tél. : 20-19-51.
Comp. maritime : « Aucona » : Real, 24, Tél. : 29-39-40.
Police : Comisaría : Avda Generalísimo, 103, Tél. : 20-19-25.
P. et T. : Pza Corsini, s/n, Tél. : 21-01-49.
Poste de secours : Rambla San Carlos, 14, Tél. : 20-28-43.
RENFE : Avda Generalísimo, 40, Tél. : 20-13-00.
Téléphones : Rambla Generalísimo, 72, Tél. : 004.
Teruel : Inf. tour. : Tomás Nogués, 1, Tél. : 21-22-79.
Toledo : Inf. tour. : Puerta de Bisagra, Tél. : 22-08-43.
Torremolinos : Inf. tour. : Bajos de la Nogalera, Tél. : 38-15-78.
Air France : Edificio París : Carretera de Cádiz, Tél. : 38-14-92.
Tortosa : Inf. tour. : Calle de la Rosa, 10, Tél. : 24-19-23.
Poste de secours : Beneficencia, s/n, Tél. : 24-16-78.
Tossa : Inf. tour. : Ayuntamiento, Tél. : 34-01-08.
Tuy : Inf. tour. : Aduana, Tél. : 252.

Úbeda : Inf. tour. : Bajos del Ayuntamiento, Tél. : 75-08-97.

Valencia : Inf. tour. : Aeropuerto, Tél. : 325-83-90.
   Paz, 46, Tél. 321-25-85.
Consulat de France : Colón, 29, Tél. : 10574.
Automóvil Club : Jacinto Benavente, 25, Tél. : 333-94-03.
Comp. aérienne : Iberia-Air France : Calle Paz, 14, Tél. : 322-05-00.
Police : Comisaría Central : Ramón y Cajal, 40, Tél. : 321-45-73.
Poste de secours : Pza de América, 6, Tél. : 322-22,39.
Taxi : Tél. 369-18-00.
Valladolid : Inf. tour. : Pza de Zorrilla, 3, Tél. : 22-16-29.
Poste de secours : López Gómez, Tél. : 22-00-00.
Viana : Inf. tour. : Tél. : 64-51-02.
Vigo : Inf. tour. : Jardins de Elduayen, Tél. : 21-30-57.
Comp. maritime : « Aucona » : Luis Taboada, 6, Tél. : 21-53-10.
Poste de secours : Uruguay, 23, Tél. : 21-25-09.
Villagarcía : Comp. maritime : « Aucona » : Arzobispo Lago, 17, Tél. : 50-00-14.
Vitoria : Inf. tour. : Parque de la Florida, Tél. : 22-02-40.

Yesa : Inf. tour. : Tél. : 88-40-00.

Zamora : Inf. tour. : Santa Clara, 20, Tél. : 1845.
Zaragoza : Inf. tour. : Pza de Sas, 7, Tél. : 23-00-27.
Consulat de France : Asalto, 24.

Séjours « linguistiques »

De nombreux séjours d'entraînement linguistique sont mis sur pied chaque année par des agences de voyages ou divers organismes français et espagnols.

Organismes français

Citons, entre autres :
Office national des Universités et Écoles françaises, 96, bd Raspail, 75006 Paris, Tél. : 222-50-20.
Service Vacances Ligue française de l'Enseignement, 3, rue Récamier, 75007 Paris, Tél. : 544-38-71.
Comité d'Accueil, 88, b^d St Michel 75006 Paris, Tél. : 326-60-97.
Échanges internationaux entre Familles chrétiennes, 11, rue de Sèvres, 75006 Paris, Tél. : 548-99-77.
Inter-échanges, 48, rue Albert-Thomas, 75010 Paris, Tél. : 205-31-95.
Séjours internationaux linguistiques et culturels, 56, av. Jules-Ferry, 16000 Angoulême, Tél. : (45) 95-83-56.

Organismes espagnols

La *Secretaría General Técnica del Ministerio de Educación y Ciencia* édite chaque année une brochure *(folleto)* donnant tous les renseignements désirables. Pour obtenir le programme complet des nombreux *cursillos* organisés en Espagne, s'adresser au *Patronato de Cursos para Extranjeros, Ministerio de Educación, Calle de Alcalá, 34, Madrid.*
   On trouvera ci-dessous la liste des centres, avec l'indication de l'organisme *(entidad organizadora)* et l'adresse à laquelle on pourra demander les renseignements nécessaires sur leur organisation.
Sigles : Cours de printemps *(primavera)* ●
             Cours d'été *(verano)* ○
             Cours d'automne *(otoño)* ◼
             Cours d'hiver *(invierno)* ☐

Ávila (deux cours)
   ○ Centro Cultural Hispánico-Francés. Doctor Castelo, 32, Madrid - 9. Âge : de 12 à 17 ans.
Barcelona
   ○ Universidad de Barcelona. Sr. Dr. de los Cursos de Verano. Universidad de Barcelona - 7.
   ○ Escuela Oficial de Idiomas. «Cursos intensivos de español», Avda García Morato, s/n, Barcelona.
   ○ Instituto Mangold de los Eurocentros de Lengua y Cultura, Rambla de Cataluña, 16, Barcelona - 7.
Bilbao
   ○ Facultad de Filosofía y Letras de la Universidad de Deusto : Sr Secretario de los Cursos, D. Fausto Ezcurra, Apartado 1, Bilbao.
Burgos
   ○ Université de Toulouse et Instituto de Burgos. Université de Toulouse-Le Mirail, 31300 Toulouse ; ou Secretaría de los Cursos, Apartado 198, Burgos.
Cádiz
   ○ Cursos de Verano de la Universidad de Sevilla. Secretaría de los Cursos de Verano, Apartado 151, Cádiz.
Córdoba
   ● Cátedra Séneca de la Universidad de Sevilla. Secretaría de los Cursillos. Casa Internacional, Córdoba.
Granada
   ◼ Facultad de Letras. Universidad de Granada. Secretaría General de los Cursos de Extranjeros. Puentezuelas, 35.
   ○ Curso de Estudios Hispánicos. Universidad de Granada.
   ● Centro Cultural Hispánico-Francés : Doctor Castelo, 32, Madrid - 9.

Séjours linguistiques

  ○ Universidad de Santa María de la Rábida : Secretaría de los Cursos : García de Paredes, 72, Madrid - 4. Escuela de Estudios Hispano-Americanos : Alfonso XII, 12, Sevilla.

Jaca (deux cours)
  ○ 1. Jusqu'au 23 juin : Cursos de Verano de la Universidad de Zaragoza. 2. Ensuite : Residencia Universitaria en Jaca (Huesca).

La Coruña
  ○ Universidad de Santiago de Compostela. Secretaría de los Cursos, Plaza de la Universidad, Santiago.

Las Palmas (Gran Canaria)
  ○ Universidad Internacional de Canarias « Pérez Galdós » : Casa Museo de Colón, Las Palmas de Gran Canaria.

Madrid
  ○ Curso de Estudios Hispánicos. Facultad de Filosofía y Letras. Secretaría : Edificio A. Ciudad Universitaria, Madrid - 3.
  ● Curso de primavera, d^o.
  □ Curso monográfico de invierno sobre el Siglo de Oro, d^o.
  ○ Escuela de Verano para Graduados y Profesores de Español, d^o.
  ○ Curso General de Verano, d^o.
  ○ Curso intensivo de Cultura Española, d^o.
  ○ Curso de Otoño, d^o.
  ○ Centro Cultural Hispánico-Francés : Doctor Castelo, 32, Madrid - 9.
  ○ Centros Europeos : General Pardiñas, 23, 3° Madrid - 1.
  ○ Instituto Mangold de los Centros Europeos de Lengua y Cultura, Avda José Antonio, 32, 2° Madrid - 13.

Oviedo
  ○ Universidad de Oviedo : Sr Director del Curso de Verano. Facultad de Filosofía y Letras, Oviedo.

Palma de Mallorca
  ○ Señor Director de los Cursos de Verano. Universidad de Barcelona, Barcelona - 7.
  ○ Centro Internacional de Educación : Colegio C.I.D.E. Son Xigala, Palma de Mallorca.

Pamplona
  ● Universidad de Navarra : Sra Francis Lautre, Directora Adjunta del I.L.C.E. Universidad de Navarra, Pamplona.
  ○ Colegio Mayor Goimendi : Campus universitario, Pamplona.
  ○ Colegio Mayor Aralar : Sr Secretario, Aoiz, 2, Pamplona.

Puerto de la Cruz (Tenerife)
  ○ Universidad de La Laguna : Secretaría, Quintana, 18, Puerto de la Cruz (Tenerife).

Salamanca
  ● Curso de Filología española. Universidad de Salamanca : Sr Secretario, Apartado 19, Salamanca.
  ○ Curso Normal de Lengua y Cultura, d^o.
  ○ « La novela hispanoamericana actual y los problemas socio-políticos de Hispanoamerica », d^o.
  ○ « La España profunda. »

San Sebastián
  ○ Instituto Superior de Secretariado y Administración. Cuesta de Aldapeta, s/n, San Sebastián (pour jeunes filles).

Santander
  ○ Curso abreviado. Universidad Internacional Menéndez y Pelayo : Amor de Dios, 2. Madrid.
  ○ Curso intensivo, d^o.
  ○ Curso Superior de Filología hispánica, d^o.
  ○ Curso General, d^o.

Santiago de Compostela
  ○ Universidad de Santiago, Plaza de la Universidad, Santiago.
  ○ Curso de lengua gallega, d^o.

Segovia
  ○ Chambre de Commerce de Paris et Academia de Historia y Arte : M. P. Gerboin, 166, av. de Suffren, 75015 Paris ; ou Secretaría de los Cursos de Verano, Apartado 42, Segovia.
  ○ Curso Internacional. Instituto Diego de Colmenares. Secretaría, Plaza Conde de Cheste, 8, Apartado, Segovia.
  ○ Fundación Internacional Lengua Española. Centro Segovia : Juan Bravo, 44, Segovia.
  ○ Curso de la Residencia de Pintores (D^{on} Gal de Bellas Artes, Plaza del Conde Cheste, 8, Apartado 42, Segovia.

Sevilla
  ○ Universidad : Secretaría de los Cursos de Extranjeros, San Fernando (Sevilla).

Soria
  ○ Centro de Estudios Sorianos : Dr Fleming, 5, Soria.

Valencia
- ○ Centro internacional de Lengua y Cultura Españolas, Secretaría : Hierros de la Ciudad, 4, 2º Valencia - 3.

Valladolid
- ○ Universidad. Secretaría de los Estudios para Extranjeros.

Vigo
- ○ Universidad de Santiago de Compostela, Plaza de la Universidad Santiago de Compostela.

Vitoria
- ○ Universidad de Valladolid. Secciones de Estudios Jurídicos Internacionales, Estudios de Medicina, Humanidades... Dirección de los Cursos de Verano en Vitoria.

Où retrouver...

Mode d'emploi : En retrouvant, grâce à cet index, les diverses indications données sur l'endroit que vous cherchez, vous aurez un portrait express de ses ressources de tous ordres

183

185

Les secrets de la conjugaison

Les trois conjugaisons régulières et l'emploi des temps

1re en **ar** (hablar, *parler*); 2e en **er** (comer, *manger*); 3e en **ir** (vivir, *vivre*).

INDICATIF

Présent
    ar *Je parle* : hablo, hablas, habla, hablamos, habláis, hablan.
    er *Je mange* : como, comes, come, comemos, coméis, comen.
    ir *Je vis* : vivo, vives, vive, vivimos, vivís, viven.

Imparfait
    ar *Je parlais* : hablaba, hablabas, hablaba, hablábamos, hablabais, hablaban.
    er *Je mangeais* : comía, comías, comía, comíamos, comíais, comían.
    ir *Je vivais* : vivía, vivías, vivía, vivíamos, vivíais, vivían.

Prétérit
    ar *J'ai parlé* : hablé, hablaste, habló, hablamos, hablasteis, hablaron.
    er *J'ai mangé* : comí, comiste, comió, comimos, comisteis, comieron.
    ir *J'ai vécu* : viví, viviste, vivió, vivimos, vivisteis, vivieron.
    ● *Équivalent de notre passé simple et de notre passé composé*. Vivió : *il vécut*.

Futur
    ar *Je parlerai* : hablaré, hablarás, hablará, hablaremos, hablaréis, hablarán.
    er *Je mangerai* : comeré, comerás, comerá, comeremos, comeréis, comerán.
    ir *Je vivrai* : viviré, vivirás, vivirá, viviremos, viviréis, vivirán.
    ● *Marque souvent la probabilité* : On doit bien vivre ici : Se vivirá bien aquí.

CONDITIONNEL

Je parlerais : hablaría, ías, ía, íamos, íais, ían. - comería, ías, etc. - viviría, ías, etc.

IMPÉRATIF

    ar *Parle* :   habla;   hable V.;   hablemos;   hablad;   hablen Vds.
    er *Mange* :   come;   coma V.;   comamos;   comed;   coman Vds.
    ir *Vis* ·   vive;   viva V.;   vivamos;   vivid;   vivan Vds.

SUBJONCTIF

Présent
    ar *Que je parle* : que hable, hables, hable, hablemos, habléis, hablen.
    er *Que je mange* : que coma, comas, coma, comamos, comáis, coman.
    ir *Que je vive* : que viva, vivas, viva, vivamos, viváis, vivan.
    ● *Fournit les équivalents espagnols de* :
    Quand + futur indicatif : *Quand je parlerai* : Cuando hable.
    Ce que + futur indicatif : *Ce que je mangerai* : Lo que coma, etc.
    Indique la possibilité : *Ce que je pourrais manger* : Lo que coma.
    Sert à interdire : No hables; no hable V.; no hablemos; no habléis; no hablen.

Imparfait
    Si je parlais...; Si je mangeais...; Si je vivais...
    Si hablara, si hablaras, si hablara, si habláramos, si hablarais, si hablaran.
    Si hablase, si hablases, si hablase, si hablásemos, si hablaseis, si hablasen.
    Si comiera, si comieras, si comiera, si comiéramos, si comierais, si comieran.
    Si comiese, si comieses, si comiese, si comiésemos, si comieseis, si comiesen.
    Si viviera, si vivieras, si viviera, si viviéramos, si vivierais, si vivieran.
    Si viviese, si vivieses, si viviese, si viviésemos, si vivieseis, si viviesen.
    ● *C'est l'équivalent espagnol* :
    1. de notre subjonctif présent après un passé :
    Il fallait que je parle : Era preciso que hablara (*ou* hablase).
    2. de notre indicatif imparfait ou plus-que-parfait, après **si**, como si.
    Si je pouvais... : si pudiera...
    3. du conditionnel passé :
    Je n'aurais pas parlé si j'avais pensé... : No hablara si pensara...

GÉRONDIF

En parlant : hablando - *En mangeant* : comiendo - *En vivant* : viviendo.

Forme continue   estar + *gérondif*. Estoy hablando : *Je parle* = *Je suis en train de ...*

Forme progressive   ir + *gérondif*. Voy comiendo : *Je mange (tout doucement)...*

PARTICIPE PASSÉ

Parlé : hablado - *Mangé* : comido - *Vécu* : vivido.

LES TEMPS COMPOSÉS. *Ils se forment* **tous, sans aucune exception,** *en utilisant la personne voulue du verbe* **haber** *suivie du participe passé* **invariable.**
Je l'ai mangée : La he comido - *Nous sommes venus* : Hemos venido, *etc.*

Les verbes auxiliaires

SER : **être** = exister *(forme, taille, couleur, vertus et défauts, métier, etc.)*

INDICATIF   Présent *Je suis :* soy, eres, es, somos, sois, son.
                Imparfait *J'étais :* era, eras, era, éramos, erais, eran.
                Prétérit *J'ai été :* fui, fuiste, fue, fuimos, fuisteis, fueron.
                Futur *Je serai :* seré, serás, será, seremos, seréis, serán.

CONDITIONNEL *Je serais :* sería, serías, sería, seríamos, seríais, serían.

IMPÉRATIF   *Sois :* sé ; *soyez M :* sea V. ; *soyons :* seamos ; *soyez (toi, toi) :* sed ; *soyez MM :* sean Vds.

SUBJONCTIF Présent *Que je sois :* que sea, seas, sea, seamos, seáis, sean.
                 Imparfaits *Si j'étais :* si fuera, fueras, fuera, fuéramos, fuerais, fueran.
                                                si fuese, fueses, fuese, fuésemos, fueseis, fuesen.

GÉRONDIF   *Étant :* siendo   - PARTICIPE PASSÉ *Été :* sido.

ESTAR : **être** = se trouver *(emplacement, état, situation, station, attitude, etc.)*

INDICATIF   Présent *Je suis :* estoy, estás, está, estamos, estáis, están.
                Imparfait *J'étais :* estaba, estabas, estaba, estábamos, estabais, estaban.
                Prétérit *J'ai été :*
                            estuve, estuviste, estuvo, estuvimos, estuvisteis, estuvieron.
                Futur *Je serai :* estaré, estarás, estará, estaremos, estaréis, estarán.

CONDITIONNEL *Je serais :* estaría, estarías, estaría, estaríamos, estaríais, estarían.

IMPÉRATIF   *Sois :* está, esté Vd., estemos, estad, estén Vds.

SUBJONCTIF Présent *Que je sois :* que esté, estés, esté, estemos, estéis, estén.
                 Imparfaits *Si j'étais :*
                si estuviera, estuvieras, estuviera, estuviéramos, estuvierais, estuvieran.
                si estuviese, estuvieses, estuviese, estuviésemos, estuvieseis, estuviesen.

GÉRONDIF   *Étant :* estando   - PARTICIPE PASSÉ *Été :* estado.

HABER : **avoir** *auxiliaire* (**j'ai eu :** he tenido) *et* **y avoir** *impersonnel*

INDICATIF   Présent *J'ai (eu) :*
                            he (tenido), has ..., ha ..., hemos ..., habéis ..., han ...
                Imparfait *J'avais ... :* había, habías, había, habíamos, habíais, habían.
                Prétérit *J'eus ... :* hube, hubiste, hubo, hubimos, hubisteis, hubieron.
                Futur *J'aurai ... :* habré, habrás, habrá, habremos, habréis, habrán.

CONDITIONNEL *J'aurais ... :* habría, habrías, habría, habríamos, habríais, habrían.
PAS D'IMPÉRATIF USITÉ

SUBJONCTIF Présent *Que j'aie ... :* que haya, hayas, haya, hayamos, hayáis, hayan.
                 Imparfaits *Si j'avais ... :*
                si hubiera, hubieras, hubiera, hubiéramos, hubierais, hubieran.
                si hubiese, hubieses, hubiese, hubiésemos, hubieseis, hubiesen.

GÉRONDIF   *Ayant :* habiendo   - PARTICIPE PASSÉ *Eu :* habido.

TENER : **avoir** = posséder

INDICATIF   Présent *J'ai :* tengo, tienes, tiene, tenemos, tenéis, tienen.
                Imparfait *J'avais :* tenía, tenías, tenía, teníamos, teníais, tenían.
                Prétérit *J'ai eu :* tuve, tuviste, tuvo, tuvimos, tuvisteis, tuvieron.
                Futur *J'aurai :* tendré, tendrás, tendrá, tendremos, tendréis, tendrán.

CONDITIONNEL *J'aurais :* tendría, tendrías, tendría, tendríamos, tendríais, tendrían.

IMPÉRATIF   *Aie :* ten ; *ayez M :* tenga V. ; *ayons :* tengamos ; *ayez (toi, toi) :* tened ; *ayez MM :* tengan Vds.

SUBJONCTIF Présent *Que j'aie :* que tenga, tengas, tenga, tengamos, tengáis, tengan.
                 Imparfaits *Si j'avais :*
                si tuviera, tuvieras, tuviera, tuviéramos, tuvierais, tuvieran.
                si tuviese, tuvieses, tuviese, tuviésemos, tuvieseis, tuviesen.

GÉRONDIF   *Ayant :* teniendo   - PARTICIPE PASSÉ *Eu :* tenido.

Les secrets de la conjugaison

Verbes irréguliers isolés

(seules sont indiquées les formes irrégulières)

Infinitif	Prés. de l'ind.	Pr. subj.	Impératif	Imparfait	Futur
1re CONJUGAISON					
Andar, *marcher*					
Dar, *donner*	doy, das...		dé...		
2e CONJUGAISON					
Caber, *contenir*	quepo, cabes...	quepa...	cabe, quepa Vd		cabré...
Caer, *tomber*	caigo, caes...	caiga...	cae, caiga Vd		
Hacer, *faire*	hago, haces...	haga...	haz..., haga Vd		haré...
Poder, *pouvoir*	puedo, puedes...	pueda...			podré...
Poner, *poser*	pongo, pones...	ponga...	pon..., ponga Vd		pondré..
Querer, *vouloir*	quiero, quieres...	quiera...	quiere, quiera Vd		querré...
Saber, *savoir*	sé, sabes...	sepa...	sabe, sepa Vd		sabré...
Traer, *porter*	traigo, traes...	traiga...	trae, traiga Vd		
Valer, *valoir*	valgo, vales...	valga...	val..., valga Vd		valdré...
Ver, *voir*	veo, ves...	vea...	ve, vea Vd	veía	
3e CONJUGAISON					
Decir, *dire*	digo, dices...	diga...	di..., diga Vd		diré...
Ir, *aller*	voy, vas...	vaya...	ve..., vamos...	iba...	
Oir, *entendre*	oigo, oyes...	oiga...	oye..., oiga Vd		
Salir, *sortir*	salgo, sales...	salga...	sal..., salga Vd		saldré...
Venir, *venir*	vengo, vienes...	venga...	ven..., venga Vd		vendré...

VERBES IRRÉGULIERS SEULEMENT AU PARTICIPE PASSÉ

Abrir, abierto ; **Cubrir,** cubierto ; **Escribir,** escrito ; **Freir,** frito ; **Imprimir,** impreso ; **Romper,** roto ;

Verbes irréguliers formant groupes

1. Modèle : **calentar,** chauffer ; **perder,** perdre.
Verbes en **ar, er** dont la dernière voyelle du radical est un **e.**
Ce **e** devient **ie** quand la dernière syllabe du radical est tonique, = aux trois pers. sing. et à la 3e pers. plur. des trois présents (ind., subj., impérat.).
Ex. : Je chauffe : *caliento, calientas, calienta, calentamos, calentáis, calientan.*
Que je chauffe : *caliente, calientes, caliente, calentemos, calentéis, calienten.*

2. Modèle : **contar,** compter ; **mover,** remuer.
Verbes en **ar, er** dont la dernière voyelle du radical est un **o.**
Ce **o** devient **ue** quand la dernière syllabe du radical est tonique (v. ci-dessus).
Ex. : Je compte : *cuento, cuentas, cuenta, contamos, contáis, cuentan.*
Que je compte : *cuente, cuentes, cuente, contemos, contéis, cuenten.*

3. Modèle : **sentir,** regretter.
Verbes en **entir, eir, etir** (+ **erguir** et **hervir**). Deux irrégularités :
a. Le **e** du radical devient **ie** quand il est tonique (v. ci-dessus : 1).
Ex. : Je regrette : *siento, sientes, siente, sentimos, sentís, sienten.*
b. Le **e** du radical devient **i** devant une terminaison tonique en **a, e,** ou **o** (3e pers. sing. et plur. du prétérit, toutes pers. des imparf. subj., gérondif).
Ex. : J'ai regretté : *sentí, sentiste, sintió, sentimos, sentisteis, sintieron.*

3 bis. Le **o** du radical de **dormir** (dormir) et de **morir** (mourir) se transforme en **ue** et en **u** dans les conditions indiquées ci-dessus : 3, et aux mêmes personnes.
Ex. : Je dors : : *duermo, duermes, duerme, dormimos, dormís,   duermen.*
J'ai dormi : *dormí,   dormiste, durmió, dormimos, dormisteis, durmieron.*

4. Modèle : **pedir,** demander.
Verbes en **ebir, edir, egir, eguir, eir, endir, eñir, estir, etir, ervir** (sauf **hervir**).
Le **e** du radical devient **i** dans les deux cas indiqués ci-dessus : 3, et aux mêmes personnes.

Condit.	Prétérit	Imparf. du subj.	Gérondif	Part. pas.
	anduve...	anduviera..., anduviese...		
	dí..., dio...	diera..., diese...		
cabría...	cupe...	cupiera..., cupiese...		
	caí..., cayó...	cayera..., cayese...	cayendo	
haría...	hice...	hiciera..., hiciese...		hecho
podría...	pude...	pudiera..., pudiese...	pudiendo	
pondría...	puse...	pusiera..., pusiese...		puesto
querría...	quise...	quisiera..., quisiese...		
sabría...	supe...	supiera..., supiese...		
	traje...	trajera..., trajese...	trayendo	
valdría...				visto
diría...	dije...	dijera..., dijese...	diciendo	dicho
	fui..., fue...	fuera..., fuese...	yendo	
	oí..., oyó...	oyera..., oyese...	oyendo	
saldría...				
vendría...	vine...	viniera..., viniese...	viniendo	

V. en olver, ... uelto

1. A l'indicatif présent, seule la première personne est irrégulière, sauf dans **poder** et **querer** (v. ci-dessous, n°s 1 et 2).

2. L'irrégularité de la première personne de l'indicatif présent se retrouve à toutes les personnes du présent du subjonctif, ainsi qu'à la 3e du singulier, à la 1re et à la 3e du pluriel de l'impératif.

3. L'irrégularité du futur est la même à toutes les personnes. Elle se retrouve à toutes les personnes du conditionnel.

4. L'irrégularité du prétérit se retrouve à toutes les personnes des deux « imparfaits du subjonctif ».

5. Le tableau indique tous les gérondifs et participes irréguliers.

Ex. : Je demande : *pido, pides, pide, pedimos, pedís, piden.*
J'ai demandé : *pedí, pediste, pidió, pedimos, pedisteis, pidieron.*

5. Modèle : **conocer**, connaître.
Verbes en **acer, ecer, ocer, ucir** (sauf **hacer, mecer** et **cocer**).
Un **z** s'introduit devant leur **c** quand il est suivi d'un **a** ou d'un **o**.
Ex. : Je connais : *conozco, conoces...* - Que je connaisse : *conozca, conozcas...*

5 bis. Modèle : **conducir**, conduire.
Verbes en **ducir.**
    a. Même addition d'un **z** que ci-dessus : 5.
    b. Prétérit et imparfait du subjonctif en **duj...**
Ex. : Je conduis :
    conduzco, conduces, conduce, conducimos, conducís, conducen.
    Que je conduise :
    conduzca, conduzcas, conduzca, conduzcamos, conduzcáis, conduzcan.
    J'ai conduit :
    conduje, condujiste, condujo, condujimos, condujisteis, condujeron.

6. Modèle : **concluir**, conclure.
Verbes en **uir.** Deux causes d'une même irrégularité :
    a. Un **y** s'intercale entre le radical et la terminaison quand elle commence par un **o**, un **e** ou un **a**.
Ex. : Je conclus :
    concluyo, concluyes, concluye, concluimos, concluís, concluyen.
    Que je conclue :
    concluya, concluyas, concluya, concluyamos, concluyáis, concluyan.
    b. Le **i** de la terminaison devient **y** en position atone.
Ex. : J'ai conclu : *concluí, concluiste, concluyó, concluimos, concluisteis, concluyeron.*

189

Table des matières

Table des Illustrations

*

Achevé d'imprimer par l'imprimerie Tardy Quercy S.A. Bourges
2e trimestre 1978. Dépôt légal 5035. N° d'imprimeur : 8944